VIDA Y AVENTURAS DE ARMIN VAMBÉRY

ARMIN VAMBÉRY, 1895

VIDA Y AVENTURAS
DE
ARMIN VAMBÉRY

POR

ARMIN VAMBÉRY

Ecos de Oriente

Título original: *Armin Vambéry, His life and adventures*.

Año original de publicación: 1889

Autor: Armin Vambéry

© 2024, de la traducción: Daniel Jorge Hernández Rivero

Primera edición: Febrero 2024

© de esta edición: Ecos de Oriente

www.ecosdeoriente.com

ISBN: 978-1-7391512-7-0

Nota sobre la edición

La presente edición de *Vida y Aventuras de Armin Vambéry* se basa en la edición popular de sus memorias, *Armin Vambéry, His Life and Adventures*; publicadas en 1889 en Inglaterra. Como añadido, se incluyen ilustraciones de grabados que no formaron parte del original; pero que, al ser contemporáneos de Vambéry, darán una idea al lector de los paisajes y vistas descritos por el autor. Cabe mencionar que la mayoría de estos grabados fueron realizados por el destacado dibujante orientalista Eugène Flandin, y originalmente publicados en la obra *Voyage en Perse* (1851).

Se han mantenido las notas al pie de página del libro original, y se han incluido además notas del traductor al final del libro, con el objetivo de mejorar la comprensión del texto.

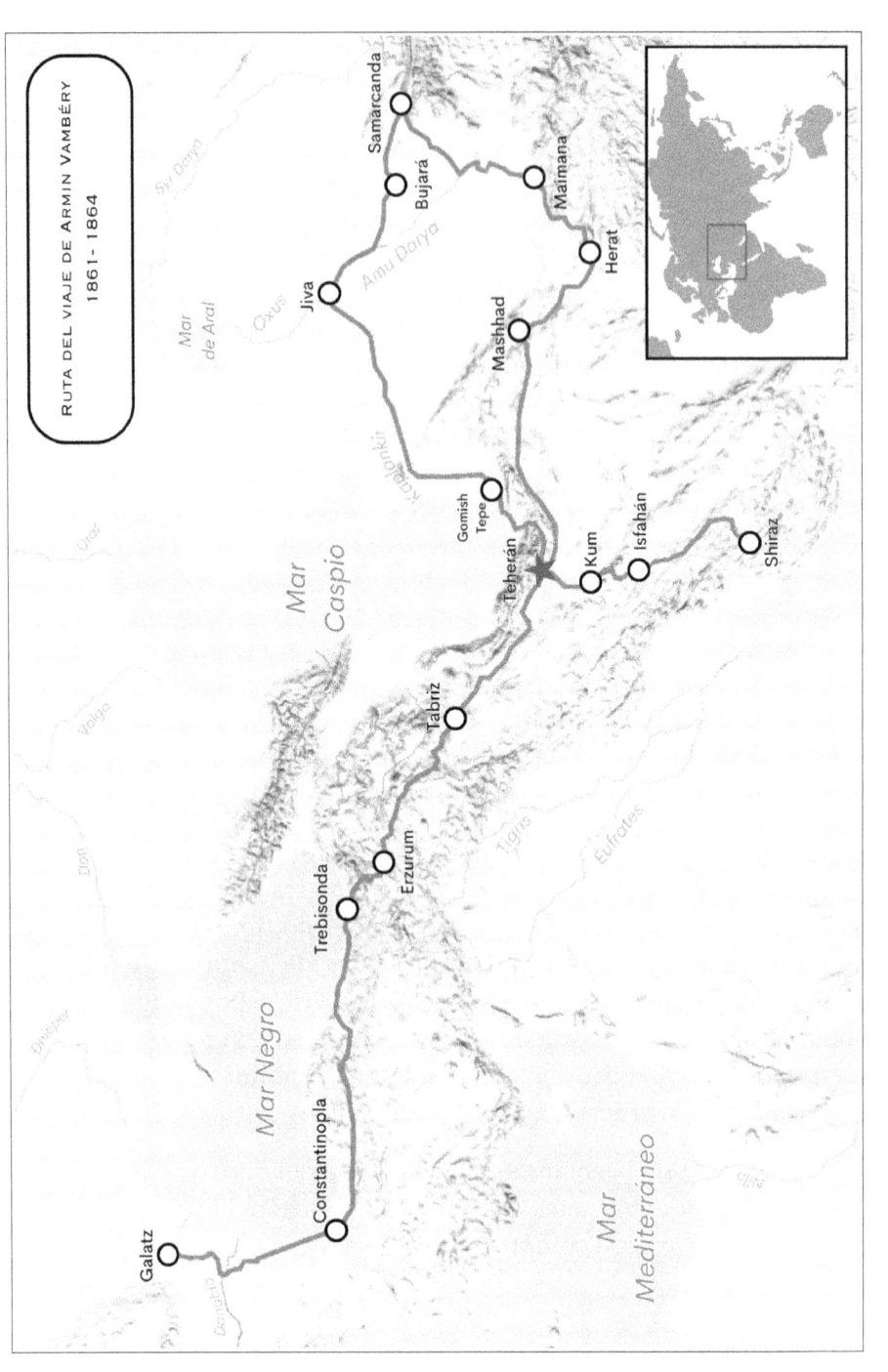

RUTA DEL VIAJE DE ARMIN VAMBÉRY
1861- 1864

Mar de Aral

Syr Darya

Oxus

Amu Darya

Samarcanda

Bujará

Maimana

Herat

Jiva

Mashhad

Karakonkir

Gomish Tepe

Teherán

Kum

Isfahán

Shiraz

Mar Caspio

Ural

Volga

Don

Tabriz

Dniéper

Erzurum

Trebisonda

Tigris

Éufrates

Mar Negro

Constantinopla

Galatz

Danubio

Mar Mediterráneo

Nilo

Índice

Índice de ilustraciones

Capítulo introductorio

A L presentar esta narración de mis aventuras en Europa y Asia al lector, debo añadir algunas observaciones que no han sido plasmadas en las reminiscencias autobiográficas de este libro. Debo, en primer lugar, declarar que el deseo de conocer países extranjeros se despertó en mí a la tierna edad de seis años. Jugando con mis camaradas más jóvenes en el prado que precede a nuestro pueblo, intentaba, con una muleta bajo el brazo izquierdo —pues era cojo—, correr carreras con muchachos más apuestos. Quedándome generalmente muy atrás de mis rivales, y siendo objeto de las burlas de mis camaradas por mis fracasos, iba llorando a ver a mi querida madre y me quejaba amargamente de la vergüenza que me había sobrevenido.

Ella empleaba toda su ternura maternal para consolarme, diciéndome: «No te preocupes por eso, querido. Si te haces mayor y más fuerte, los vencerás a todos a fuerza de perseverancia. Estoy segura de que seguirás estando muy por delante de todos ellos».

Confiando firmemente en las palabras de mi buena madre, en adelante no me importaron mucho las burlas de mis compañeros de juego; esperaba con gran impaciencia el momento en que me adelantara a todos. Con un estímulo semejante me espolearon en mis estudios elementales y, viendo que gracias a mis esfuerzos me convertía en uno de los alumnos más aplicados, estaba plenamente preparado para el mismo éxito en las competiciones físicas. Desafortunadamente, en esto quedé hasta cierto punto defraudado, pues mis rápidos movimientos se veían generalmente entorpecidos por la muleta, que todavía usaba a la edad de diez años, no por necesidad, sino más bien por haberme acostumbrado demasiado como para andar sin ella, pero que me proponía dejar de lado lo antes posible. Un día, mientras visitaba la tumba de mi padre en el cementerio, decidí caminar sin aquel molesto instrumento bajo el brazo. Habiéndome deshecho de la muleta, caminé, o más bien debería decir, salté, sobre una pierna, unos cuantos pasos, con el fin de probar la locomoción sin un soporte de madera. Fue un trabajo duro, más aún, agotador; y como el pueblo estaba a casi un cuarto de hora de camino del cementerio, empecé a desesperar, y salté hacia atrás para buscar de nuevo el despreciado apoyo. Habiéndolo cogido en la mano y disponiéndome a partir de nuevo para casa, sentí de pronto que se despertaba en mi pecho una extraordinaria agitación; el deseo de una inmediata facilidad luchaba ferozmente con una resuelta resolución, y sólo al recordar los buenos consejos de mi madre pudo vencer esta última. Para evitar cualquier tentación futura, rompí la muleta en dos, y usando una mitad de ella como bastón, volví a casa, por supuesto, con gran fatiga y casi bañado en sudor.

Cuento este incidente para demostrar al lector que una voluntad resuelta es capaz de lograr incluso cosas aparentemente imposibles, y que, a través de la perseverancia, se puede llegar a la meta.

Y que, persistiendo en nuestras decisiones, casi siempre alcanzamos la meta de nuestros deseos. Con el lema: «¡Hacia delante y nunca hacia atrás!», yo, un hombre cojo, desprovisto de todo nombre, pude ver países lejanos de Asia, y visitar lugares y pueblos que ansiaba conocer desde que leí por primera vez sobre ellos. Porque nosotros, los húngaros, somos, como debéis saber, asiáticos por descendencia; nuestros antepasados llegaron hace miles de años desde Oriente hasta las orillas del Danubio, y es muy natural que entre nosotros un viaje a Asia esté relacionado con una buena dosis de piedad nacional.

Puedo asegurar a mis lectores que merece la pena ver y estudiar Asia. Hay muchos, muchos rasgos en el carácter y en la vida social de los asiáticos que merecen nuestra admiración, aunque también hay otros que despertarán nuestra compasión y nos instigarán más a amar a nuestro propio país y a aferrarnos más estrechamente a nuestra propia religión e instituciones. Lo que más nos llamará la atención es la diferencia de opiniones y puntos de vista que encontramos a cada paso en la vida interior del asiático. No es sólo su aspecto físico, su vestido y su lengua, su comida y su vivienda, sino también su manera de pensar, es más, su modo de caminar, sentarse y acostarse, lo que nos parecerá extraño a nuestros ojos, y nos ofrecerá un espectáculo al que no estamos acostumbrados en nuestro mundo europeo.

De bellas escenas, de ciudades de aspecto extraño, de edificios maravillosos y de monumentos antiguos no hablaré en absoluto, sino que repetiré lo que dije antes: «Un viaje a Asia vale la pena por las molestias que conlleva».

Sería injusto que les ocultara el hecho de que viajar por el interior de Asia no pertenece en absoluto a la clase de empresas llamadas viajes de placer o de vacaciones; pues implica una buena dosis de problemas y fatiga, de privaciones y sufrimientos. Un hombre criado en las mejores circunstancias, y acostumbrado a llevar una vida cómoda, debe estar preparado para alimentar su cuerpo con la comida más increíble, afrontar todas las inclemencias del tiempo y, lo que es más difícil, renunciar a sus nociones de limpieza. Por supuesto, un europeo sólo se entrena gradualmente para una vida tan extraordinaria de privaciones. Sólo yendo poco a poco de mal en peor somos capaces de soportar las situaciones más duras, y si al leer las páginas que siguen os asombráis de lo que pasé y de lo que tuve que sufrir, tened en cuenta que, a pesar de la gran pobreza que pasé en mi infancia, mi tarea no habría llegado a buen fin si mi avance desde Hungría hasta Asia central no se hubiera producido gradualmente y tras una estancia temporal en los países que tuve que atravesar en mi camino. La preparación fue ciertamente larga y fatigosa, pero a pesar de esa escuela preparatoria toda la empresa fue extremadamente azarosa, y mis sufrimientos fueron realmente tales que difícilmente podrían describirse. El relato que leeréis en las páginas siguientes y todo lo que he escrito, contiene apenas la mitad de las aventuras que pasé en Europa y en Asia, y debe tomarse sólo por los detalles de una carrera que me propongo esbozar, pero que no publicaré en vida.

No necesito añadir que no me arrepiento en absoluto de haber pasado la mejor parte de mi vida visitando diferentes países asiáticos, y de haber sido testigo ocular de muchas costumbres y hábitos humanos extraños y sumamente interesantes. La alegría y la mayor satisfacción que sentí al contemplar las escenas que mi más temprana fantasía juvenil anhelaba, esa misma alegría la obtengo ahora del recuerdo de aquellas aventuras pasadas, y me siento realmente feliz al desplegar el delicioso y abigarrado cuadro de mi vida anterior. Si mis lectores encuentran placer al leer en estas páginas, y si he tenido éxito en impartirles algún conocimiento del lejano mundo asiático, me sentiré ciertamente más feliz; porque, según los orientales, recibir es un placer, pero dar, lo es el doble.

ARMIN VAMBÉRY

BUDAPEST

CAPÍTULO I

Primeros años

CUANDO mi padre murió, en 1832, yo sólo tenía unos meses. Mi madre era pobre, muy pobre. Sin embargo, al casarse de nuevo, tenía la esperanza de poder educar mejor a sus huérfanos indefensos y sin padre. Pero estaba muy equivocada. Nuestro padrastro, a pesar de ser un hombre excelente, hizo muy poco por aliviar las apremiantes necesidades de nuestro pequeño hogar. A su debido tiempo, además, nuestro círculo familiar recibió nuevas incorporaciones; el número de pequeños necesitados de comida y ropa iba en aumento. La consecuencia fue que nuestros padres, en su preocupación por el bienestar de los más pequeños, dejaron a los mayores a la deriva para que buscaran su propio sustento de la mejor manera posible en cuanto se supusiera que habían alcanzado una edad lo bastante madura como para valerse por sí mismos.

A mí me llegó el turno a los doce años. Mi madre pensó entonces que había llegado a una etapa de mi vida en la que debía valerme por mí mismo. Aunque desde mi nacimiento había padecido una cojera, que empecé a sufrir a los tres años y que me obligó a llevar una muleta bajo el brazo izquierdo hasta el momento en que mi madre me declaró en edad madura, en general era un muchacho bastante cordial y sano. La comida sencilla, a menudo apenas suficiente para calmar las ansias de hambre, la ropa extremadamente escasa que se me permitía y mi falta de familiaridad, incluso con las comodidades más insignificantes de la vida, ya habían endurecido mi cuerpo en

esta etapa temprana de mi vida y lo habían acostumbrado a las condiciones climáticas más adversas.

Llevaba entonces unos tres años en la escuela, y como mis maes-
tros se deshacían en elogios hacia mi extraordinaria memoria, que
me permitía aprender con gran facilidad, casi cualquier cosa, incluso
pasajes en latín que no entendía en absoluto, pensé en proseguir mis
estudios, con el fin de convertirme en médico o abogado; las dos pro-
fesiones que, en aquella época, eran consideradas en las zonas
rurales de Hungría como la meta de la más exaltada ambición de un
hombre educado.

Mi madre también tenía en mente un futuro semejante para mí,
pero la inexorable pobreza se interpuso en el camino de todos esos
ambiciosos planes. Tuve que caer más bajo, mucho más bajo. Fui
aprendiz de modista. Cuando llegué a ser capaz de coser dos piezas
de muselina juntas, me invadió la sensación de que la dama de la
Fortuna me tenía reservado algo mejor que coser durante toda mi
vida.

Pronto dejé el taller de modista y fui contratado por el tabernero
del pueblo como profesor particular de su único hijo. Debía iniciarlo
en el misterio de la lectura, la escritura y la aritmética. Pero mis deberes no terminaban ahí; tenía que desempeñar, además, oficios tan
insólitos como limpiar las botas de la familia los sábados por la noche y, de vez en cuando, atender a los huéspedes sedientos y
servirles un vaso de vino o de whisky.

Había, sin duda, una ligera incongruencia entre mi tierna edad y
el cargo de maestro, y no era fácil para alguien que necesitaba instrucción impartirla a otro, y, de hecho, el señor de la casa no dejó de
recordarme esta anomalía con un trato que no estaba en consonancia
con la dignidad de mi posición como mentor de su hijo.

Pero el trato que recibí del joven maestro, mi alumno, fue aún
peor. El muchacho era dos años mayor que yo y, en una ocasión,
cuando llevado por mi celo pedagógico le había dado una severa re-
primenda por sus groserías, él, nada reacio, cayó sobre mí y me

habría dado una sonora paliza de no ser por la oportuna aparición de su madre.

Mi tutoría resultó, pues, una escuela de penurias para mí; pero perseveré valientemente hasta que pude llevarme de la isla de Schütt, donde había pasado los primeros años de mi infancia, la gran suma de ocho florines, que representaban mis ganancias netas. Con esta suma me apresuré a ir a San Jorge, en las cercanías de Presburgo,[1] para comenzar allí mis estudios en el gimnasio.

El dinero que había traído conmigo fue suficiente para comprarme los libros necesarios, y personas amables y caritativas me ayudaron de muchas otras maneras. Siete familias diferentes me daban una comida gratis, un día de la semana, cada una; a la que añadían una gran rebanada de pan para el desayuno y otra para el almuerzo. También recibí la ropa usada de los escolares más ricos. A fuerza de aplicación, y debido, tal vez, a la rápida y fácil comprensión que me era natural, logré pasar mi examen en la primera clase de latín, como el segundo a la cabeza de la clase. Todo mi corazón estaba en mis estudios; pronto fui capaz de hablar latín con una fluidez tolerable; mis profesores me hicieron observaciones y me mostraron algún favor, lo que me ayudó mucho en mi empeño.

También aprobé, en San Jorge, mi examen en la segunda clase de latín. Mi afición a vagabundear no me daba tregua. Comencé a anhelar un cambio y deseaba especialmente ir a Presburgo, donde había escuelas de un grado superior. Por lo tanto, dejé San Jorge, aunque allí tenía mi sustento casi asegurado, y el año 1846 me vio, a la edad de catorce años, dentro de los muros de la antigua Ciudad de la Coronación.

Allí comenzaron de nuevo mis esfuerzos desesperados por mantenerme. Desde el primer momento me di cuenta de que, a medida que los edificios se hacían más altos y la gente más numerosa, aumentaba la dificultad de conocer gente y disminuía el interés de los demás por mi suerte. Permanecí aquí, durante tres años, ahora en calidad de criado, y luego enseñando a cocineros, camareros y otros individuos sedientos de conocimientos. Si cada piedra del pavimento de aquella hermosa ciudad a orillas del Danubio azul pudiera hablar, contaría alguna triste historia de la miseria que allí padecí. Pero la juventud es capaz de soportarlo todo.

Continué mis estudios, impertérrito ante la necesidad y las privaciones, y avanzaba con paso firme hacia el objetivo que me había propuesto; al final del primer trimestre de la escuela se me consideraba entre los mejores alumnos. Al recordar estos tristes días, no dejo de asombrarme de la inagotable alegría y el buen humor que fueron mis constantes compañeros y me ayudaron a superar todas las adversidades de la vida. Mi robusta salud me ayudó en la buena batalla y no permitió que mi buen humor me abandonara.

A pesar de mi frugal alimentación, consistente únicamente en pan y agua, podía presumir de tener el cutis más sano, y era el alma de todas las diversiones y travesuras tanto en la escuela como en el recreo. Cada vez que el curso escolar llegaba a su fin, yo era uno de los primeros en coger mi bastón de viaje y lanzarme al azar a recorrer el mundo, cojeando, pero siempre a pie y sin un penique en el bolsillo. De este modo había visitado ya Viena, Praga y otras ciudades y pueblos de la monarquía austriaca. A menudo, cuando iba cansado por el camino, entablaba una conversación con el conductor de una carreta o de un carruaje que pasaba a mi lado y conseguía, a cambio de mi insistencia, que me llevara en su vehículo durante una corta distancia. Por la noche solía alojarme en las casas de los reverendos clérigos del lugar, donde mi conversación en latín me aseguraba algunos saludos y unos pocos *kreutzers* para mis gastos de viaje; y con unos pocos cumplidos bien dirigidos a sus amas de llaves, generalmente conseguía llenar mi bolsa de viaje con provisiones para el día siguiente. En verdad, la cortesía y la disposición alegre son monedas preciosas actualmente en todos los países; son muy apreciadas por los jóvenes y los viejos, por los hombres y las mujeres; y quien las tiene a su disposición puede muy bien considerarse rico, aunque su bolsa esté vacía.

Estos paseos eran una escuela preparatoria para mis andanzas como derviche al cabo de los años, y era siempre con el corazón encogido que arrinconaba mi bastón al final de las vacaciones. Fuera o no porque padecía carencias y tenía que luchar duramente para ganarme la vida en la ciudad, una cosa es cierta: desde mi más tierna infancia me disgustó vivir en las ciudades. Al entrar en la estrecha calle con sus hileras de casas altas, y ver el cielo menguante sobre mi cabeza, mis espíritus juveniles se hundían dentro de mí. Sólo la esperanza de estar de pie al final del período escolar de nuevo, como un hombre libre bajo el cielo brillante de Dios, en comunión libre con la naturaleza, hacía que mi estancia en la ciudad fuera soportable.

En 1847, además de continuar mis estudios regulares en la escuela, empecé a dedicarme a los estudios privados, pues hay que tener en cuenta que los gimnasios estaban bastante mal administrados en Hungría en aquella época. Además de leer las más variadas producciones literarias, en los viajes, que devoraba con avidez, aprendía francés. Aparte de mi lengua materna, el húngaro, había aprendido alemán muy pronto. Casi al mismo tiempo dominaba el eslavo, y como mis estudios en la escuela me habían familiarizado con el latín y el griego, me encontré, sin haber cumplido los dieciséis años, familiarizado con tantas lenguas principales que adquirir los modismos afines a ellas se había convertido para mí en una tarea comparativamente fácil.

Siempre me ha gustado memorizar. Los niños tienen ideas muy vagas sobre los dones naturales, y cuando pude aumentar el número de palabras que dominaba en un día de diez a sesenta e incluso a cien, mi júbilo no tuvo límites. Debo confesar, sin embargo, que en aquel momento no tenía la menor idea de cuál podría ser el resultado de estos exitosos esfuerzos, que tanto halagaban mi vanidad.

Así sucedió que del estudio privado del francés pasé gradualmente al estudio de las restantes ramas de la familia latina. Hice lo mismo con las lenguas germánicas y, comenzando por el inglés, pronto extendí con avidez mis estudios al danés y al sueco. Seguí el mismo método con los dialectos eslavos, y como nunca omitía, en el afán de aprender, leer en voz alta y mantener conversaciones conmigo mismo en las lenguas que estaba aprendiendo, había adquirido, en un tiempo sorprendentemente corto, un cierto grado de competencia en todas estas lenguas que mi presunción juvenil me hizo imaginar que era la perfección misma; y me temo que tenía una opinión bastante exaltada de mí mismo en aquella época.

La vanidad daña el carácter de un hombre en la mayoría de los casos, pero a veces resulta ser un incentivo muy saludable para el esfuerzo. En este caso, el engreimiento que era el resultado de mi imaginación indisciplinada me hizo abandonar el camino de los estudios públicos que había emprendido, y me indujo a continuar mis estudios por mi cuenta. El amable lector se preguntará cuál era el objeto de esta autoeducación. Ni yo mismo lo sabía entonces. *Nulla dies sine linea* (ningún día sin una línea) era la máxima siempre presente en mi mente, e incluso cuando dedicaba de ocho a diez horas diarias a la enseñanza, me las ingeniaba para hacer tan buen uso del tiempo restante como para mejorar considerablemente en mis propios estudios.

Los placeres de la literatura general habían tomado ahora el lugar de la seca y monótona memorización de diferentes idiomas de años anteriores. Bebí hasta saciarme de la rica y variada fuente de los intelectuales de casi todas las naciones europeas. Los bardos de Albión, los trovadores de Serbia, los juglares de España y los inspirados poetas de Italia; Lomonósov, Pushkin, Tegnér, Andersen, Ochlenschlaeger, casi todas las musas de la época actual y de las épocas pasadas amenizaban mis horas de ocio. Siempre leía en voz alta, y con frecuencia anotaba por escrito en el margen de las páginas que leía mis sentimientos cada vez que algún pasaje golpeaba mi imaginación.

Debido a este hábito de leer en voz alta y a los violentos gestos con que a menudo lo acompañaba, el pueblo llano que me rodeaba pensaba a menudo que yo estaba mal de la cabeza; y en una ocasión esta convicción había crecido tanto en ellos que perdí de hecho mi puesto como profesor, por ese motivo. Pero, ¿qué me importaban las pequeñas críticas de esta gente, mientras mi mente estuviera poblada con la historia de la lucha en Jerusalén del genial Torquato Tasso, las valerosas hazañas del Cid y los héroes y heroínas de Byron? Sin embargo, debo confesar que ninguna escena tenía para mí tanto encanto como las que se representaban en la tierra del sol naciente, Asia —que entonces me parecía tan lejana—, con su manto magníficamente brillante, ricamente cubierta de perlas y gemas, flotando constantemente ante mis ojos. No podía ser de otro modo para alguien que, en su juventud, había leído *Las mil y una noches* y que, como en mi caso, era medio asiático por nacimiento y educación.

Conocía Asia como la tierra de las aventuras más fantásticas, como el hogar de los éxitos más fabulosos; y, habiendo llevado una vida aventurera a una edad en la que todavía era un niño, y estando ya en busca de una gran fortuna, mis primeros anhelos por tierras lejanas apuntaban ya a Asia.

Para poder satisfacer pronto este anhelo, creí necesario familiarizarme, en primer lugar, con las lenguas de Asia, y comencé enseguida con el turco. El dialecto uralo-altaico me dio menos problemas que a la mayoría de los occidentales, debido a su afinidad con el magiar. Me resultaba aún más difícil dominar sus extraños caracteres sin un maestro ni dirección alguna. Durante días enteros seguí dibujando las letras con un palo sobre la arena, hasta que por fin me familiaricé con el valor de los puntos diacríticos, es decir, las marcas distintivas indispensables para una correcta pronunciación de las letras y las palabras. De este modo mejoré constantemente. Necesitaba un diccionario, pero no podía permitirme pagar el elevado precio que me pedían por él, ya que un *Bianchi* costaba entonces casi cuarenta florines; y como me veía obligado a rastrear el significado de las palabras sueltas a través del laberinto del texto turco con la ayuda de una supuesta traducción literal, la *Crestomatía de Wickerhauser*, me ocurrió que después de haber terminado el estudio de un extenso volumen, descubrí que lo había estado haciendo todo de manera equivocada, y me vi obligado a empezar de nuevo. Tales amargas decepciones me ocurrieron más de una vez en el curso de mi carrera autodidacta; pero, ¿qué trabajo o tarea frenará jamás el ardor de la juventud o apagará su entusiasmo?

Ya había cumplido veinte años, y fui recompensado con creces por todos los esfuerzos que había realizado cuando por primera vez fui capaz de leer y comprender, sin la ayuda de un diccionario, un breve poema turco. No fue, en efecto, el contenido de la musa oriental, inaccesible todavía para mí, lo que encendió mi entusiasmo, sino más bien los frutos, los dulces frutos de mi trabajo, lo que me proporcionó tan abundante satisfacción y actuó como un incentivo para impulsarme a seguir adelante en el campo de la ciencia oriental. Todas mis reflexiones, esfuerzos, pensamientos y sentimientos se dirigían hacia la tierra de Oriente, que me atraía con su halo de esplendor. Mi espíritu rondaba desde hacía mucho tiempo sus campos de hadas y, tarde o temprano, mi cuerpo lo seguiría. Para alguien que todavía tenía que luchar por el pan de cada día en su hogar europeo, se requería una audacia considerable para pensar en un viaje a Oriente, una tierra a muchos cientos de kilómetros de distancia.

No negaré que incluso la imaginación más audaz del entusiasmo juvenil, y el deseo todopoderoso de conocer países y costumbres extraños, tuvieron que detenerse ante el escollo levantado por la pobreza, y que la seductora fantasía siguió deslumbrando mis ojos durante muchos días antes de que me pusiera seriamente a trabajar para llevar a cabo mi ansiado plan. Pero para mí una resolución firme es casi siempre como la avalancha que se precipita desde las altas cumbres de los Alpes: comienza con una insignificante bola de nieve puesta en movimiento por una brisa favorable, pero pronto se convierte en una tremenda masa que se lleva por delante todos los impedimentos, aplastando y expulsando con fuerza irresistible todo lo que se interpone en su camino. Tal fue el impulso que recibí gracias al mecenazgo del barón Joseph Eötvös, conocido en Europa como escritor de gran mérito. Este generoso compatriota mío no era un hombre rico, pero su influencia me procuró un pasaje gratuito al mar Negro. Me dio también un modesto óbolo y algunas ropas viejas. Pronto eché al hombro la mochila, repleta de libros, y embarqué en un vapor con destino a Galatz, desde donde debía dirigirme a Constantinopla, objeto inmediato de mi viaje.

PRESBURGO

PEST

CAPÍTULO II

El primer viaje

¿QUIÉN puede describir los sentimientos de un joven de apenas veintidós años, que hasta entonces había sido zarandeado por la fortuna, al verse de pronto precipitándose hacia la meta de sus deseos más anhelados, con (digamos) quince florines austriacos en el bolsillo, y a punto de iniciar una vida llena de incertidumbres, en una región lejana, entre un pueblo extraño, que era rudo y salvaje, y que sólo entonces empezaba a buscar una relación más estrecha con las naciones de Occidente?

Mi alma se debatía alternativamente entre sentimientos de miedo y de esperanza, de curiosidad y de dolor. Nadie me acompañó al embarcadero para despedirme, nadie estaba allí esperándome, ni la cálida presencia de una mano amiga ni el cariñoso beso de una madre me animaron en el viaje que iba a emprender. Tenía, pues, razones suficientes para sentirme algo deprimido, y no pude deshacerme por completo de este sentimiento. Sin embargo, apenas subí a cubierta y empecé a mezclarme con la gente, formando el caleidoscopio nacional que uno siempre se encuentra en un viaje por el Bajo Danubio, y tuve la oportunidad de conversar en serbio, italiano, turco y otros idiomas de los que hasta entonces sólo había tenido un conocimiento teórico; todo vestigio de mi anterior desánimo se desvaneció gradualmente. Ahora estaba en mi elemento.

Además, pronto me convertí en objeto de la admiración general, debido a la fluidez de mi conversación en diferentes idiomas. La gente formaba un círculo a mi alrededor, tratando de adivinar mi nacionalidad, y recibían con bastante escepticismo mi declaración de que nunca había estado en el extranjero. Por supuesto, me divertía mucho ver a la muchedumbre boquiabierta, pero conseguí obtener algunas ventajas más sólidas de la manifestación de la buena opinión que mis compañeros de viaje tenían de mí; porque, cuando sonaba la campana de la cena, y yo prefería quedarme atrás en la cubierta con una expresión perturbada en el semblante, algún entusiasta discípulo de Mercurio estaba seguro de agarrar al llamado joven prodigio y pagarle su comida. En ausencia de tan bien dispuestos patrones estomacales, me entretenía en los alrededores de la cocina del barco, cuyos capitanes solían ser en su mayoría italianos. Unas estrofas de Petrarca o Tasso bastaban para atraer la atención del *cuoco* (cocinero). Pronto se entablaba una conversación en toscano puro, y el resultado era un plato bien lleno de macarrones o *risotto*, coronado por un trozo de carne hervida o asada. *Mille grazie, signore* (mil gracias, señor), significaba que vendría por la noche, para reclamar la continuación del favor que me habían hecho. El buen italiano hacía a un lado su barretina de lino, soltaba una pequeña carcajada y demostraba con su respuesta: «Venga cuando quiera», que la semilla de mis experimentos lingüísticos no había caído en tierra estéril.

Mi constante buen humor y mi alegre disposición me fueron de gran ayuda en todos mis apuros y, ayudados por mi lengua, fueron los medios de procurarme muchas cosas en ocasiones en que los intentos de otros habrían resultado infructuosos.

De esta manera llegué a Galatz, un lugar sucio y miserable incluso hoy en día, pero en aquella época mucho más. Durante mi viaje por el Bajo Danubio, la orilla derecha, con sus ciudades y población turcas, absorbió toda mi atención. Para mí, cada viajero con turbante, adornado con una larga barba, al entrar en el barco se convertía en una página novedosa e interesante destinada a mi estudio particular y, al mismo tiempo, en un objeto inagotable de placentero asombro.

Cuando el sol se ponía, y los verdaderos fieles se sentaban, o más bien se arrodillaban para orar en la abyecta actitud que les es peculiar en esas ocasiones, yo seguía con la vista cada uno de sus movimientos con la más febril y jadeante atención; observaba intensamente el movimiento mismo de sus labios, mientras pronunciaban palabras árabes, ininteligibles incluso para ellos; y no volví a respirar libremente hasta después de que hubieron terminado. El interés que yo mostraba tan claramente no podía escapar a la atención del fanático musulmán. Vivíamos en la época de los refugiados húngaros. Cientos de mis compatriotas creían haberse convertido al islam. Se había extendido la creencia popular de que todo el pueblo magiar reconocería a Mahoma como su profeta, y cada vez que un mahometano se cruzaba con un *madjarli*, el fuego del misionero ardía ferozmente en su corazón.

GALATZ

Un interés semejante, o parecido, debió de influir en la amistad que me demostraron durante mi viaje a Galatz algunos turcos de las ciudades búlgaras de Vidin, Ruse y Silistra. Es posible que me equivoque en esta suposición, y también es muy probable que sus simpatías estuvieran excitadas por el profundo sentimiento nacional, que entonces se manifestaba en todo el Imperio otomano, a favor de los magiares, que habían sido derrotados por los rusos. Este estado de cosas, en todo caso, me fue de excelente utilidad, no sólo durante este pasaje, sino durante toda mi estancia en Turquía. Me sentí atraído por la curiosidad hacia los turcos medio asiáticos, mis compañeros de viaje, y estos mismos hombres fueron los primeros en introducirme en el mundo oriental. No necesito decir que, después de haber estado con ellos un día o dos, mejoré mi turco, hasta tal punto, que en Galatz ya pude servir a un compatriota mío como intérprete. Entre los pasajeros, en cuya compañía fui de Galatz a Constantinopla, predominaba decididamente el elemento oriental y, puedo decir, mahometano. El lector no se sorprenderá al saber que se me reservó el lugar más barato del barco, es decir, la cubierta, y que, incluso por ese lugar, a menudo pagué sólo la mitad del pasaje. Coloqué mi escasa mochila cerca del equipaje de los turcos, que estaban sentados aparte de los demás, y la mayoría de los cuales iban en peregrinación a La Meca; miraba impaciente hacia fuera para vislumbrar el ansiado mar, que nunca había visto. Quien haya tenido sus primeras impresiones del mar, a través de la lectura de las escenas acuáticas de Byron, de la *Lusiade* de Camoen, o de la *Leyenda de Frithjof* de Tegnér, se sentirá invadido por sentimientos nada comunes al encontrarse, por primera vez en su vida, en la ilimitada extensión acuática. Especialmente en el mar Negro, mientras uno es transportado a lo largo de su seno, siendo mecido por sus olas. A una hora de distancia de la desembocadura del Sulina, contemplé, en un ensueño, la espantosa grandeza del mar, sin alterarme lo más mínimo por los profundos sonidos guturales y los salvajes gemidos que provenían de los mareados que me rodeaban. El dios Poseidón no había hecho ningún daño a mi salud. Más bien tenía motivos para quejarme de un apetito inusualmente agudo; además, el excesivo frío de las noches —entonces estábamos en el mes de abril— me enfriaba la sangre más de lo que yo creía deseable. Empecé a temblar de frío, a pesar de la alfombra sobrante que un turco había puesto a mi disposición para cubrirme, y después de haberme deleitado con el brillante cielo cubierto de estrellas durante un buen rato, me quedé dormido.

Hacia medianoche me despertaron repentina y bruscamente de mis sueños los truenos y relámpagos, acompañados de un violento chaparrón. Llevaba todo el día deseando una tormenta; reconozco que mi deseo se vio gratificado por la noche de un modo tan completo que satisfizo plenamente mi disposición romántica. ¡Cómo me palpitaba el corazón al ver el barco balancearse arriba y abajo sobre las olas imponentes y montañosas, como una ágil gacela! El crujir de las vigas, el aullido del viento, con el que se mezclaban los gritos de desesperación de los pasajeros, las eternas súplicas a Alá, que resonaban por doquier, no podían destruir el halo de poesía que rodeaba una escena, por lo demás, bastante vulgar.

Sólo después de empaparme con la fría lluvia cambié de sitio. Me levanté y traté de entrar en calor dando un paseo, pero el caos de piernas estiradas, de bolsas de viaje, fardos, armas de fuego y turbantes que ensuciaban el suelo hacían casi impracticable el paseo. Miré con nostalgia el espacio abierto cerca de la cubierta, reservado para el paseo de los pasajeros de primera clase, donde observé, en la oscuridad de la noche, a un hombre que iba y venía a toda prisa. Al principio pensé en entablar conversación con él, pero como me faltaba el valor para hacerlo, se me ocurrió otro medio de atraer su atención. Comencé a declamar, en medio de la violenta tormenta, uno de los poemas épicos que conocía de memoria. Elegí la *Henriada* de Voltaire: *Je chante ce héros qui régna sur la France Et par droit de conquête et par droit de naissance!*[*]

Y después de haber rugido, con buena voluntad, en la oscuridad de la noche, varios versos, tuve la satisfacción de ver al tan envidiado pasajero de primera clase detenerse, cerca de una multitud de turcos, en actitud de escuchar; y al cabo de un rato se unió a mí y entabló conversación conmigo. Con Voltaire actuando como maestro de cere-

---

[*] Canto al héroe que reinó en Francia, por derecho de conquista y por derecho de nacimiento.

A la mañana siguiente descubrí que la figura, envuelta en las sombras de la noche, pertenecía a un caballero, belga de nacimiento, diplomático por vocación, que iba a Constantinopla en calidad de secretario de una legación. Si el caballero sintió cierta sorpresa ante el furor de la declamación que impulsaba a una persona mojada hasta los huesos a recitar versos por la noche, su asombro aumentó considerablemente al verme a la mañana siguiente, a plena luz del día, vestido de forma desaliñada. No obstante, parecía haberse formado una buena opinión de mí; me pidió que fuera a verle a Pera y me prometió su protección en la medida de sus posibilidades.

Nos favoreció el mejor tiempo desde Varna hasta Constantinopla, y no podía imaginarse nada más encantador que nuestro viaje. La navegación a través de la vía marítima más encantadora del mundo, vulgarmente llamada el Bósforo, es capaz de afectar al espíritu más apagado, y despertó —no hace falta decirlo— el mayor entusiasmo en mí. Pero al mirar a mi alrededor, y ver ante mí el denso bosque de mástiles y banderas en el Cuerno de Oro, me pareció que estaba situado, por así decirlo, en el centro mismo del mundo. A medida que mis compañeros de viaje se alejaban, uno a uno, todos corriendo en diferentes direcciones hacia la orilla, un sentimiento de desamparo se apoderó de mí. Mi ánimo se apagó y me sentí ansioso y desasosegado.

De los quince florines que me había traído de Pest, me quedaba lo justo para pagar el pasaje en la barca que me llevó a la orilla. Puse ahora los pies en tierra turca, si no con el corazón ligero, desde luego con la cartera muy ligera, y subí a grandes zancadas y con bastante temeridad por la estrecha calle que conduce a las alturas de Pera. Con un espíritu menos aventurero y a una edad más sensata que la mía en aquel entonces, me habría preguntado: «¿Dónde dormirás esta noche, qué comerás y, sobre todo, qué empezarás a hacer?».

Pero nunca me hice estas preguntas; estaba ciego de entusiasmo. Me detuve tranquilamente a mirar unos carteles, cubiertos de inscripciones turcas, y estaba ocupado en descifrarlos, cuando un desconocido, un húngaro, cuya curiosidad había despertado la larga cinta que flotaba sobre mi sombrero húngaro, se me acercó. Preguntó en italiano por mi nacionalidad y mi lugar de destino, y al enterarse de que era húngaro, como compatriota y refugiado político, por supuesto, se dirigió inmediatamente a mí en húngaro, para regocijo de ambos.

El señor Püspöki había sido un honrado mecánico en su país; en Turquía se ganaba la vida siendo, a su vez, oficial de línea, mozo de cuadra durante la guerra de Crimea, empleado contable a bordo de un barco y, por último, cuando le conocí, cocinero. Ocupaba una pequeña y pobre habitación, en la planta baja, en el sucio barrio de la ciudad que se encuentra en la parte trasera de los muros del palacio de la embajada inglesa; su modesto mobiliario consistía únicamente en un colchón, corrido a lo largo de la pared, que compartía conmigo, como un hermano. Nunca olvidaré mi primera noche en este sofá. Mi hospitalario compatriota dormía profundamente desde hacía algún tiempo, mientras que yo, incapaz de cerrar los ojos, seguía reflexionando sobre el extraño comienzo de mi vida en Turquía. De pronto me di cuenta de que una de mis botas, y otra vez la otra, se movían solas.

—Amigo —le dije, primero en un susurro y poco a poco elevando la voz—, creo que se están llevando mis botas.

Él sólo murmuró algo ininteligible como respuesta. Repetí mi observación, y el buen hombre finalmente exclamó con cierto malhumor:

—¡Duerme! No es más que un juego de las ratas.

Un juego muy divertido, pensé, siempre que no me mordieran las botas; y me volví a dormir.

Pasé unos tres días en aquel miserable antro. Pronto amplié mis relaciones con mis compatriotas, y obtuve, a través de ellos, permiso para vivir en una de las habitaciones ocupadas por el *Magyar Club*, que en aquel momento ya estaba casi desierto. En este lugar me encontré con menos animales juguetones, pero los que saltaban eran tanto más numerosos; y una noche, cuando, aquejado por el frío de la noche, me aventuré a pedir al secretario del club que me diera algo con que cubrirme, aquel digno caballero cogió la tricolor del asta de la bandera y me la entregó, animándome de forma conmovedora:

—¡Amigo!, esta bandera ha encendido los corazones de muchos en sus luchas heroicas, ella misma estuvo una vez llena de fuego; envuélvete en ella, sueña con gloriosos campos de batalla, y quizás también te mantenga caliente.

Y, por extraño que parezca, me envolví en el viejo trapo, temblé todavía un rato y luego me dormí profundamente.

Así transcurrieron varios días. Día tras día aumentaba el círculo de mis conocidos, y todos ellos estaban particularmente sorprendidos por los variados conocimientos que yo exhibía en materia de idiomas, y el hecho de que yo pudiera hablar con fluidez y leer con facilidad el idioma del país, sin haber vivido en Turquía, era para ellos motivo de especial asombro. Impartir instrucción en las lenguas usadas en el país, con miras a ganarme el pan de cada día, se me antojó lo más natural. Se distribuyeron anuncios escritos de mi deseo, y la primera lección que iba a dar fue, curiosamente, en danés. El señor Hübsch, un noble caballero de cultura, a quien siempre recordaré con agrado, llevaba algún tiempo buscando un maestro de danés, y se alegró mucho de conocerme; de hecho, hizo progresos tan rápidos que en el curso de unos pocos meses, fue capaz de leer, bajo mi dirección, los cuentos *Spilleman* y *Berlingske Tidninger* de Hans Christian Andersen. Comenzando con esta extraña lección, pronto obtuve otros compromisos como profesor, que nunca hubiera esperado obtener. Los prometedores anuncios no dejaron de surtir efecto, y un día que me encontraba en la librería del señor S., un joven turco, cuyo numeroso séquito demostraba que era un hombre de recursos, entró y preguntó por el *madjarli*, cuyo nombre había visto en el escaparate, y a quien deseaba contratar como *khodja* o profesor de francés. El joven *bey*[2] era, como tuve ocasión de saber más tarde, un *miraskhor*, es decir, una persona que acaba de recibir una rica herencia y está tratando de adquirir los atributos externos adecuados a su riqueza. En Turquía, en aquella época, estos atributos eran los siguientes: (1) un traje de la mejor tela, según el último corte y la última moda; (2) zapatos de charol ajustados; (3) un fez pequeño y desenvuelto, llevado a un lado de la cabeza, y, por supuesto, también guantes; (4) un paso fácil y elegante, acompañado de un porte a la moda de brazos y manos; y (5) conversación en francés.

Los comerciantes europeos le habían proporcionado los cuatro primeros ingredientes para el maquillaje de un caballero turco, y yo debía proporcionarle el quinto. La remuneración estipulada era de diez piastras por una hora diaria de clase, además de los gastos de ida y vuelta a su casa, ya que nuestro dandi vivía a cierta distancia, en Scutari.[3] Esta lección me proporcionó la oportunidad de ser admitido por primera vez en una auténtica casa turca. Llegaba todos los días puntualmente a la hora convenida, pero por lo general encontraba a mi pupilo, que acababa de despertarse de su sueño, todavía aquejado de los efectos de la borrachera de la noche anterior, y apenas capaz de levantar sus pesados párpados; tampoco descubrí en él la menor disposición para adquirir la lengua de los galos. Tardó un mes entero en dominar el alfabeto. Por lo general, encontraba a mi alumno en compañía de un venerable mulá, que se estremecía cada vez que llegaban a sus oídos los sonidos de la lengua de los galos; pues el padre de mi alumno era un musulmán notoriamente piadoso, y las paredes de la habitación en la que nos sentábamos no habían hecho más que repetir hasta ahora los recitales cantados del Corán, los himnos sagrados y otras oraciones. A menudo oí al mulá murmurar tras su barba:

—Esta es la forma en la que el espíritu de la infidelidad se introduce de contrabando en nuestras casas.

No necesito decir que la instrucción que impartí fue muy provechosa para mí. Al principio nos ocupamos del francés, pero más tarde pasamos de la lección de francés a esbozos explicativos de la vida europea y de las ideas europeas. Relaté al *bey* nuestras instituciones sociales, políticas y científicas, decorándolas, como es natural, con sus colores más brillantes, pues el europeo, durante su primera estancia en Oriente, siempre mira con cariño hacia el Occidente que acaba de dejar, y las mismas cosas que antes condenaba le parecen encantadoras en la distancia. Mis informaciones eran recibidas casi siempre con aprobación y admiración.

Turquía acababa de ver un buen espécimen de Europa en sus aliados anglo-franceses que habían acudido en su ayuda contra los rusos; los turcos estaban, por lo tanto, ansiosos por conocer todos los detalles que tuvieran referencia con la tierra occidental, y si las descripciones de éstos despertaban de vez en cuando su envidia, les causaban desaprobación o les llamaban la atención sobre su engreimiento, siempre eran escuchadas, y además con placer. Al final de la clase se servía siempre un desayuno abundante y bien preparado, y debo confesar que desde el primer momento la cocina de las mejores clases de Constantinopla había despertado mi afición gastronómica. También ocurría con frecuencia que, inmediatamente después del desayuno, salíamos a dar un paseo a caballo, y mi alumno hacía sus llamadas en mi compañía; en resumen, pasaba una parte considerable del día en compañía de turcos, y solía regresar a Pera, es decir, a la vida europea, sólo por la tarde.

Mi estancia permanente entre los turcos data, sin embargo, del momento en que, por recomendación de un compatriota mío, fui invitado por Huseín Daim Pachá, general de una división, a entrar en su casa como maestro de su hijo, Hasán Bey. Trasladé mis aposentos de Pera a la encantadora hilera de casas de Fyndykly; allí conseguí una habitación separada y disfruté por primera vez de las comodidades de la tranquilidad oriental y el confort turco.

Nunca podré olvidar la vida en una parte estrictamente mahometana de la ciudad; en la vecindad de una mezquita, desde cuyo esbelto minarete resonaba la *azan* (llamada a la oración) con sombría melancolía, afectando mis oídos con sus extraños sonidos; la grandiosa vista desde mi ventana del mar cercano, con sus mil embarcaciones, y el magnífico palacio de Beshikash;[4] y el aire digno y patriarcal que impregnaba toda la casa. Todas estas fueron las cosas que tuvieron el encanto de la novedad para mí.

Sin embargo, la figura del mayordomo (*vekilkhardj*), un anatolio de barba canosa, es quizá la que ha causado una impresión más profunda en mi memoria. El buen hombre fue particularmente indulgente conmigo en todas las ocasiones en que yo pecaba contra las costumbres estrictamente orientales; se esmeró en enseñarme a sentarme decorosamente, es decir, con las piernas cruzadas; me enseñó a llevar la cabeza y a usar las manos con propiedad, y cómo debía bostezar, estornudar, etcétera. Su atención abarcaba las más mínimas nimiedades.

—Estás, por primera vez, en una gran ciudad; acabas de entrar en la sociedad educada —dijo benignamente— y debes aprenderlo todo.

Por supuesto, el anciano me consideraba como una persona procedente del país de la «negra infidelidad», un país en el que, en su opinión, la decencia, los buenos modales y la moral eran completamente extraños, y parecía pensar que un forastero procedente de aquellas tierras necesitaba ser educado tanto como un campesino turco de los alrededores de Kharput y Diyarbakir. El propio pachá, mi jefe, era un personaje mucho más interesante. Fue él quien más tarde se hizo conocido como el líder de la célebre conspiración de Kuleli, una sublevación cuyo objetivo era nada menos que la destitución del sultán Abdulmedjid I y de todos sus nobles; los conspiradores se halagaban a sí mismos con la creencia de que todas las causas de la decadencia de Turquía serían así extirpadas, y que, de un solo golpe, el viejo y enfermo Imperio otomano podría ser restaurado en su antiguo poder.

Yo vivía en su casa en el momento en que se tramaba esta conspiración y se formaban los planes para su consumación. Un mulá de Bagdad, de nombre Ahmed Efendi, hombre de raras dotes mentales, inmensa lectura, vida ascética y fanatismo sin límites, era el alma de toda la conspiración. Había participado en la guerra de Crimea como *gazi* (guerrero de la religión), con la cabeza y los pies descalzos y vestido con un atuendo cuya austera sencillez recordaba las épocas primitivas del islam. Ni de día ni de noche se separaba la espada de sus magros lomos, ni la lanza del puño cerrado, salvo cuando rezaba

cinco veces al día. A través de la nieve, en la tormenta, en lo más es-
peso de la lucha, en el campo de batalla, durante las fatigosas
marchas, en todas partes podía descubrirse la forma fantasmal de este zelote, sus ojos ardientes esparciendo llamas, y siempre a la cabeza
de la división, bajo el mando de mi jefe. Era muy natural que un
hombre así agradase a Huseín Daim Pachá.

La amistad iniciada en el campamento se había convertido aquí
en una especie de parentesco por consanguinidad, pues el delgado
mulá, que se paseaba descalzo por Constantinopla, tenía el privilegio
de cruzar incluso el umbral del harén, donde, bajo la protección del
carácter sagrado de la vida familiar turca, se podía deshacer muy
convenientemente de los oyentes inoportunos. Había algo en el aspecto de Ahmed Efendi que me aterrorizó al principio, y sólo más
tarde, al permitir que mi pachá me llamara, en aras de la intimidad,
Reshid (el valiente, el discreto), este terrible hombre se acercó a mí,
con cierta muestra de amistad; probablemente concluyó, por haber
adoptado yo este nombre, que estaba muy cerca de convertirme al islam. Una deducción muy falsa. Pero no destruí las esperanzas del
fanático, ganándome así su buena voluntad y consiguiendo que me
instruyera en persa. Ahmed Efendi me permitió incluso visitarle en
su celda del patio de la mezquita. Y ¡vaya!, ¡qué interesantes fueron
aquellas horas que pasé sentado a sus pies, con otros jóvenes deseo-
sos de aprender! Parecía como si me hubiera apoderado de una llave
mágica que abría, ante mis ojos deslumbrados en un momento, todo
el Asia mahometano.

Ahmed Efendi tenía una memoria asombrosa, casi sobrenatural;
era un erudito completo en árabe y persa, y se sabía de memoria toda
una serie de clásicos. Yo sólo tenía que empezar con un verso de
Khakani, Nizami o Djami, del libro *Crestomatía persa* de Friedrich von
Spiegel, y él continuaba recitando toda la pieza hasta el final. De hecho, era capaz de continuar con su interpretación durante horas. A
este Ahmed Efendi debí, más que a nadie, mi transformación de europeo en asiático. Al hablar de mi transformación, confío en que el
amable lector no supondrá, ni por un momento, que un conocimien-

to más íntimo de los modos de pensamiento asiáticos había alejado mi mente del espíritu de Occidente. Mil veces no. Más bien al contrario. Cuanto más estudiaba la civilización del islam y los puntos de vista de las naciones que la profesaban, más se elevaba, en mi estimación, el valor de la civilización occidental.

CONSTANTINOPLA

CAPÍTULO III

Vida en Estambul

En el año 1860, yo era, tal vez, el único europeo que tenía un acceso fácil e ininterrumpido a todas las clases de la sociedad turca, y, probablemente, vi en ese momento más de la genuina vida de Estambul que nadie antes que yo. Sin duda, nadie me reprochará que recuerde ahora, en medio de mi vida europea, con indisimulado placer, la generosa hospitalidad que recibí de manos de los turcos más nobles en sus propias casas.

La fácil afabilidad de las personas que ocupan altos cargos en el Estado, la total ausencia de orgullo o arrogancia, son virtudes que a menudo se buscarían en vano en nuestro civilizado Occidente. La estúpida pomposidad, la ridícula arrogancia y la lamentable ignorancia de ciertas aristocracias presentan un cuadro miserable, cuando se contrastan con el comportamiento de las grandezas asiáticas, de las que se acostumbra a mofar en Europa. El oriental sólo es exigente en cuanto a la nobleza de sangre en lo que se refiere a sus caballos y perros de caza. Mientras que, entre nosotros, los selectos se jactan de tales «ventajas animales», que me gustaría saber en qué país de Europa un desconocido podría conseguir, únicamente a fuerza de su afán de aprender, acceder a los círculos más distinguidos y ganarse su buena voluntad y protección.

Entre nosotros, sin duda, no faltan protectores y mecenas de elevada posición que ayudan al hombre de libros y de arte, pero en esto nunca se acercan a la intimidad y estrecha amistad que los mecenas conceden en Oriente a las actividades intelectuales. En Europa, los poseedores de largos pedigríes, los dueños de árboles genealógicos con raíces podridas y corteza carcomida por los gusanos, con frecuencia les han asignado el liderazgo en la sociedad, pero no es así en Asia. Los árabes se vanaglorian de las hazañas heroicas y las acciones generosas de sus antepasados, pero no para su propia exaltación, como ocurre en muchos países de Europa.

Pasando a mis actividades literarias durante mi estancia en Estambul, sólo mencionaré que en 1858 publiqué un diccionario germano-turco, un pequeño volumen cuyas imperfecciones y deficiencias no ignoro en absoluto, aunque era el primero que se había escrito y es, hasta la fecha, el único disponible que puede conseguir un viajero alemán que llegue a Constantinopla. En mis estudios sobre la literatura turca tenía dos objetivos principales. En primer lugar, había encontrado en la historia del Imperio otomano una conexión con la historia de mi propio país que me sentí impulsado a traducirla. Gracias a estas traducciones, entablé muy pronto relaciones con la Academia Húngara. Los historiadores otomanos carecen, en su mayor parte, de juicio crítico; sin embargo, la laboriosa y circunstancial exhaustividad de su información resulta a menudo útil. Tal vez no sea de conocimiento general que los sultanes turcos que, a la cabeza de sus destructivos ejércitos, hicieron incursiones en la parte sudoriental de Europa, y contra quienes se invocaron tantas cruzadas, fueron acompañados constantemente, a cada paso que daban, por historiógrafos imperiales, y han hecho más por Clío, la musa griega de la historia, que muchos príncipes católicos de aquella época.

Encontré, en segundo lugar, en el curso de mis investigaciones lingüísticas, el estudio del turco oriental, un campo entonces apenas cultivado, y le dediqué toda mi atención. Además de los manuscritos que conseguí en las diversas bibliotecas, que me fueron de gran ayuda en mis estudios, frecuenté los *tekkes* (claustros), habitados por los estudiantes provenientes de Bujará. Me procuré, además, con vistas a alcanzar un conocimiento profundo de estas obras, un profesor nativo de Asia central. Mulá Khalmurad, como se llamaba mi maestro, me familiarizó con las costumbres y modos de pensar de Asia central.

Yo solía embelesarme apasionadamente cuando relataba historias sobre Bujará y Samarcanda, y hablaba de los ríos Oxus y Jaxartes, pues había viajado mucho por su propio país. Había hecho ya dos peregrinaciones a las ciudades santas de Arabia, y poseía, en alto grado, la astucia y clarividencia peculiares de todo asiático, pero particularmente del que ha viajado mucho.

Esta perspicacia de los asiáticos me haría temblar de miedo en más de una ocasión, más adelante, durante mis andanzas como derviche.

Aparte de un interés científico por el estudio de la lengua turca oriental, también sentía una obsesión patriótica, debido al rico vocabulario turco oriental que se encuentra en la lengua magiar, mi querida lengua materna.

La vida en Estambul, con todas sus atracciones y fenómenos interesantes, me produjo una sensación de hastío al cabo de un tiempo. Mis frecuentes visitas a Pera y mi paso, en menos de media hora, de los recovecos más recónditos de la vida asiática a la agitación y el bullicio europeos, podrían haber seguido siéndome atractivos, por darme la oportunidad de estudiar comparativamente las dos civilizaciones. Pero entre los mismos hombres que encontré en esta Babel de nacionalidades europeas, hubo algunos que avivaron el fuego dentro de mí, y que incitaron a este, que había seguido siendo un europeo de pura cepa a pesar de una orientalización de varios años, a la ejecución de las hazañas más audaces. Y, ¿necesitaba yo estos apremios, yo que, a la sola mención de los nombres de Bujará, Samarcanda y el Oxus, sentía un ardor de emoción? Ciertamente no; su aliento me parecía sólo una prueba de la viabilidad de mis designios. En efecto, yo conocía muy bien la literatura de viajes de aquella época, y los únicos recelos que sentía se referían a los peligros de la empresa.

Acababa de dar vueltas en mi mente al plan de un viaje por Asia, cuando fui nombrado, de forma bastante inesperada, miembro de la

Academia Húngara. Este nombramiento debía ser una recompensa por mi traducción de las fuentes históricas turcas, pero resultó ser un incentivo todopoderoso, que me impulsó a la consumación de mis planes para el futuro.

A mi regreso, en la primavera de 1861, después de varios años de ausencia, me dirigí a Pest para pronunciar mi discurso académico, y bastó una gentil insinuación del entonces presidente de la Academia, el conde D., para procurarme un estipendio de viaje de mil florines en billetes de banco, equivalentes a seiscientos florines en plata.

En casa, por supuesto, hubo muchos escépticos que expresaron sus dudas sobre el éxito de mi empresa. Me preguntaban cómo podría hacer un viaje tan largo, con escasos medios y un cuerpo frágil. Estos caballeros no sabían que para viajar por Asia no se necesitaban ni piernas ni dinero, sino una lengua hábil. Sin embargo, presté poca atención a tales comentarios.

La «Academia» me dio una carta de presentación y recomendación, dirigida a todos los sultanes, kanes y mendigos de Tartaria, y redactada, para mayor ilustración de los tártaros, ¡en lengua latina! Si la hubiera presentado en cualquier lugar del desierto o a lo largo del Oxus, este documento habría sido mi horca o espada de verdugo. También el gobierno de entonces, es decir, el virreinato, tuvo la generosidad de proporcionarme un pasaporte para mi viaje a Bujará. No frustré aquellas manifestaciones de buenas intenciones, y abandoné Pest, tras una estancia de tres meses, para dirigirme a Constantinopla, de donde debía partir, en la primavera siguiente, en mis andanzas por las extensas regiones de Asia central.

Mis preparativos, que me llevaron otros seis meses, habían consumido casi la mitad de los seiscientos florines de plata, y consistían, principalmente, en visitas a lugares donde se congregaban y podían encontrarse viajeros y peregrinos de Asia central. A esta gente, que en su mayor parte era pobre, la remuneraba lo mejor que podía por cada pizca de información y por cada hora de conversación que obtenía de ellos, pues debo observar aquí que ya al principio estaba bastante familiarizado con el lenguaje coloquial de los países del

Oxus. De hecho, puedo añadir que muchos barrios de ciudades y regiones del lejano Oriente mahometano me eran tan familiares, de oídas y por la lectura, como lo es la capital del Sena para un europeo que ha sido lector de novelas francesas durante muchos años.

Muy notable y, a veces, muy divertida era la manera en que mis dignos amigos de Estambul veían mis preparativos para el lejano Turquestán. Los mahometanos modernos califican de excéntrico, por no decir otra cosa, un viaje motivado únicamente por la sed de conocimiento, ya que los días de Al-Masudi, Yakut, Ibn Fadlan e Ibn Battuta han quedado muy atrás. Y si alguien se propone emprender un viaje por países inhóspitos, bárbaros y peligrosos, declaran que tal empresa es una auténtica locura. Recuerdo muy bien cómo, más adelante, se estremecieron estos afeminados *efendis*,[5] y su mirada de indecible piedad que me dirigieron, cuando disertaba, con la más intensa satisfacción, sobre mi paso por los desiertos. *Allah Akilar* (Dios le otorgue la razón), era el piadoso deseo que todos murmuraban. Una persona que voluntariamente abandona el encantador Bósforo, renuncia a la cómoda vida en la casa de un grande turco, y renuncia a los encantos del dulce reposo, debe ser, según ellos, un loco.

Y, sin embargo, estas buenas personas estaban profundamente preocupadas por facilitar mi difícil camino y retrasar la destrucción segura que se avecinaba, en la medida de lo posible. Persia iba a ser el primer país en mi ruta, y como un embajador turco, junto con su séquito, había residido durante años en Teherán, y el entonces plenipotenciario del sultán, Haidar Efendi, resultó ser amigo de la familia de mi patrón, recibí, además de la recomendación oficial de Aali Pachá, una carta colectiva de todos los parientes y conocidos de K. Bey, encomendando a este infeliz, en los términos más cálidos, a su protección. Obtuve también firmanes, dirigidos a las autoridades en mi ruta por territorio turco, en todos los cuales se me mencionaba como el viajero Reshid Efendi. De mi ascendencia europea, de los objetivos y propósitos de mis viajes, no se hacía la más mínima mención en estos documentos, y todo lo que tenía que hacer era actuar según la letra y el espíritu de su contenido; de hecho, poco más podría hacer si quisiera hacerme pasar por un auténtico turco y efendi de Constantinopla.

Hasta aquí la parte práctica de mis preparativos. En cuanto al estado mental en el que me encontraba, no necesito decir que cuanto más se acercaba el momento de mi partida, más fuerte se hacía mi anhelo y más agitada se volvía mi mente. Lo que había soñado cuando era niño, lo que había reflexionado cuando era joven, y lo que había obsesionado mis pensamientos, como una *fata morgana*, durante mis viajes por las literaturas de Occidente y Oriente, por fin iba a lograrlo y deleitar a mis propios ojos. Cuando la pasión, como una ola poderosa, se apodera de nosotros, hacemos oídos sordos a la voz de la razón y la prudencia. Después de todo, lo único que podía temer era la miseria corporal, la lucha contra los elementos y los daños a mi salud; pues, en aquel momento, el pensamiento del fracaso, es decir, de la muerte, nunca pasó por mi mente. Y ahora pregunto a mi amigo lector, ¿qué vicisitudes, qué privaciones podría sufrir, que no me hubieran sometido ya el duro destino de mi juventud? Había pasado hambre hasta los dieciocho años y la falta de ropa necesaria había estado a la orden del día desde mi más tierna juventud. Había aprendido a conocer los caprichos y debilidades de la humanidad, y descubrí que el hombre con el tosco atuendo asiático era casi igual al hombre con el civilizado traje europeo; sí, había encontrado en manos de los primeros tanta compasión y bondad, que la espantosa imagen de estos bárbaros, tal como la pintaba nuestra literatura, estaba lejos de desanimarme.

Sólo una cosa podía tomarse en consideración, con referencia a la empresa que tenía entre manos, que, después de haber probado ya los dulces de la opulencia y el reposo, estaba a punto de aventurarme de nuevo en una vida de miseria y luchas. Porque me había ido bien en Constantinopla, bastante bien, durante esos años. Tenía alojamiento cómodo y difrutaba de comidas lujosas, e incluso tenía un caballo de silla a mi disposición, y por eso lo único que puedo decir en mi alabanza es que cambié todo esto, por mi propia voluntad, por el bastón del mendigo. Pero, ¡dios mío! ¿Adónde no podríamos ser conducidos si nos espoleara la ambición? ¿Y de qué vale nuestra vida si la ambición no se conoce, no existe o ha sido embotada? La riqueza, la distinción y las dignidades son juguetes llamativos que no pueden entretenernos por mucho tiempo y de los que el buen sentido común debe cansarse tarde o temprano. La conciencia, sin embargo, de haber prestado a la humanidad en general un servicio, por mínimo que sea, es verdaderamente noble y exultante; porque ¿qué hay más glorioso que la esperanza de poder enriquecer, aunque sea con una sola letra, el libro de la vida intelectual que tenemos abierto ante nosotros? Así sentía y pensaba, y en estos sentimientos y pensamientos encontré la fuerza para someterme a pruebas y penalidades mil veces mayores que aquellas a las que hasta entonces me había sometido.

Tales eran las condiciones de mi vida, en las que abandoné el pacífico puerto de Constantinopla para emprender mi viaje al mar Negro. Sin la compañía de ningún amigo ni de mis padres, me despedí del Cuerno de Oro y del Bósforo, esos lugares donde disfruté de tantos días agradables de útil preparación para mi futuro designio. Cuando nuestro buen barco viró hacia la costa asiática, sólo me atreví a echar una mirada furtiva hacia el oeste, sin saber si volvería a ver esa ciudad en mi vida.

EL CUERNO DE ORO

CAPÍTULO IV

De Trebisonda a Erzurum

E L estampido de los cañones, los sonidos de la música y los gritos de alegre bienvenida nos saludaron cuando nuestro barco se acercaba al puerto de Trebisonda. Este solemne recibimiento no estaba destinado a mí, futuro derviche, que partía, bastón de mendigo en mano, para recorrer una extensa porción del Asia clásica. La ovación era para el emir Muhlis Pachá, recién nombrado gobernador de Trebisonda, que había sido nuestro compañero de viaje desde Constantinopla hasta allí. El pueblo, muy probablemente, albergaba la esperanza de que él traería consigo un estado de cosas más feliz que el que experimentaban, y un alivio de la miseria pasada, pero estaban, con toda probabilidad, condenados a ser decepcionados con él, como lo habían sido antes con sus numerosos predecesores.

Trebisonda, la antigua capital del rey Mitrídates, presenta un aspecto bastante bonito cuando se la mira desde el mar. Si se observa más de cerca, la ciudad resulta ser, con mucho, más bella que la mayoría de las ciudades marítimas turcas. Muhlis Pachá, a quien había conocido en Constantinopla, me ofreció su hospitalidad durante toda mi estancia en aquella ciudad. Monté en uno de los caballos preparados en la orilla, me uní a la comitiva del pachá y me dirigí con el cortejo festivo hacia el palacio del gobernador, situado al sur. Nuestras tropas pasaron, muy contentas, entre la multitud. El pachá hizo repartir pequeñas monedas de plata entre la gente. Los afortunados expresaron su gratitud de forma ruidosa y voluble. Sólo permanecí tres días en Trebisonda. Empleé este corto tiempo en la compra de los artículos de viaje necesarios, en el alquiler de un caballo, en resumen, en proveerme de todo lo necesario para aquellas aventuras a través de Turquía y Persia que estaba a punto de emprender. Resolví mantener el papel de efendi hasta Teherán, pero a partir de entonces deseaba hacerme pasar sólo por un *kiatib*, un humilde escriba que podría apelar a la hospitalidad de las autoridades. Todo mi equipaje consistía en un *khurdjin* (bolsa-alfombra), que contenía un par de camisas, unos cuantos libros, algunas bagatelas, dos alfombras, una para utilizarla como colchón y la otra para cubrirme, una pequeña tetera, un servicio de té y una taza. El pachá insistió repetidamente en ofrecerme una escolta de dos *kavasses* (policías), no tanto por una cuestión de seguridad como por consideraciones de ostentación, habituales en estos lugares. Rechacé su amable oferta con agradecimiento y, en compañía de un *surudji* armenio (propietario y conductor de caballos), abandoné la ciudad turca el 21 de mayo de 1862, dirigiéndome hacia las montañas que se extendían hacia el este.

El sol ya había salido bastante alto. Avancé, a paso lento, a lo largo de la carretera, que se extendía a una hora de camino de la ciudad, y luego se perdía en el profundo desfiladero de un valle. Mi compañero armenio, Hadjator, me recordó que, al acercarnos al valle, pronto perderíamos de vista el mar. Me detuve en la altura, por unos instantes, para darle una mirada de despedida. Por tempestuoso y agitado que fuese a veces, en aquel momento yacía tan tranquilo y apacible ante mis ojos como el agua de un lago. En aquel momento no sentía más que débiles presentimientos de las pruebas y peligros que me acechaban; pero por débiles que fuesen, bastaban, mientras contemplaba las oscuras olas del mar Negro, que se extendían sin fin, para afectarme profundamente.

Allí, a mis pies, estaba Trebisonda; podía distinguir claramente todo el puerto, y al divisar el barco austriaco en el que había venido, con la bandera en el tope del mástil, despidiéndose de mí, un sentimiento de profunda melancolía se apoderó de todo mi ser. Durante seis horas interminables de aquel día continué, sin interrupción, mi marcha a caballo. Fueron seis horas miserables. Aunque la naturaleza era muy encantadora y hermosa a mi alrededor, no me impidió sentir un cansancio extremo en todos mis miembros.

Viajar a caballo es al principio algo bastante penoso, pero lo es infinitamente más si uno se ve obligado a alquilar el caballo que monta a un *surudji*. Estos hombres emplean sus animales, principalmente, en el transporte de equipaje, y los caballos tienen, en consecuencia, un paso tan brusco que sus jinetes deben de tener dolor en todo el cuerpo al descender, y son tan indolentes, además, que uno debe hacer buen uso de las manos y los pies para hacerlos avanzar. Cerca de Köpri me alojé en una *khana* (posada). Tuve que dormir, a la manera nómada, en el suelo, pero, debido a mi excesiva fatiga, el sueño no llegaba a mis ojos. El lugar era un hervidero de caballos y arrieros, algunos de los cuales aseaban a sus animales o cocinaban, otros cantaban y otros charlaban. Me pareció como si todo este barullo se hubiera levantado especialmente para perturbar mi sueño. Me levanté y me senté en la misma postura en que había estado acostado, y reflexioné tristemente sobre las fatigas que me aguardaban.

Tras una breve siesta, me llamó mi socio armenio.

—Bey Efendi —me dijo—, creo que debes sentirte descansado de la fatiga de la marcha de ayer. Nuestro camino de hoy será más duro; no podrás sentarte cómodamente en la silla de montar en las montañas de Trebisonda, y, por lo tanto, harás mejor en subir a pie, tranquilamente, hasta la cima, antes de que haga más calor.

Abandoné de inmediato mi sillón y seguí el empinado sendero de la montaña. No podía dejar de asombrarme del esfuerzo de las mulas para subir la empinada altura y llegar a la cima, con sus pesadas cargas, mientras que, para mí, a pie, sin ningún estorbo, la ascensión era de lo más penosa. En nuestro camino nos encontramos con una larga fila de mulas sobrecargadas, que descendían entre los gritos salvajes de sus conductores persas. Es un espectáculo asombroso verlas avanzar, con sumo cuidado, sin ningún accidente, por el resbaladizo sendero excavado en la roca, de apenas dos palmos de ancho, flanqueado por el abismo sin fondo. Y, sin embargo, es muy raro que una mula se precipite al abismo que se abre a lo largo del sendero. Si alguna vez ocurre, es en invierno. El peligro es mayor cuando dos caravanas se encuentran frente a frente. Para evitarlo, utilizan grandes campanas, que se oyen a gran distancia, para advertir a las caravanas de que no se crucen.

La subida, continuamente empinada, duró más de cuatro horas. Apenas hay una carretera peor en toda Asia; sin embargo, esta es la única vía comercial que conecta Armenia con Persia, o lo que es lo mismo, Asia central con Occidente. Durante el verano, cientos de miles de estos animales atraviesan esta ruta, yendo y viniendo, cargados con los productos de Asia y las manufacturas de Europa.

Gracias a mi título de efendi pude dormir más tranquilo en la tolerablemente abarrotada *khana* de nuestra siguiente parada. Antes de retirarme a descansar, seguí el consejo de Hadjator y bañé con agua salada las partes de mi cuerpo que estaban doloridas por los esfuerzos de la cabalgata; al principio la sensación fue de escozor, pero al día siguiente no me resultaba tan incómodo sentarme en la silla.

Al llegar a la tercera estación, el 23 de mayo, se me unieron dos armenios. Uno de ellos empezó a hablar conmigo primero en francés y luego en inglés. Era un comerciante de Tabriz, que había pasado varios años en Inglaterra, por asuntos de negocios, y ahora regresaba a su ciudad natal. Al cabo de un rato intimamos bastante, y su compañía me resultó tanto más agradable cuanto que conocía muy bien la ruta por la que íbamos a viajar juntos durante un tiempo considerable.

Tres días después, al dejar las montañas de Khoshab Bunar y descender, nos encontramos en nuestro camino con una caravana procedente de Shiraz. Me llamó la atención la forma de los altos sombreros de los hombres, que eran puntiagudos. Iban alegremente al lado de sus mulas, cargadas con los productos de su país natal, y me encantó oír las canciones del poeta Hafez cantadas por el jefe de la caravana, a las que los jóvenes que le seguían se unían a coro de vez en cuando. Estas fueron las primeras palabras iraníes (persas) que oí de boca de los propios nativos. Quise entablar conversación con

ellos, pero no se dignaron responderme. Cantaban y subían por el ás-
pero camino, porque, según me dijo después mi guía, los animales
marchan más alegremente al son del canto.

CASTILLO EN TREBISONDA

MONASTERIO EN TREBISONDA

CAPÍTULO V

De Erzurum a la frontera persa

LLEGUÉ a Erzurum el 28 de mayo. Al entrar en esta ciudad me di cuenta enseguida de que me encontraba en el interior de Asia. Las casas ya estaban construidas a la manera oriental; los muros, de piedra o barro, eran torpes y discurrían irregularmente en zigzag, con ventanas que daban al patio y no a la calle; entradas secretas y otras cosas semejantes, características de las casas orientales.

En Erzurum me alojé en casa del circasiano Huseín Daim Pachá, oficial al mando del lugar, con quien ya me había relacionado en Constantinopla. Yo había instruido a su hijo en francés y en las ciencias europeas. Cuando le hablé de mi proyecto sobre Bujará, se sorprendió mucho y al principio trató de disuadirme, pero después me prometió que me daría cartas de recomendación para algunos de los jeques más importantes de la capital del Turquestán.

Encontré en Erzurum, entre otros funcionarios del gobierno, a algunos que había conocido en Estambul, y los visité en sus oficinas. Nunca olvidaré el aspecto de las oficinas del Gobierno turco. La entrada estaba casi atrincherada por un promiscuo montón de zapatos, palos, armas y una tropa de perros tirados por todas partes.

El interior se correspondía con el exterior. En un par de divanes sucios y andrajosos estaban sentados varios funcionarios; en una parte de la sala un grupo de mujeres discutía, en otra un individuo humorístico entretenía a los funcionarios, y en otra, de nuevo, alguien daba rienda suelta a sus quejas, entremezcladas con juramentos.

La pobreza de los habitantes de Erzurum salta a la vista en cualquier dirección que se mire. La suciedad, la miseria y las viviendas subterráneas son insoportables. El olor de la comida, que cocinan al fuego con un combustible llamado *tezek* (estiércol de ganado), es especialmente repugnante.

Casi me alegré cuando salí de allí el 29 de mayo, al anochecer, en compañía de mi compañero de viaje armenio. Debía de ser cerca de medianoche cuando oímos los ladridos de los perros, indicio de la proximidad de viviendas humanas. Cabalgué delante, sobre zanjas y arbustos, hacia las luces que titilaban desde las casas dispersas. Todo el mundo en el lugar estaba sumido en el sueño, y sólo gracias a mi manera de hablar, como un efendi, logré conseguir, para mí y mi compañero, alojamiento para la noche.

El nombre de la aldea era Kurudjuk, y la casa donde nos alojamos pertenecía al *kizil* o jefe del lugar. Por lo general, las viviendas de la zona constan de una sola habitación, en la que conviven promiscuamente hombres y animales domésticos. El ganado está atado al pesebre que corre a lo largo de dos lados de la espaciosa habitación, y los seres humanos ocupan el *saku*, una especie de plataforma elevada.

Se puede aseverar que aquí la gente vive en establos. Uno podría imaginarse lo agradable que es pasar la noche en compañía de cuarenta o cincuenta búfalos, un par de terneros y un caballo. Añádase a esto que en este establo no hay ni una sola ventana. Tal vez no haya en toda Asia viviendas más miserables y deprimentes que las de los alrededores de Erzurum. Uno puede entonces apreciar la sensación de placer con la que el viajero cambia el aire viciado de sus aposentos nocturnos por el dulce aire matutino de la primavera.

Tras un viaje de casi cuatro horas llegamos a *Hassankale*, un lugar situado en un promontorio. Está fortificada contra los ataques de los kurdos merodeadores, que viven en el campo. Es cierto que hoy en día apenas se atreven a asaltar las aldeas, pero las caravanas más pequeñas y los viajeros solitarios siguen expuestos a la furia de estos merodeadores. En aras de la seguridad, llevábamos con nosotros dos *kavasses* (policías a caballo). Yo mismo no tenía nada que temer de un ataque, pero, por respeto a mis compañeros armenios, que llevaban consigo baratijas que habían traído de Europa, hice uso, en su nombre, del firmán que me había dado, como efendi, el gobernador de Erzurum.

Al cruzar el río Aras, no tardamos en llegar a la frontera del Kurdistán propiamente dicho, cuyos habitantes ya gozaban, en la época de Heródoto, de la poco envidiable reputación de ser ladrones y salteadores de la peor calaña. Durante la marcha nos fijamos en una roca elevada, y uno de nuestros guías nos dijo que en su cima había vivido el legendario Koroglu. Es el héroe aventurero más célebre de la poesía popular mahometana; sus hazañas milagrosas son contadas en canciones, en fiestas y en el campo de batalla, tanto por los turcos en el río Oxus, como por los anatolios cerca del Mediterráneo y los rumelianos[6] junto a las olas del Danubio. Cuando atravesábamos el estrecho desfiladero de una montaña, mis compañeros armenios se pusieron a cargar sus fusiles y pistolas, diciendo:

—A partir de ahora no nos encontraremos con más osmanlíes; aquí sólo viven kurdos y armenios.

Las cartas de recomendación y las peticiones amables no tienen ningún efecto sobre los kurdos; si quieres hacerte respetar, debes encontrarte con ellos bien armado.

En un pueblo del Kurdistán, llamado Eshek-Eliasz, contratamos a dos hombres para que nos acompañaran, y nos pusimos en camino al amanecer. Era una mañana tenebrosa, las cimas de las montañas lejanas estaban cubiertas por la niebla.

Enviamos por delante a los animales cargados y nos sentamos al pie de la montaña a prepararnos el té. En las húmedas y frías horas de la madrugada, el té es una bebida muy refrescante, y después de tomar una o dos tazas volvimos a montar para alcanzar a nuestras bestias de carga. Las alcanzamos después de media hora de trote, y las vimos avanzar pacíficamente por la cresta de la montaña. Los rayos del sol habían dispersado la niebla, y mirando a mi alrededor, admirando el hermoso paisaje montañoso, observé por casualidad que uno de nuestros compañeros kurdos miraba a los porteadores de equipaje y a su compañero, dando muestras de gran inquietud. «¿Qué pasa, qué pasa?», pregunté. En vez de responder, se limitó a señalar hacia donde marchaban los sirvientes de mis socios armenios y un par de arrieros. Miramos y vimos kurdos armados, a caballo y a pie, que se abalanzaban sobre nosotros por la derecha y por la izquierda, dirigiéndose directamente hacia los animales cargados de bienes preciosos y valiosos.

—¡Bandidos! ¡Ladrones! —gritó el armenio Karabegov.

Tomando rápidamente su revólver, se precipitó hacia adelante, seguido por su amigo y por mí, pero, a pesar de que impulsé a mi caballo de todas las maneras imaginables, fui el tercero y el último en llegar al lugar de la acción. Llevaba todavía, en aquel momento, una placa de latón en el fez, en señal de mi dignidad de efendi. Los kurdos se detuvieron de repente a pocos pasos del grupo de gente, que estaba muy asustada.

—¿Qué queréis? —les pregunté con voz de trueno.

Un anciano tuerto, armado con escudo, lanza, fusil y espada, se adelantó entonces y dijo:

—Señor efendi, nuestros bueyes se han extraviado y los hemos estado buscando toda la noche. ¿No te los has encontrado en algún lugar de tu camino?

—¿Y es costumbre buscar bueyes, armado como vas? —contesté yo— ¡Qué vergüenza! ¿Se te ha encanecido la barba para ensuciártela con hurtos y robos? Si no tuviera en cuenta tu vejez, te llevaría de inmediato ante el *kaimakam*[7] de Bayaceto, insolente salteador de caminos.

Mis palabras y las explicaciones de mis seguidores kurdos hicieron que la banda de merodeadores, compuesta por ocho hombres, comprendiera muy pronto con quién tenían que vérselas. No temen mucho a los armenios y a los persas como cosa habitual, pero no consideran aconsejable atacar a un oficial del sultán. Aun así, añadí algunas amenazas a mis severas reprimendas anteriores, y pronto tuvimos la satisfacción de ver cómo los ladrones se disolvían y nos abandonaban. Nosotros también continuamos nuestra marcha, durante la cual los armenios no se cansaron de expresarme su gratitud. De no haber sido por mí, decían, todos los objetos de valor que se habían traído de Londres habrían caído en manos de los kurdos. Durante la refriega, me llamó especialmente la atención la consternación y la palidez de varios comerciantes persas que se habían unido a nosotros el día anterior. Estos hombres me trajeron, cuando estábamos a punto de retirarnos a descansar, varios dulces, como reconocimiento por mis servicios. No podía dejar de admitir que, a los ojos de los kurdos, la dignidad de un efendi tenía un peso considerable.

Al anochecer llegamos a una aldea llamada Mulá Suleimán, habitada principalmente por armenios. Al ver a mi escolta del Kurdistán, nuestro casero me llevó aparte y me dijo en un susurro:

—Efendi, puedes considerarte afortunado por haber salido ileso. Tus ayudantes son conocidos, por todas partes, como los ladrones más desesperados; nunca han escoltado a nadie a través de la montaña de Dagar sin que les ocurriera algún mal.

En un instante comprendí toda la aventura. Aquellos dos kurdos estaban aliados con los ladrones, y de no haber sido por el revólver de mi amigo y mi gorro de efendi, el día podría habernos resultado fatal a todos. Estos sucesos no son raros en esta región. El pueblo y las autoridades conocen bien los frecuentes casos de bandolerismo; saben quiénes son los ladrones; sin embargo, cada uno se deja a su propia valentía para defenderse.

Nuestro anfitrión armenio, que había recibido a sus compañeros de fe y a mí con gran cordialidad, nos hizo preparar una suntuosa cena; el cura, el clérigo y también el juez del pueblo vinieron a presentarnos sus respetos, y las historias de robos no cesaron. Según nos contaron, en el otoño anterior una caravana, compuesta por cuarenta bestias de carga y quince hombres, entre los que había un inglés, fue atacada por un jefe ladrón y doce hombres. Apenas los kurdos, con su acostumbrado grito de *¡Lululu!*, se les echaron encima, los persas y los turcos se apresuraron a dejar que los bandidos rebuscaran libremente en el equipaje, sin molestarlos. Ya habían ahuyentado a un par de animales, cuando el inglés, que hasta entonces había observado fríamente las acciones de los malhechores, levantó su revólver sin ser observado, apuntó deliberadamente al jefe y lo derribó al suelo. Los kurdos se quedaron mudos de espanto por un momento, pero pronto se recuperaron y se abalanzaron simultáneamente sobre el inglés. Este, que no perdió ni por un instante la compostura, mató a tiros a otro hombre y luego a otro, gritándoles con fiereza: «No os acerquéis, u os mataré a todos». Esto surtió efecto; uno a uno los kurdos restantes se escabulleron. La familia del jefe muerto interpuso una demanda por daños y perjuicios contra el inglés, alegando que el jefe había salido a cazar, y no a robar, cuando fue asesinado. Los turcos tomaron la demanda muy en serio y, con toda probabilidad, habrían multado al valiente inglés por daños y perjuicios de no ser por la intercesión del cónsul británico.

La lluvia arreciaba violentamente cuando dejamos a nuestro hospitalario anfitrión al día siguiente, y por la noche tuvimos que alojarnos en una aldea armenia, que contenía unas diez casas, pues era demasiado tarde para llegar a Diadin, la siguiente parada en nuestro viaje, ese mismo día. Los habitantes de esa aldea llevan una vida extraña. Hombres y bestias, comida y combustible, todo está guardado bajo un mismo techo, y mientras una parte de los habitantes duerme, los demás montan guardia, en los tejados, con las armas preparadas. Pregunté a varios de ellos por qué no pedían ayuda al gobernador de Erzurum, y me respondieron: «El propio gobernador estaba a la cabeza de los ladrones. Sólo Dios, y su representante en la tierra, el zar ruso, pueden ayudarnos». Y, ciertamente, la pobre gente tenía razón en esto.

Vadeamos el río Éufrates y no tardamos en llegar a un monasterio cuyos moradores eran frailes armenios muy respetados por todos los habitantes de los alrededores, tanto cristianos como mahometanos. Un rasgo característico de todas las naciones orientales es que frailes, monjes, magos y adivinos son, sin distinción de religión, objeto de profunda veneración. Lo sobrenatural, o misterioso, despierta la humildad del hombre oriental, y los kurdos se marchan lejos, a países lejanos, en pos de sus empresas depredadoras, dejando este solitario y desprotegido asentamiento sin ser molestado.

Hacia el atardecer llegamos al lugar fronterizo, Diadin. Después de muchas indagaciones, conseguimos encontrar la casa del juez, en cuyas manos queríamos pasar la noche. Al echar un vistazo, vi, sentado en un rincón del granero, a un ministro norteamericano, con su mujer, sus hijos y su hermana. Habían estado viviendo en Urumia (Persia) durante varios años y ahora regresaban a Filadelfia. Urumia y Filadelfia, ¡qué distancia! No obstante, los miembros de la sociedad misionera no conocen distancias.

El *kizil* del Kurdistán, es decir, el jefe, me recibió muy amablemente, y cuando le pedí alojamiento para una noche, me contestó:

—Efendi, eres bienvenido, pero no puedo darte alojamiento, a menos que desees compartir con un soldado-pachá la única habitación libre de mi casa.

—Soldado-pachá, o cualquier otro en el ancho mundo —repliqué—, muéstrame la habitación. Un paseo de diez horas amansa a cualquier satán. Además, creo que el forastero y yo nos llevaremos muy bien.

El kurdo, con una pequeña lámpara de aceite en la mano, me precedió y me condujo a un lugar que parecía un trastero. El soldado-pachá estaba en cuclillas en un rincón. Al acercarme a él para presentarme, reconocí en el desconocido, para mi gran sorpresa, al general Kolmann, también llamado Fejzi Pachá, uno de mis más queridos amigos.

—Bueno, este es un encuentro maravilloso —dijo, después de que termináramos nuestros saludos y nos hubiéramos acomodado, uno frente al otro, cerca del fuego.

El general Kolmann, distinguido miembro de la emigración húngara, me había dispensado siempre la más cordial amistad durante toda mi estancia en Turquía. Conocía mis planes de viaje y se alegró muchísimo de tener la oportunidad de despedirse de mí aquí, en la frontera de Turquía, donde el gobierno le había encargado que supervisara la construcción de un cuartel fronterizo. Estuvimos charlando hasta bien entrada la noche, y a la mañana siguiente me despedí, con el corazón encogido, de mi compatriota y del país al que, por el momento, pertenecía.

ERZURUM

CAPÍTULO VI

De la frontera persa a Tabriz

K IZILDIZE es el nombre de la primera aldea en suelo persa. Al dejarla llegamos a la base del monte Ararat. Este, cuya cabeza afilada está cubierta de nieve incluso en verano, estaba en aquella estación vestido con su atuendo invernal hasta más de la mitad de su altura. Todos los habitantes de los alrededores insisten en que aún pueden verse los restos del Arca de Noé en su cima, y muchos *varta-bet* (sacerdotes), ricos en gracia, se jactan de haber visto con sus propios ojos las preciosas reliquias del Arca sagrada en las aguas, claras como el cristal, de un lago en la cima de la montaña. Otros, por su parte, producen astillas de los restos del Arca, y las recomiendan encarecidamente contra el dolor de estómago, el dolor de ojos y otros males; y pobre de aquel que se atreva a arrojar la menor duda sobre la existencia, a día de hoy, de al menos dos tablas y un par de mástiles del Arca de Noé en el monte Ararat. Durante mis viajes por Asia me topé con otros cuatro lugares, de los que la tradición sagrada cuenta que el Arca de Noé había descansado allí, y al menos otros cuatro lugares, de nuevo, donde la gente ha descubierto las huellas inconfundibles del Paraíso de la Sagrada Escritura.

Después de cruzar la línea fronteriza turco-persa, el terreno se hizo visiblemente más y más bello, como si la naturaleza quisiera apoyar la altiva presunción de los persas. El más modesto y reservado de mis compañeros de viaje persas no dejó de repetir durante todo el trayecto: «¡Irán es una tierra muy diferente de la tuya, efendi!

Asómate y verás maravillas». Los rostros de los persas resplandecían de una alegría indescriptible desde el momento en que habían puesto los ojos en la primera aldea persa, pues los pobres habían tenido que sufrir mucho, durante todo el trayecto desde Erzurum, en las numerosas aldeas armenias. Según la rígida ley chiita, el cristiano no sólo es impuro, sino que ensucia todo lo que toca, y el chiita piadoso prefiere morirse de hambre antes que comer cualquier alimento con el que un cristiano haya estado en contacto.

Dormimos por primera vez en suelo persa, en Ovadjik. Aquí, en Irán, creí conveniente desprenderme de mi dignidad de efendi, pues en el país de los chiitas, todo lo que se acerca, en lo más mínimo, a la fe sunita de los turcos, es odiado y despreciado, aunque ambas sectas profesen el islam.

Partimos temprano por la mañana del 5 de junio, y como nuestro camino debía conducirnos, aquel día, a través de las montañas de Karaayne[8], que no gozaban de la mejor reputación en materia de seguridad, mis compañeros armenios consideraron oportuno proveerse de la escolta de un pequeño número de hombres armados a caballo. Afortunadamente no ocurrió nada desagradable.

Llegamos a Karaayne a primera hora de la tarde, y me alegró oír, desde la casa de enfrente de nuestros aposentos, sonidos de música, ruido de armas de fuego y gritos de júbilo. Estaban celebrando una boda y, a mi pregunta de si la gente de la boda tendría algún inconveniente en que me acercara a verlos, fui llevado allí inmediatamente por el hijo de mi anfitrión. Una numerosa tropa de padrinos acababa de llegar cuando entramos, para conducir a la novia desde la casa paterna hasta su marido. Avisaron de su llegada con el ruido de las armas de fuego, entraron, envolvieron a la novia con un velo rojo, la sacaron a la calle y dos de los padrinos la ayudaron a montar a caballo. A pesar de que su amplio vestido, caído en muchos pliegues, le impedía moverse, se sentó firmemente en la silla de montar. La novia fue entonces rodeada por las mujeres, que cantaban a coro una canción muy curiosa, cuyo estribillo, repetido al final de cada estrofa, era: «¡Qué el amigo siga siendo amigo, y el enemigo se vuelva ciego, oh Alá!». Por fin, la procesión partió hacia la casa del novio. Yo también me mezclé con la multitud, acompañándoles, y después me invitaron a ocupar un lugar destacado en la mesa. Durante la comida se recogieron los regalos de boda de los invitados. Los ritos matrimoniales coincidían en todo con los de los turcomanos.

Habíamos avanzado unas dos horas por la carretera que conducía de Karaayne a Tchuruk, nuestra parada más cercana, cuando nos sobresaltó una especie peculiar de ladridos y aullidos procedentes de las profundidades de las montañas que teníamos ante nosotros. Acabábamos de llegar a un promontorio del camino. Nuestra pequeña compañía de viajeros se detuvo de inmediato, y nuestra escolta persa, inclinando sus ojos ansiosamente sobre la entrada del profundo camino, preparó sus armas para la acción.

Los aullidos se hicieron cada vez más fuertes y, de repente, irrumpió en nuestra vista un magnífico ciervo, perseguido acaloradamente por dos lobos. Los persas, muy aficionados a la caza, quedaron exaltados ante aquel espectáculo, y dos de ellos, saltando hacia delante, avanzaron a la carrera hacia el animal; uno de los dos, aunque corría, demostró tan excelente puntería, que al disparar el hermoso ciervo cayó al suelo sin vida. Los lobos se asustaron y huyeron. Uno de los lobos, sin embargo, tan pronto como todo volvió a la calma, ya fuera empujado por el hambre, o sintiéndose dolorido por la pérdida de su presa, pronto reapareció para nuestra gran sorpresa. Los cazadores le permitieron acercarse, sin ser molestado, a unos pasos del ciervo sin vida, y entonces le dispararon, matándolo en el acto. Todos los miembros de nuestra pequeña compañía estaban encantados con la aventura. Desmontamos, le quitamos la piel al ciervo, lo despiezamos y nos pusimos manos a la obra de inmediato para asar las mejores partes en el asador, dejando atrás el resto del esqueleto y al lobo.

El primer lugar de importancia al que llega el viajero del oeste, en Persia, se llama Khoy. Me impresionó especialmente su bazar. La vida y el bullicio que se respiraban en él estaban marcados por la primitiva extravagancia y el esplendor de los tiempos antiguos que, en gran medida, faltan en los bazares de Estambul, debido a la influencia de los europeos. Cualquiera que haya presenciado en Khoy, durante las horas de la mañana, el ajetreo y el bullicio en las frescas y estrechas calles, observado las gesticulaciones de compradores y vendedores, visto la variedad de espléndidas telas y armas, y la comida ofrecida a la venta, y observado el comportamiento de la multitud que se agolpaba y gritaba, debe admitir que en lo que respecta a las características orientales, al menos, el bazar de Constantinopla es inferior al de Khoy.

La primera impresión fue verdaderamente desconcertante y embrujadora, apenas podía apartarme del extraño espectáculo; los peculiares sonidos, el extraño barullo y ruido, la bulliciosa vida por todas partes, eran cosas que nunca había presenciado antes. Al entrar en un lugar, coronado por una cúpula, donde unos treinta braseros golpeaban, con voluntad, cada uno una marmita o una sartén, me quedé estupefacto al ver que, en medio de aquel estrépito infernal, había, en una parte desocupada del edificio, dos escuelas en plena ebullición.

Allí estaba sentado el maestro —entre los niños que le rodeaban en forma de media luna—, armado con un largo bastón, probablemente para poder alcanzar a los niños sentados en las últimas filas. Me acerqué bastante a ellos y escuché con la máxima atención, pero no pude captar ni una sola palabra, aunque tanto el maestro como los alumnos gritaban a pleno pulmón. El esfuerzo también les afectaba a ellos, pues muchos de ellos parecían pavos enfurecidos, con sus rostros rojos y sus venas hinchadas. Los muchachos no parecen mostrar mucho interés, sin embargo, cualquier mala pronunciación de una palabra del Corán por un niño es, de inmediato, señalada y corregida por el maestro.

Me sorprendió aún más agradablemente el pequeño y pulcro caravasar en el que entramos. En todas partes de Arabia y Turquía, el viajero sólo se encuentra con sucias *khanas*; pero aquí, en Persia, donde desde tiempos remotos se ha prestado gran atención a la comodidad y a las facilidades de las relaciones, los caravasares son posadas que —hablo, por supuesto, de pretensiones orientales— no dejan nada que desear.

Estas posadas se encuentran en su mayoría en el centro del bazar, y generalmente forman un edificio cuadrado, cuyos lados están divididos en un cierto número de celdas. Una abertura semicircular, que hace las veces de puerta y ventana, conduce a una elevación en forma de terraza que rodea el edificio. Debajo de ella se sitúan los establos, de modo que un viajero que viva en el primer piso puede ser cochero de su propio caballo en la planta baja. Esta terraza tiene casi dos metros de altura y conduce a lo que en realidad es el patio, en cuyo centro hay un pozo, a menudo rodeado de un pequeño jardín de flores.

Las celdas ofrecen un refugio fresco y agradable durante el día y un lugar seguro para los viajeros durante la noche. El *dalundar* (portero), situado en la puerta de entrada en forma de cúpula, es el encargado de mantener el orden. Esta persona distingue rápidamente el rango y la posición de un viajero por su caballo y su equipamiento, y le proporciona el alojamiento correspondiente. Durante la noche hay centinelas apostados en los tejados planos, que ahuyentan con sus gritos monótonos a todos los malhechores, y es raro que se cometan hurtos o robos en los caravasares.

Salimos de Khoy hacia el atardecer del 8 de junio, por temor a ser interrumpidos en nuestro viaje, a causa de la fiesta de *Kuram Bayram* (el mes de la alegría después del ayuno), y nos detuvimos en la aldea de Hadji Aga, habitada en su totalidad por *sayyids*, es decir, descendientes del Profeta. Estos hombres son los más pretenciosos de toda Persia en su orgullo de descendencia, pero son especialmente arrogantes en su comportamiento con los forasteros, y de hecho hay que tener la paciencia de Job para soportar sus impertinencias mansamente. No importa lo ricos que sean, mendigarán dondequiera que vean una oportunidad de conseguir algo.

De hecho, no piden ninguna limosna, sino que exigen un impuesto, debido a ellos como descendientes de Mahoma. Cometen crímenes capitales, bajo el pretexto de la santidad, y el pueblo rara vez se atreve a pedirles cuentas. Las autoridades parecen ser menos indulgentes, pues me contaron que el gobernador de Tabriz, para horror de todo el mundo, condenó a muerte en la hoguera a un sayyid que había cometido un robo. Los mulás protestaron, pero el gobernador les dio la siguiente respuesta: «Si es un verdadero sayyid no será tocado por las llamas», e hizo que el culpable fuera arrojado a la pira ardiente.

PUERTAS DE LA CIUDAD DE TABRIZ

CAPÍTULO VII

En Tabriz

T ABRIZ es una ciudad de remota antigüedad, y se dice que fue construida por la esposa del califa Harún al-Rashid. Pero de la antigua grandeza y esplendor con que Tabriz rivalizaba con la ciudad de Ray queda muy poco. Sin embargo, su comercio es hoy tan floreciente como se creía en la antigüedad. La gran vida del bazar ya me había sorprendido en Khoy, pero comparada con la de Tabriz, era sólo una imagen en miniatura. Aquí, el estruendo y el ruido, el ajetreo y el bullicio, los empujones y codazos, las multitudes sofocantes se multiplican por cien. Por recomendación de varias personas, me alojé en el caravasar del emir, pero tardé más de una hora en encontrarlo. Como no estaba acostumbrado a este ruido ensordecedor y a atravesar multitudes tan densas de gente e innumerables mulas, lo que parecía peligroso para mi integridad física, temía que en cualquier momento pudiera atropellar a alguien con mi caballo. Al recordar cómo los derviches danzaban delante de mí a través de esta terrible confusión, profiriendo sus gritos sobrenaturales, blandiendo en alto y lanzando al aire sus afiladas hachas, agarrándolas de nuevo por sus mangos al bajar, me pregunto, hasta el día de hoy, cómo llegué sano y salvo al caravasar del emir.

Mis compañeros armenios prepararon una modesta celda para mí y, como ya habían llegado a su lugar de destino, se separaron, con la promesa de regresar al día siguiente e instalarse como mis guías por su ciudad natal. Me senté a la puerta de mi pequeña y estrecha habitación y permanecí allí hasta bien entrada la noche, en parte para descansar un poco de mi fatiga anterior, en parte para observar la vida que se agitaba a mi alrededor. Muy pronto, según la costumbre de este país, se reunió a mi alrededor una curiosa muchedumbre; algunos me tomaron por comerciante y me ofrecieron mercancías, otros por cambista y me preguntaron si tenía imperiales o kopeks que deseara cambiar; otros, de nuevo, me ofrecieron sus servicios, juzgándome por mi atuendo miembro de la embajada de Teherán. Para un forastero recién llegado, el trabajo en un caravasar es agotador, pues se le catequiza a uno por todas partes.

Pasé dos semanas enteras en Tabriz; deseaba descansar después de la fatiga de mi largo viaje, haciendo, al mismo tiempo, un excelente uso de mi tiempo libre en el estudio de las peculiaridades de la secta chiita, estudio que me reveló muchas cosas nuevas e interesantes. Lo hice con tanto mayor placer cuanto que mi estancia ininterrumpida, durante muchos años, entre todos los círculos sunitas, mi perfecto conocimiento de sus modos de vida, costumbres y disposiciones, me habían capacitado especialmente para observar comparaciones pertinentes.

Me habían dicho a menudo que los chiitas eran los protestantes del islam, y su superior inteligencia e industria me llevaron en un momento dado a compartir esta suposición. Por lo tanto, me asombró mucho encontrar, el mismo día de mi llegada, dondequiera que me volviera, ejemplos de un fanatismo mucho más salvaje y de una santurronería mucho más flagrante que los que había encontrado en Turquía. En primer lugar, me impresionó desagradablemente la reserva y el espíritu de exclusividad mostrados por los persas hacia los europeos. Su ley les ordena, por ejemplo, que si el dobladillo de la prenda de un europeo toca por casualidad el vestido de un persa, éste se convierte inmediatamente en *nedjiz*, es decir, impuro, y debe acudir inmediatamente a un baño para recuperar su pureza. Mi fe en su limpieza, de la que tanto se jactaban, recibió muy pronto un duro golpe al presenciar la siguiente escena. En el centro del patio del caravasar, como en todas partes, hay una pila llena de agua, originalmente destinada a la realización de lavados rituales. Mientras observaba lo que hacían en la pila, vi que en un lado del depósito algunos lavaban sus cosas sucias, otros colocaban pieles a medio curtir en la misma agua para remojarlas, y un tercero bañaba a su bebé. Había hombres de pie en el lado opuesto de la pila, realizando seriamente sus lavados religiosos con la misma agua, y uno de ellos, que debía de estar muy sediento, se agachó y bebió ávidamente del líquido verde oscuro. No pude reprimir una manifestación de repugnancia. Un persa, que estaba cerca, se enfrentó inmediatamente a mí y me reprochó mi ignorancia. Me preguntó si no sabía que, según la sharía (o ley islámica), una cantidad de agua superior a ciento veinte pintas se vuelve ciega, es decir, no puede mancharse ni ensuciarse.

Al mencionar su fanatismo, no puedo dejar de citar un ejemplo notable en la persona de uno de sus maravillosos derviches. Este hombre pasó por Tabriz y fue objeto de admiración general en el bazar. Estaba completamente convencido de que la divinidad del califato, después de la muerte de Mahoma, debería haber recaído, por derecho, en Alí, el yerno de Mahoma, y no en Abu Bakr, el cuñado del profeta. Actuando con base en esta convicción, había jurado solemnemente, más de treinta años antes, que nunca emplearía sus órganos del habla de otra manera que no fuera pronunciando, eternamente, el nombre de su favorito, «¡Alí! ¡Alí!». De este modo quiso dar a entender al mundo que era el más devoto partidario de Alí, fallecido desde hacía más de mil años. En su propia casa, cuando hablaba con su mujer, sus hijos y sus amigos, no pronunciaba otra palabra más que «¡Alí!». Si quería comida o bebida, o cualquier otra cosa, seguía expresando sus deseos repitiendo «¡Alí!». Cuando mendigaba o compraba en el bazar, siempre decía «¡Ali!». Si le trataban mal o con generosidad, seguía repitiendo su monótono «¡Ali!». Más tarde, su celo adquirió proporciones tan tremendas que, como un loco, corría todo el día por las calles de la ciudad, lanzando su bastón al aire y gritando todo el tiempo, a voz en cuello: «¡Alí!». Este derviche era venerado por todos como un santo, y recibido en todas partes con gran distinción. En cierta ocasión, el hombre más rico de una ciudad le regaló un magnífico corcel, con silla, brida y todo. Inmediatamente, se subió a la silla y corrió por las calles profiriendo su habitual grito de ferocidad. El color de su vestido era blanco o verde, y el bastón que llevaba correspondía en color al vestido que llevaba. Cuando llegó frente al caravasar del emir, se detuvo y levantó la voz, en medio del espantoso barullo del bazar, con una fuerza tan tremenda, gritando «¡Alí! ¡Alí!», que las venas de su cabeza y de su cuello se erizaron como cuerdas.

Después de pasar unos días en Tabriz, caí en la cuenta de que ésta era, en efecto, la auténtica vida oriental, y que la lejana Estambul, el telón pintado de colores chillones del mundo oriental, no presentaba más que una imagen insulsa y sin vida y un tanto europeizada de Oriente. Cierto es que, una vez pasada la primera emoción ante la gran variedad de maravillosas vistas, mi mente volvió inmediatamente a las dulzuras de la vida occidental, y por ello me alegré mucho de encontrarme, en el caravasar, con dos caballeros suizos de cultura, los señores Würth y Hanhardt. Inmediatamente, insistieron en que trasladara mi alojamiento al suyo, pero yo decliné con agradecimiento, aprovechando, sin embargo, a veces, su cordial invitación a comer con ellos. A través de ellos conocí a otros europeos que residían aquí, y fue para mí un gran placer mudarme de lugar, y después de haber pasado con europeos un tiempo considerable discutiendo ideas occidentales y conversando en una lengua occidental, de repente convertirme de nuevo en un efendi en alguna sociedad persa. Esta transición, casi teatral, de Oriente a Occidente y viceversa, me hacía mucha gracia, y solía practicar este pasatiempo con gran placer durante mi estancia en Estambul.

El mundo persa se extrañaba bastante de mi intimidad con los europeos, pero se abstenía de hacerme ningún comentario al respecto, sabiendo que los sunitas, a los que se suponía que yo pertenecía, eran mucho menos rigurosos que los chiitas en sus relaciones con las personas que diferían de ellos en la fe. Si mis amigos europeos me comunicaban sus puntos de vista sobre ciertas instituciones y costumbres locales, yo no los aceptaba incondicionalmente; los miraba, de nuevo, a la luz que arrojaban sobre ellos las observaciones y sentimientos de los nativos al respecto. Si algún amable lector deseara reprenderme por mi aparente hipocresía, sólo tengo que decir que me someteré mansamente a ello. No obstante, al mismo tiempo estoy en deuda con la actuación de esta doble vida por la satisfacción que tuve al obtener una visión adecuada de la vida nativa, y poder reunir muchas y variadas experiencias sobre las naciones de Oriente, desde el Bósforo hasta Samarcanda.

Fue aquí, en el caravasar del emir, donde experimenté una situación bastante curiosa, que debo relatar. Una tarde, cuando el calor era insoportable, me senté a la puerta de mi celda y me dediqué, como es costumbre entre los derviches, a librar mi ropa blanca de ciertos animales que acechan al pobre viajero de Oriente a pesar de todos sus esfuerzos de limpieza. Dos ingleses, a quienes reconocí por sus sombreros indios, y que paseaban por el caravasar, se detuvieron de pronto ante mí, y después de admirar durante un rato mi paciente e insípida ocupación, el más joven dijo al mayor:

—¡Mira el afán cazador de este tipo!

Levanté los ojos y dije en inglés:

—¿Quiere unirse, señor?

Asombrado, más aún, desconcertado, uno de ellos me preguntó inmediatamente:

—¿Cómo aprendiste inglés y de dónde eres?

Por razones ya explicadas, me abstuve de seguir conversando y, a pesar de todos los esfuerzos, no pronuncié ni una palabra más en inglés, es más, me retiré por completo al interior de mi celda. Pasaron los años y, después de regresar a Europa, asistí por casualidad a una velada en casa de un noble inglés en Whitehall. Mientras cenaba reconocí en uno de los invitados presentes a mi interlocutor de Tabriz, pero inseguro de mi descubrimiento no me dirigí a él. Después de cenar, sin embargo, la señora de la casa me pidió que relatara algo de mis peligrosas aventuras, y buscando valor, le pedí que me presentara al hombre en quien suponía un antiguo conocido. «Ah, es lord R…», dijo la señora. «Bueno, no sé su nombre, pero le he visto», fue mi respuesta. Lord R. me recibió cortésmente, pero negó que le conociera de antes. Cuando le dije:

—Milord, ¿ha estado usted en Tabriz y no recuerda al derviche que se dirigió a usted en inglés?

La extraordinaria sorpresa de Lord R. fue indescriptible; me reconoció al instante, y relató toda la aventura a la muy divertida compañía.

Los días que pasé en Tabriz transcurrieron rápida y agradablemente, debido a mis relaciones con los europeos, y que no se limitaron exclusivamente a los asiáticos. Mientras estuve allí, tuvo lugar un interesante festival, al que logré ser admitido. La solemne investidura del recientemente nombrado *Veli Ahd* (heredero al trono) me dio la oportunidad de contemplar el esplendor de Oriente. Mozaffareddín Mirza, el hijo del rey, que ahora tenía nueve años, pero que, según la costumbre del país, había sido elegido en su infancia sucesor al trono, iba a ser investido públicamente con el *khalat*, el manto real de desfile. Toda la ciudad estaba alerta. La fiesta duró varios días, y cuando el primer día entré por la puerta del *Ala Konak* (la residencia real), rodeada de una densa multitud, en el patio interior, mi curiosidad se disparó. ¡Qué extraño contraste entre miseria y esplendor, entre pompa y pobreza! Allí, en la sala cubierta, frente a la puerta, estaban sentados los grandes de la tierra, y entre ellos el príncipe con los más importantes oficiales de su casa real. Todos los rostros mostraban una expresión solemnemente seria, y el porte de sus varoniles formas, envueltas en vaporosas vestiduras, el digno movimiento de sus brazos, el orgulloso porte de sus cabezas, todo indicaba que estaban bien versados en el arte de exhibir un espectáculo público. Alrededor del interior de la corte había dos filas de *serbasses* (soldados), tipos de aspecto triste, con uniformes europeos y gorros de piel persa en la cabeza, que parecían los más incómodos y torpes posibles con sus ropas extranjeras. Lo más cómico eran sus corbatas, unas atadas por delante, otras por detrás y otras en cualquier punto intermedio.

Uno de los lados del jardín estaba enteramente ocupado por panes de azúcar y diversos pasteles y dulces persas, que se acostumbra a colocar en enormes fuentes de madera, y sin los cuales cualquier ocasión festiva en Persia se consideraría incompleta.

En el centro se alzaba el trono, donde tomaba asiento el joven príncipe, de aspecto débil y pálido, rodeado de su espléndido séquito. Cuando estuvo sentado, se oyó el estruendo de los cañones, la banda militar tocó una marcha marcial e inmediatamente después apareció el enviado real portando el manto de honor, que colocó sobre los hombros del joven príncipe en señal de su nueva dignidad. A continuación, el enviado sacó la insignia de la orden del Sol y el León, la ciñó sobre el pecho del príncipe heredero y concluyó la ceremonia retirando repentinamente una costosa alfombra que ocultaba el retrato del rey, pintado al óleo sobre lienzo. En ese momento, toda la concurrencia se puso en pie; el joven príncipe se precipitó hacia delante e imprimió un beso al retrato, que fue inmediatamente cubierto de nuevo con la alfombra. Cuando el príncipe regresó a su asiento tras la ceremonia del ósculo, se oyó de nuevo el ensordecedor estruendo de los cañones y los sonidos de la música. Un sumo sacerdote se adelantó e invocó una bendición sobre el príncipe, se proclamó en voz alta la orden real y, finalmente, un joven poeta se adelantó y, tomando asiento frente al príncipe, recitó para su glorificación un *kascide* (canto glorificador). Los procedimientos del joven poeta eran bastante nuevos para mí, y me impresionaron incluso más que el tenor ampuloso de su efusión poética. Comparó al príncipe con una tierna rosa, con el brillante sol y, finalmente, con una perla preciosa pescada en el mar de la familia real y destinada a convertirse ahora en el ornamento más preciado de la corona de Irán. Luego le llamó héroe poderoso, que con un solo golpe de su espada destruye ejércitos enteros, ante cuya mirada tiemblan las montañas, y la llama de cuyos ojos hace que se sequen los ríos.

El príncipe se unió entonces a los grandes señores, que se encontraban en un segundo plano, y los dulces fueron retirados de las enormes fuentes y repartidos entre los invitados presentes, expresando el maestro de ceremonias a cada uno de ellos, además, su agradecimiento por su aparición. Y, con eso, el desfile había terminado.

A estos festejos siguió la recepción de Cerutti, el embajador italiano que, al frente de una embajada de veinticinco miembros, pasaba por Tabriz camino de Teherán. Su llegada provocó un gran revuelo tanto entre los miembros del gobierno nativo como en la colonia europea. Los primeros, los funcionarios persas con el virrey Serdar Aziz Khan a la cabeza, estaban encantados de tener la oportunidad de dar rienda suelta a su apasionada afición por la ostentación, y los segundos se sentían gratificados de poder contemplar a los representantes del nuevo reino italiano. Me uní a ellos para asistir a la recepción. En las primeras horas de la mañana de un bochornoso día de junio, cabalgamos fuera de la ciudad, a una distancia de unas dos horas, para reunirnos con ellos, y cuando llegamos a su encuentro, se estaban cambiando de vestido. Querían presentarse ante los persas en pleno desfile, y veinticinco europeos, diplomáticos, militares, comerciantes y hombres de ciencia, tardaron bastante tiempo en ponerse sus mejores galas.

No faltaba mucho para el mediodía, pues el calor era intolerable, cuando estos caballeros entraron por las puertas de la ciudad, con sus uniformes y trajes de gran ornamentación, sus pechos resplandecientes con las insignias de las diversas órdenes, con cascos emplumados y magníficas espadas. Por supuesto, el espectáculo nos resultó muy atractivo a los europeos, pero deseando conocer la opinión de los nativos, abandoné mi compañía y me mezclé con la multitud. Durante toda la procesión no oí más que comentarios irónicos, pues los persas consideraban ridículas las cosas que nosotros considerábamos espléndidas. Según ellos, nuestros abrigos cortos, ceñidos al cuerpo, son las cosas más indecorosas, sin ningún gusto, y todo lo que es sencillo, ajustado y sin pretensiones en el vestir parece mezquino e insignificante. Su idea de lo bello en el vestir consiste en lo que es amplio, fluye en ricos pliegues y es vistoso. Su mojigatería y modestia fingida les hace considerar indecente cualquier modo de vestir que defina con nitidez los miembros y contornos del cuerpo humano, y como los europeos adoptan ese estilo, provocan así el disgusto de los asiáticos. También critican el rígido porte de los europeos a caballo, y en esto no están lejos de equivocarse, ya que el europeo con su pecho sobresaliente parece una caricatura en comparación con el que se sienta con gracia fácil, pero con orgullo, en su corcel.

El día de su llegada, la embajada trabajó muy duro. Durante dos horas fueron arrastrados por la ciudad, en todas las direcciones posibles, para satisfacer la curiosidad del populacho. Cuando por fin llegaron al lugar que se les había asignado para su residencia, no se les permitió ni mucho menos descansar. Durante tres días enteros se vieron asediados por una multitud de corteses visitantes, cada uno de ellos atendido por una tropa de sirvientes que debían llevar a casa de su amo, a cambio, los regalos más amplios y valiosos que esperaban recibir de la embajada.

Los caminos que conducían de Tabriz al interior de Persia estaban repletos de caravanas y grupos de viajeros. Por lo tanto, consideré que los caminos eran suficientemente seguros y decidí continuar mi viaje a la capital del país solo, acompañado únicamente por un *charvador*, un hombre que alquila caballos y animales de carga. Le alquilé un jamelgo de aspecto bastante lamentable, correspondiente a la modesta suma que pagué por su uso, coloqué en él mi escaso equipaje y me despedí de Tabriz.

PUENTE EN TABRIZ

CAPÍTULO VIII

En Zanyán

Dos días después de salir de Tabriz, llegué a una aldea llamada Torkamanchay y pasé allí la noche. Esta aldea es célebre por ser el lugar donde se concluyó el tratado de paz que puso fin a la guerra perso-rusa de 1826-28. De aquí a Miyaneh no ocurrió nada especial, salvo un pequeño incidente durante mi descanso de mediodía en un solitario caravasar. Los chiitas me habían pedido antes, aquí y allá, en mi calidad de sunita, que les diera algún tipo de *nuskha* (talismán). Un sayyid chiita vino a verme con el mismo encargo, y accedí a su petición escribiendo uno o dos pasajes del Corán en un trozo de papel. No se contentó con esto, sino que me pidió además tabaco para su pipa, de la clase fuerte que me habían regalado mis amigos de Tabriz. «Sayyid», le dije, «te lo doy de buena gana, pero tú estás acostumbrado al tabaco suave del Kurdistán, y temo que esto te ponga enfermo». Como siguió insistiendo, me vi obligado a darle un poco. Llenó su pipa, la encendió, pero apenas le había dado unas caladas cuando le sobrevino un violento ataque de vértigo, se puso terriblemente pálido y comenzó a vomitar. El sayyid corrió gritando al patio y gritó: «Socorro, socorro, chiitas; el sunita me ha envenenado». Corrí tras él tan rápido como pude, y cuando lo alcancé lo encontré tendido de espaldas rodeado de un pequeño grupo de persas. Si mi elocuencia no hubiera estado a la altura de la tarea de persuadir a los circunstantes de mi inocencia, me habría ido mal.

Cuando aún me encontraba a varias horas de distancia de Zan-yán, se me unió un persa que, a juzgar por su aspecto, parecía pertenecer a la clase culta. Para mi sorpresa, se dirigió a mí inmedia-tamente como efendi, aunque nunca antes le había visto. Era muy locuaz, como la mayoría de los persas, y habló de mil cosas en media hora. Se me presentó como un médico que regresaba de visitar a sus pacientes en los alrededores. Muy pronto fue alcanzado por su cria-do que conducía una mula tan cargada que casi se hundía bajo el peso de su carga. El pobre animal transportaba los honorarios que el médico cobraba en especie, como frutos secos, maíz, etcétera. Este lo-cuaz discípulo de Asclepio se explayó durante todo el tiempo sobre las curaciones milagrosas que había realizado y dio rienda suelta a su asombro sin límites ante la desfachatez de los *firangis* (europeos) que se atrevían a presentarse como médicos en casa de Ali Ibn Sina (Avi-cena). No cesaba de hablar de la eficacia de sus amuletos y talismanes, y de cómo había expulsado a los demonios de sus pacien-tes, hecho hablar a los mudos, ver a los ciegos y oír a los sordos. Cuando llegamos a la ciudad, me dolía la cabeza de escucharlo hablar.

A lo largo del camino que conducía al caravasar observé un gran número de banderas negras izadas en altos mástiles. Estábamos en los primeros diez días del mes de Muharram, durante el cual el mun-do islámico se abstiene de todo tipo de festejos. Pero los chiitas comienzan la fiesta triste un mes antes; todos se visten de luto, ayu-nan y emplean su tiempo en recitar elegías y asistir al tazié, un tipo de teatro religioso iraní. Las banderas negras señalaban los lugares donde debían tener lugar las representaciones. En aquel momento, se hablaba en todas partes de un cantante célebre, que se había ganado con gran distinción el papel de Alí Akbar, y que iba a actuar aquel mismo día en el tazié del gobernador. Yo ardía de impaciencia por presenciar un tazié, y apenas había llegado al caravasar cuando me decidí a partir de inmediato. Me uní al populacho y fui arrastrado por la corriente de gente hasta el patio del gobernador. Allí, en el centro, había una plataforma elevada, de poco más de dos metros de altura, alrededor de la cual, sobre mástiles de considerable altura, estaban suspendidas pieles de tigre y pantera, banderas negras, escudos de acero y piel, y espadas desnudas, intercaladas aquí y allá con una lámpara, para iluminar la representación nocturna. Este era el escenario. Las mujeres estaban sentadas en el lado derecho del patio, y los hombres se reunían en el lado opuesto. Desde el segundo piso, el gobernador en persona —que había hecho representar el tazié— y su familia, rodeados de los hombres prominentes de la ciudad, contemplaban el espectáculo. Todo estaba envuelto en un profundo luto, todos los rostros mostraban una expresión de tristeza y abatimiento indescriptibles.

El tazié representa la trágica historia de Huseín, de la que haremos aquí un breve esbozo. Tras la muerte de Mahoma, no habiendo designado este a nadie como su sucesor, los fieles se dividieron en dos bandos. La mayor parte consideraba a Abu Bakr, el compañero y seguidor más antiguo del Profeta, el más digno de la sucesión, mientras que la minoría se esforzaba por colocar a Alí en el trono, guiada por la fuerza de las palabras pronunciadas por Mahoma: «Así como yo soy señor, también Alí es señor». Pero el grupo de Alí fue derrotado. Después de Abu Bakr vino Osmán, y éste fue sucedido por Omar. Los partidarios de Alí, sin embargo, no desistieron en su causa; hicieron varios intentos de sentarlo en el trono y, tras la muerte de Omar, Alí se convirtió en califa. Su reinado fue de corta duración; sus enemigos, a cuya cabeza estaba la propia viuda del Profeta, lo hicieron asesinar. Sus tristes vicisitudes, crueles sufrimientos y trágico final no hicieron sino aumentar el número de sus seguidores; fue llorado como un mártir y casi divinizado. Tuvo nueve esposas, pero de ellas sólo se menciona a Fátima, la hija más querida del Profeta, que dio a Alí dos hijos, Hasán y Huseín. El derecho de sucesión fue reclamado por Huseín. Éste, en una ocasión, se dirigía de La Meca a la ciudad de Kufa, invitado por sus habitantes, que eran partidarios suyos. Le acompañaban los seguidores que se habían expatriado de La Meca. A orillas del Tigris, en pleno desierto, fueron atacados repentinamente por bandas hostiles, enviadas contra ellos por el califa

Yazid, y todos fueron cruelmente masacrados. Esta catástrofe se conmemora en Persia con innumerables cantos lastimeros y quejumbrosos y exhibiciones teatrales, llamadas taziés.

Justo antes de que comenzara el tazié, un derviche harapiento y, debido a su excesiva indulgencia con el opio, de aspecto bastante raquítico, subió a la plataforma, gritando: *¡Ya Muminin!* (¡Oh verdaderos creyentes!), y en un instante reinó la mayor quietud. Entonó entonces una larga oración, alabando las perfecciones y valerosas hazañas de los grandes chiitas, y luego enumeró en un lenguaje exagerado los pecados y maldades de los sunitas, y al mencionar los nombres de algunos distinguidos hombres sunitas, exclamó, con una furia rayana en la locura:

—Hermanos, ¿no deberíamos maldecirlos, no deberíamos hacer caer la maldición sobre sus cabezas? Os digo, ¡una maldición sobre los tres perros, los tres usurpadores, Abu Bakr, Omar y Osmán!

Entonces hizo una pausa, esperando el efecto de sus palabras en la multitud reunida. Toda la multitud expresó su aprobación a sus maldiciones y anatemas con fuertes gritos de *¡Bishbad, bishbad!*

El derviche siguió maldiciendo a Aisha, la esposa del Profeta, a Muawiya, a Yazid y a todos los enemigos distinguidos del chiismo, deteniéndose en el nombre de cada uno, y el público rugía cada vez *¡Bishbad!*

Un discurso de la misma persona, glorificando al sha, a los actuales ulemas de Persia y al gobernador, siguió a la maldición, al final del cual descendió de la plataforma y se apresuró entre el público a recoger una sustancial recompensa por el celo que había mostrado. Este fue el prólogo. Poco después, varias personas vestidas con amplios ropajes hicieron su aparición en el escenario, cantando elegías, a veces a solas, a veces a coro, con el fin de conmover los corazones de los oyentes y preparar sus mentes para la obra que se avecinaba.

Entra en escena el imán Huseín, que se dirige a Kufa, en pleno desierto, acompañado de su familia y de un pequeño grupo de fieles. Todos sufren terriblemente la falta de agua, y Huseín se esfuerza por aliviar los males de su familia, causados por su sed tentadora, con palabras de consuelo y aliento. Mientras tanto, un trono se eleva en el fondo, el trono de Yazid, enemigo de Huseín, sentado sobre el cual está el propio Yazid, con toda pompa y orgullo, distribuyendo órdenes de la naturaleza más cruel contra Huseín y sus amigos entre sus seguidores belicosos. Alí Akbar, el hijo menor de Huseín, se conmueve tanto al ver la triste situación en que se encuentran sus padres, hermanas y hermanos, que decide llevarles agua del Tigris, aunque sabe muy bien que el enemigo acecha por todas partes. Sus padres y sus amigos le disuaden de esta empresa, en el lenguaje más tierno, sus voces sintonizadas con las emociones de amor y ansiedad por su seguridad. Había algo realmente conmovedor en los tonos suplicantes de la llorosa madre y en las oraciones del padre, y los sollozos de Huseín y su pequeño grupo apenas podían oírse a causa de los simpáticos aullidos del público. Las mujeres, en particular, lloraban tan amargamente que yo sólo podía captar, a raros intervalos, una palabra del hermoso y profundamente conmovedor diálogo.

Pero Alí Akbar se mantiene firme en su decisión; su madre se desmaya, pero pronto se recupera; desea ver a su hijo convertido en un héroe y reza por su seguridad. Su propio padre le ciñe la espada, y él monta su corcel en el acto y da un par de vueltas al escenario. Inmediatamente es perseguido por uno de la banda de Yazid, un poderoso guerrero, que, en su persecución, no escatima los más violentos arrebatos contra el joven perseguido. La lucha se acalora, la escena se vuelve interesante y el interés cada vez más intenso. El valiente joven es por fin alcanzado, golpe tras golpe, y la sangre de Alí Akbar mana de numerosas heridas. Gemidos y gritos de desesperación de la familia y los seguidores de Alí Akbar, que, observando el desarrollo de la lucha con la respiración contenida, perciben el horrible final. Se hunde en el suelo y es llevado, medio muerto, a la parte delantera del escenario. En este momento, cuando el padre, la madre, las hermanas y los hermanos se precipitan con fuertes lamentos sobre las heridas abiertas del infeliz joven, derramando en ellas sus lágrimas en lugar de bálsamo, los gemidos, lamentos y gritos de los espectadores se elevan al máximo. Las mujeres se golpean el pecho, y todo el mundo, en señal de dolor, esparce polvo y paja picada, en lugar de cenizas, sobre su cabeza. Los espectadores se dejan llevar de tal manera por la obra, que dudo que exista en Europa un dramaturgo capaz de producir un efecto similar en su público. Al ver a su hijo moribundo, la ira de Huseín no conoce límites y, jurando venganza, él también salta a la silla de montar, pero Shimr, uno de los caballeros de Yazid, le acosa y le mata. Presentan su cadáver y, al verlo, la multitud prorrumpe en interminables lamentos y llantos. Lo colocan junto a su hijo y se cubren con mantones negros de luto. Finalmente, se produce una masacre general y todos los miembros de la familia de Huseín son asesinados. Los piadosos espectadores están tan llenos de santo horror que no se atreven a levantar la vista para contemplar el espantoso espectáculo sobre el escenario: los actores abandonan el escenario y se pone fin a la tragedia.

La otra pieza que siguió representaba una escena bíblica: Abraham a punto de sacrificar a su hijo Isaac. También ésta se representó con gran fidelidad. Después de haber escuchado pacientemente la orden de Dios hasta el final, el viejo patriarca coge a su hijo, lo besa, lo abraza contra su pecho y, finalmente, lo ata y lo deposita sobre el altar. Entonces desenvaina su espada, coloca el filo de la misma sobre la garganta desnuda del niño y, justo cuando está a punto de degollarlo, aparece un ángel del Señor con dos corderos. Isaac se levanta del altar y Abraham mata, en su lugar, a los dos corderos, que proporcionan después una suculenta cena a los comediantes. Me llamó especialmente la atención el porte serio y la astucia de los niños actores. Algunos de ellos no tenían más de seis años y se sabían de memoria sus papeles, que sumaban doscientas líneas. Su actuación mímica y sus gestos eran también intachables. Las partes son siempre cantadas por los artistas, y había algunos actores que cantaban, especialmente las partes lúgubres, con tal expresión y habilidad que el oído más delicado y la sensibilidad artística más severa se sentirían gratificados al escucharlos.

Tales y similares son los temas del tazié. La representación y su preparación, por supuesto, varían mucho según la persona a cuyo cargo se realice. Los mejores taziés que he visto son los que se celebran en la corte de Teherán, a los que, sin embargo, no suelen ser invitados extraños, excepto los miembros de la embajada turca. Como invitado, tuve la oportunidad de ir a verlo con ellos, y el esplendor que allí se muestra es algo que no se olvida fácilmente. Todos los actores iban envueltos en mantones de la más alta calidad; sus brazos estaban adornados con diamantes y piedras preciosas, y las empuñaduras de sus espadas eran doradas o de plata maciza. La actuación y la escenografía eran perfectas; uno casi podía imaginarse a Yazid, en persona, ante sus ojos. Sin embargo, hay una cosa que merma mucho la ilusión de la representación: los papeles femeninos deben ser asumidos por hombres, ya que la ley del islam prohíbe terminantemente que las mujeres aparezcan en lugares públicos.

MURALLA DE ZANYÁN

CASA DE UN MIRZA

RESIDENCIA DE UN KAN

CAPÍTULO IX

De Kazvín a Teherán

MI siguiente destino fue Kazvín, antaño capital de Irán. Sin embargo, en la actualidad no queda ni rastro de su antigua grandeza. Los exuberantes jardines de los suburbios, finamente cultivados, fueron para mí objeto de gran interés, y perdí tanto tiempo en su observación que ya era tarde cuando entré en el caravasar. Dejé mi equipaje e inmediatamente fui a comprar los artículos de alimentación necesarios, pero encontré, para mi gran sorpresa, todas las tiendas cerradas. Después de media hora de búsqueda infructuosa me vi obligado a retirarme a mi celda hambriento y agotado por las fatigas de todo un día de viaje.

En mis vanos intentos por procurarme algo de comer recibía invariablemente la misma respuesta: «Mañana será el día del aniversario de la muerte de Huseín; los chiitas son buenos musulmanes, y demasiado devotos para llevar a cabo sus negocios en el día en que Huseín y los demás santos sufrieron tanto». No me quedaba más remedio que recurrir a la mendicidad; pero las escasas limosnas que uno puede obtener del cerril persa no bastan en absoluto para satisfacer el tremendo apetito de un viajero. A la mañana siguiente logré comprar, bajo el más profundo secreto, a un hombre que no era tendero, un poco de pan y arroz hervido. Me apresuré a regresar al caravasar y convencí a mi compañero de viaje para que partiera de inmediato. Mientras avanzábamos por el bazar hacia la puerta de la ciudad, nos salió al encuentro una procesión funeraria y expiatoria, como las que en un día como este pueden verse por todas partes en Persia, en cumplimiento de una antigua costumbre, tratando de excitar la devoción de los creyentes con sus espantosos gritos y su bárbaro fanatismo. Nadie es capaz de imaginar las locuras que cometen los que participan en estas procesiones. Uno da un salto enloquecido, otro se golpea el pecho hasta que le sale sangre por la boca, un tercero se corta el cuerpo con un cuchillo afilado para impresionar a la multitud con su sangre. Me retiré a un rincón del bazar, esperando a que pasara la muchedumbre enloquecida, con cuyos gritos resonaba todo el barrio. Mi compañero me informó que Kazvín —la devota Kazvín, como él la llamaba— se distinguía ese día entre todas las demás ciudades de Persia por la muerte de al menos dos personas, por devoción a Huseín. No tardé en creerle, pues las escenas que se suceden aquí el décimo día de Muharram recuerdan vivamente a las automutilaciones de los indios, inspiradas por el fanatismo religioso. También a aquella escena en Egipto, cuando el día de Bayram los hombres se tienden en el suelo, delante de la mezquita, para ser pisoteados por los cascos del caballo bien alimentado del sacerdote principal.

El calor del día nos obligó a viajar de noche, y tuvimos la suerte de que justo entonces había luna llena. La única objeción que tenía era la extrema quietud de la noche; me parecía poco sociable, pues aunque de vez en cuando nos encontrábamos con viajeros solitarios y caravanas más pequeñas que regresaban de Teherán, nunca se nos unía nadie, y nos veíamos obligados a seguir trotando solos. La tercera noche después de nuestra partida de Kazvín, mientras cabalgábamos por una llanura, oí, ya de noche, voces en la lejanía, y poco después el ruido de los cascos de los caballos que se acercaban sin cesar. Colocando mis armas de fuego delante de mí sobre la cabecera de la silla, me incliné hacia delante para poder ver y observar mejor. Tres jinetes blandiendo en alto sus armas se abalanzaron sobre nosotros. Preparando mis pistolas para disparar, les grité:

—Quítense de en medio o les dispararé.

O bien el extraño sonido del dialecto extranjero, o bien nuestro traje, tan diferente del de los persas, los espantó y se dieron a la fuga; pero aunque mi compañero consideró el suceso como una broma, yo no pude evitar sentirme inquieto, y tuve cierto consuelo, al atardecer del día siguiente, con la certeza de que Teherán sería nuestra próxima parada.

Había traído conmigo varias cartas de recomendación de prominentes efendis y pachás de Constantinopla, presentándome a Haider Efendi, el entonces embajador turco en Persia. En ellas se hablaba de mí, en su mayor parte, como de una persona excéntrica que, cansada del idílico reposo de una vida tranquila en Constantinopla, se había lanzado a buscar distracción en las tierras salvajes de Persia. Algunos hicieron especial hincapié en que me había trasladado a Oriente por la extraña idea de estudiar la lengua turca oriental; en una palabra, hicieron todo lo posible por convencer a Haider Efendi de que yo no tenía ninguna relación con la política, sino que era un simple soñador, digno de su patrocinio. Haider Efendi tenía, además, la reputación de ser un hombre afable, amable y directo, y yo estaba convencido de que me recibirían amistosamente en la embajada turca, donde pensaba alojarme.

Reflexionaba en esto cuando llegué a las orillas de un pequeño arroyo llamado Keretch. Encontré allí una gran multitud de viajeros, algunos preparándose para sus abluciones, otros dedicados a la oración en las orillas. Era una fresca mañana de verano, indicio seguro de un calor excesivo durante el día. Mi curiosidad por ver la capital de Irán no me dio tregua. Me lavé rápidamente en el agua cristalina del arroyo y, para gran disgusto de mi acompañante, que deseaba descansar aquí media hora más, monté inmediatamente en mi caballo y me puse en marcha en dirección a la capital. Pregunté repetidamente:

—¿Dónde está Teherán? —pues no veía ningún indicio de ella.

La respuesta de mi compañero fue siempre la misma:

—Allí —dijo, señalando con el dedo hacia delante.

En vano ejercité la vista, no lograba descubrir la ciudad. Por fin, la masa gris de niebla que se cernía sobre ella atrajo mis ojos, y allí estaba Teherán, extendida a lo largo de la base inclinada de una montaña. Estábamos a media hora de distancia. La niebla pronto dio paso al sol naciente. Vislumbré primero los tejados cubiertos de tejas verdes vidriadas, luego las cúpulas doradas y, por fin, el panorama de toda la ciudad se desplegó ante mis ojos: estaba en la puerta de la sede del gobierno del «Rey de Reyes», como se llama a sí mismo el sha.

Llevaba ya dos meses de aprendizaje en el arte de viajar y, salvo por haber adelgazado, oscurecido y moteado considerablemente la cara, tenía motivos para estar satisfecho con el estado de mi salud, que había resistido con éxito hasta entonces las nada despreciables fatigas del viaje en caravana asiática sobre míseros jamelgos.

CARAVASAR DEL SHA - KAZVÍN

MAUSOLEO DEL PRÍNCIPE HUSEÍN - KAZVÍN

CAPÍTULO X

En Teherán

L A muralla en la que Teherán y sus habitantes confían para su protección está construida de barro, sin embargo, los persas hablan de ella, con su habitual exageración, como si fuera un muro inexpugnable de roca sólida. Entré en la capital de Irán por una estrecha puerta de esta muralla, y tuve que abrirme paso a empujones entre la multitud de peatones, jinetes y mulas cargadas que cruzaban las estrechas, irregulares y torcidas calles. Tras una larga búsqueda, logré encontrar el palacio de la embajada turca, pero estaba vacío; sus ocupantes se habían marchado. La guardia montada por los soldados me informó de que todo el personal de la embajada, siguiendo la moda de las clases altas de aquí, vivía en el campo, en un pueblo llamado Dizín, al pie de las montañas vecinas, donde el aire era más fresco y soportable que el de la capital.

Me alegré bastante con esta noticia, pues un día de experiencia me había bastado para convencerme de que Teherán era casi inhabitable durante los meses de verano, debido al calor intolerable y a una atmósfera sofocante y ahogada por miasmas nocivos. El recién llegado siente inmediatamente los efectos de estos miasmas, pues el día de mi llegada apenas pude comer nada. Hacia el atardecer el aire se hizo algo más fresco, y como me había separado de mi compañero de viaje de Tabriz, y por consiguiente también de mi jamelgo, me vi obligado a alquilar un asno para poder viajar a Dizín, que estaba a unas dos horas de distancia. Era tarde cuando llegué. Los miembros de la embajada estaban cenando bajo una tienda de seda, en el jardín. Me recibieron con una cordialidad que superaba mis más optimistas expectativas, y me invitaron inmediatamente a unirme a ellos en la cena. Haider Efendi y sus secretarios, el último de los cuales me había conocido ligeramente en Constantinopla, me miraron como si hubiera caído del cielo; y si todo el mundo en Persia, incluso los propios persas, se complacen en escuchar relatos sobre Constantinopla, es fácil imaginar con qué avidez me escuchaban los turcos, y especialmente la gente de Constantinopla. No cesaban las preguntas. Tuve que hablarles del gobierno del nuevo sultán y de mil cosas más, y les hablé, por supuesto, como es mi deber, de las bellezas celestiales del Bósforo, hasta que se hizo medianoche. Cuando les hablé del viaje que me proponía hacer, los osmanlíes de buen corazón se me quedaron mirando. No podían concebir que un hombre sensato deseara ir a Asia central, una región de la que se hablaba, incluso en Persia, como el espantoso desierto y la morada de todo lo más salvaje y bárbaro. El embajador en jefe fue el primero en condenar mi plan por excéntrico. «En primer lugar», me dijo, «quédate con nosotros un par de meses, y luego hablaremos de tus viajes por Asia central. Eche primero un buen vistazo a Persia, y ya tendrá tiempo de proseguir su viaje». Evidentemente, pensó que yo renunciaría gustoso, mientras tanto, a mis planes aventureros.

Para que pudiera recuperarme completamente de la fatiga del viaje, los buenos osmanlíes me rodearon de todas las comodidades imaginables. Me instalaron en una tienda para mí solo y me proporcionaron un caballo y un sirviente; en resumen, pasé de ser un pobre viajero a un gran señor. De este modo, quedé en condiciones de estudiar a mis anchas en Teherán, la capital de Irán.

Lo primero que sorprende al forastero es la absoluta falta de limpieza tanto en las calles como en el interior de las casas. El persa cubre los grandes salones de su casa con costosas alfombras y decora sus paredes con ricos ornamentos, pero la cocina, la habitación en la que vive y la despensa están vergonzosamente descuidadas. Lo mismo ocurre con su vestimenta. Una persona que gasta entre cincuenta y cien piezas de oro en su vestimenta exterior rara vez tiene más de dos o tres camisas. El jabón se considera un artículo de lujo que apenas se utiliza, y he conocido a kanes de alta posición social y refinamiento que utilizaban los pañuelos de bolsillo de sus sirvientes. La pintura con alheña, sin embargo, es lo que hace particularmente repugnante a todo gran señor persa, a pesar de su esplendor exterior y su rica vestimenta. La alheña es un polvo amarillo obtenido de una planta llamada *Lawsonia inermis* que, disuelta en agua, produce un tinte rojo de color ladrillo. Con esta alheña tiñen sus finas barbas negras y sus propios ojos de rojo, como el color de los ladrillos. Las personas de posición también se tiñen las uñas y las manos con alheña. La capa de pintura oculta la suciedad; y un caballero o una dama, después de haber hecho uso de ella, puede permitirse no lavarse durante varios días.

Cuchillos, tenedores y cucharas son cosas desconocidas en Persia. Al europeo le repugna ver al dueño de la casa despedazar con los dedos un pollo hervido y dar a cada invitado un trozo, o hacer pasar una taza de sorbete en la que una docena de hombres ya han empapado sus bigotes teñidos de alheña.

El refinamiento persa se limita a los gestos, el habla y la conversación. Pero en esto superan a todas las naciones orientales —quizás también a las occidentales— y, por supuesto, estos elegantes modales se encuentran en su máxima perfección en la capital. Podrían llenarse volúmenes con las estrictas leyes que rigen las visitas y las devoluciones, así como las formalidades de la correspondencia y la conversación. Cada persa desea superar al otro en expresiones de cortesía y delicadeza, que parecen más absurdas cuanto más conocemos de la vida privada de los persas.

En cada rincón de una calle, el ojo se encuentra con impactantes contrastes de esplendor y miseria. En un extremo de la calle puede verse un enjambre de derviches semidesnudos y mendigos merodeando, mientras que en el otro aparece un kan a caballo, seguido de un numeroso séquito. Cuarenta o sesenta sirvientes, armados con largos bastones, se alinean a cada lado del kan, que, montado en su caballo ricamente ataviado, tiene un aspecto muy pomposo y mueve continuamente la cabeza con aire de gran importancia. A juzgar por la conducta ruidosa y el comportamiento insolente de sus seguidores hacia todos los que se encontraban, se podría suponer que su señor era al menos un alto funcionario del Estado. Nada más lejos de la realidad. A menudo no es más que un pobre kan, agobiado por las deudas, que lleva meses en la antesala de la capital mendigando algún cargo. Sus propios hombres no son pagados por él; son un conjunto de estrellados que le siguen con la esperanza de obtener algún cargo, y mientras tanto tratan de aumentar el esplendor de su aparición en público. ¡Nada más que engaño y falsa ilusión!

Los persas exhiben en presencia de su soberano la más abyecta humildad; pero a menudo he oído expresiones y presenciado actos de falta de respeto hacia él tan pronto como desaparecían de su vista. Como ejemplo de su actitud humilde puede citarse la respuesta dada por un cortesano a quien el sha pidió que se acercara a él. «Señor», respondió tapándose los ojos con la mano, «perdóname, no me atrevo a acercarme a tu persona; la gloria de tu magnífico esplendor deslumbra mis ojos». Por otra parte, no prestan la menor atención a las órdenes, peticiones o amenazas de su soberano, y cuanto más alejado está el lugar o la provincia de la capital, con mayor seguridad se ignoran las órdenes y amenazas. Los cortesanos que gozan de su mayor confianza, los sirvientes y oficiales que están más cerca de su persona, aquellos a quienes su generosidad ha enriquecido, son precisamente los hombres que difunden los rumores más viles sobre él. Estas calumnias se extienden entre el pueblo; los poetas componen sátiras sobre él, que se declaman en todos los callejones y callejuelas del reino. Durante una o dos semanas, la vida en la embajada fue agradable, pero pronto mi único pensamiento fue «a Shiraz», y en pocos días me uní a una caravana que partía hacia esa ciudad.

CALLE DE TEHERÁN

LA MEZQUITA SHA - TEHERÁN

CAPÍTULO XI

El desierto salino de Kavir

DEJÉ Teherán el 2 de septiembre de 1862, por la puerta del sha Abdul Azim, vestido con el traje de un derviche sunita de Bagdad; mi *entari* (prenda inferior), que me llegaba hasta los talones; una faja roja alrededor de la cintura, un *mashlak* negro a rayas (un abrigo impermeable) a la espalda, y en la cabeza una pulcra kefia,* a la vez útil y ornamental.

Como era costumbre cerrar las puertas de Teherán después de la puesta del sol, nuestra pequeña caravana había fijado un caravasar fuera de la ciudad como lugar de reunión. La mayoría de los viajeros que componían la caravana se conocieron allí por primera vez. La caravana estaba formada por unas treinta mulas cargadas, un par de jinetes, mulás, peregrinos que regresaban de Mashhad, mercaderes, mecánicos y mi insignificante persona. Pasaban dos horas de la medianoche cuando nos pusimos en marcha y avanzamos por el ancho camino que conduce a la tumba del sha Abdul-Azim, un lugar muy apreciado por los teheraníes como punto de peregrinación. Durante mi estancia en Teherán paseé por allí con frecuencia. El sitio está lleno de vida y ruido durante el día, especialmente en las horas de la tarde. Se puede ver a todas horas una tropa de mujeres de las clases más acomodadas, vestidas llamativamente, sentadas a caballo a la manera de los hombres, prominentes mirzas y kanes con numerosos seguidores, y de vez en cuando un carruaje europeo, utilizado gene-

---

* Un tocado árabe, consistente en un gran pañuelo de seda con rayas amarillas.

ralmente sólo por la corte. Por supuesto, a la hora de la noche en que pasamos por allí reinaba un silencio sepulcral. La luna arrojaba una luz casi diurna sobre la cadena montañosa que se extendía a la izquierda y sobre la cúpula dorada bajo la cual reposaban los restos del sha Abdul-Azim. Después de haber cabalgado en silencio durante dos horas, algunos de los miembros de nuestra caravana empezaron a animarse e interrumpieron la monotonía de nuestra marcha con animadas conversaciones.

Elegí por compañero a un joven sayyid de Bagdad, que estaba a punto de hacer una gira estelar, como *rawzekhan* (cantor de cantos sagrados), por el sur de Persia. Propiamente hablando, sólo se llama *rawzekhans* a las personas que cantan taziés, es decir, elegías en honor de Huseín, de gran renombre en Persia. Estos hombres son los chiitas más fanáticos, y puede causar cierta sorpresa que nos hubiéramos familiarizado más íntimamente. Pero el sayyid, como habitante de Bagdad y súbdito de la Sublime Puerta, estaba dispuesto a conocer a un efendi. Me presentó a los demás miembros de la caravana, y como era un tipo jovial, que pasaba fácilmente de sus canciones fúnebres a una melodía más alegre y mundana, muy pronto se convirtió en el favorito de toda la compañía, y yo también me beneficié indirectamente de su popularidad.

Al principio evité escrupulosamente todas las discusiones religiosas, pues deseaba congraciarme con mis compañeros de viaje, aunque no era nada fácil hacerlo; los persas son muy aficionados a discutir, y entran de buen grado en una discusión con cristianos, zoroastristas, y especialmente con sunitas. La noche era magnífica, y en Persia estas noches de luna son sencillamente fascinantes. El aire claro y transparente, la graciosa silueta de las montañas, las ruinas oscuras, las sombras espectrales de la caravana que avanzaba y, sobre todo, las maravillas de la bóveda estrellada sobre nosotros, no dejan de producir una impresión inenarrable en la imaginación de un viajero que viene del lejano Oeste al Este. Nuestro camino, sin embargo, era el peor imaginable; tuvimos que abrirnos paso sobre fragmentos y peñascos de roca, y cruzar zanjas, barrancos y lechos de ríos secos. Las dificultades del camino me afectaron muy poco; me abandoné por completo al andar seguro de mi fiel cuadrúpedo asnal, y observé con intenso interés cada movimiento del sayyid, que contemplaba el cielo cubierto de estrellas, y tenía alguna historia que contar sobre cada astro. Cada estrella tenía una leyenda propia, una influencia buena o nefasta, y yo escuchaba sus maravillosos relatos con el alma llena de fe. La constelación de la Osa Mayor se inclinaba ya hacia el margen del cielo occidental cuando llegamos a la altura de Karizek, en cuyas laderas descendentes se encontraba Kenaregird, la aldea que iba a ser nuestra primera parada. Eché una mirada más al hermoso paisaje iluminado por la luna antes de descender, y mientras bajábamos por el otro lado de la montaña, la suave luz de la luna palideció lentamente ante la proximidad del amanecer.

Tan pronto como la estrella de la mañana aparece a los ojos, es costumbre, para toda la caravana, aclamar la llegada del día. La persona más entusiasta de la compañía se dedica a recitar el *azan*, una tarea que en esta ocasión recayó naturalmente en nuestro sayyid. Las abluciones se realizan en el crepúsculo del amanecer, y antes de que los primeros rayos del sol acaricien la cresta de las montañas, la caravana se detiene y se inician las oraciones matutinas.

Los animales permanecen en silencio con la cabeza agachada, mientras que los hombres, con el rostro vuelto hacia Oriente, se arrodillan en fila, uno al lado del otro, con una expresión de penitencia y remordimiento en el rostro, como sólo puede verse en los mahometanos. Cuando los rayos del sol alcanzan a los devotos fieles, alzan la voz y entonan la melodiosa oración que comienza con las palabras Alá Akbar (es decir, Dios es el más grande).

Después de la salida del sol, es costumbre que la caravana marche durante un espacio de tiempo más o menos largo, según haya empezado más temprano o más tarde la noche anterior, o según la proximidad o lejanía de la siguiente estación. Cuando llegamos a nuestra estación, los rayos del sol caían sin piedad sobre nuestras cabezas. Nos alojamos en el espacioso caravasar, cerca del pueblo de Kenaregird. El significado de su nombre es «frontera de arena», pues al este se extiende el desierto salino de Kavir. Este desierto debe de ser un lugar espantoso, pues en todas mis andanzas por Persia nunca me encontré con un nativo que hubiera recorrido la porción que se extiende entre Kenaregird y Tebbes. Un persa que habla del desierto de Kavir está siempre dispuesto a asustar a sus oyentes con un montón de historias de terror, en cada una de las cuales figuran de manera conspicua demonios y espíritus malignos. La leyenda favorita que más se repite es la de Shimr, el asesino de Huseín y enemigo mortal de todos los persas chiitas, a quien se atribuye la desolación de esta región. Huyendo de sus propios remordimientos, se refugió aquí, y el país, antaño floreciente, se convirtió de repente en un desierto estéril. Los lagos salados y las ciénagas sin fondo se deben a las gotas de sudor que rodaban por su cuerpo en la agonía de sus sufrimientos. El lugar más espantoso de todos es la cordillera de Kabir Kuh, donde mora Shimr hasta el día de hoy. ¡Ay del pobre viajero que se deje atraer a esta región por la engañosa luz del fuego fatuo! Estas y otras historias parecidas me contaron mis compañeros de viaje en relación con el desierto salado de Persia.

Tan pronto como llegamos al caravasar, cada uno de nosotros se apresuró a buscar un refugio a la sombra, y pronto estuvimos todos cómodamente instalados. En algunos casos, la ciudad de los viajeros presentaba el aspecto de un asentamiento animado y conmovedor. Mientras los animales hacían crujir su paja seca de cebada, los persas se ocupaban de preparar sus comidas. Los que estaban en mejor situación hacían que sus sirvientes les frotaran la espalda y los hombros y les tiraran de los miembros hasta hacerlos crujir, pasatiempo un tanto singular que evidentemente tenía por objeto devolver la elasticidad al cuerpo. Después de un breve descanso desayunamos, e inmediatamente nos retiramos a descansar de nuevo. La caravana se recupera de la fatiga del viaje durante el calor del día, y prosigue su camino al anochecer. Los animales siguen el ejemplo de sus amos. Hacia el anochecer, hombres y ganado vuelven a ponerse en pie y, mientras los animales son lavados y atendidos, los hombres preparan su pilaf (plato compuesto de carne y arroz). La cena se toma aproximadamente una hora antes de partir. El derviche se las arregla mejor que nadie, pues en cuanto llega la caravana, él, sin preocuparse de nada, busca su descanso, y cuando el sabroso vapor de la tetera anuncia la proximidad de la cena, coge su *keshkul* —un recipiente hecho con la cáscara de la nuez del cacao—, y recorre los distintos grupos, gritando roncamente: *¡Ya hu, Ya hak!* Coge algunos trozos de cada uno, mezcla las heterogéneas aportaciones y se lo traga todo con buen apetito. «No lleva nada consigo», dicen los orientales; «no cocina, pero come; su cocina se la proporciona Dios».

Tuvimos que atravesar el desierto en toda su extensión para llegar a nuestra próxima estación. El silencio de la noche se hace, en este páramo, doblemente opresivo, y hasta donde alcanza la vista del viajero no encuentra ningún lugar donde posarla. Sólo aquí y allá pueden verse columnas de arena amontonadas, empujadas por el viento y deslizándose de un lugar a otro como espectros oscuros. No me extrañó que estas sombras movedizas fueran tomadas por almas tímidas y crédulas por espíritus malignos perseguidos por las furias. Mi compañero parecía pertenecer a la clase de los supersticiosos, pues envolviéndose fuertemente en su capa, se mantenía cerca de la parte más densa de la caravana, y por nada del mundo echaba un vistazo al desierto que se extendía hacia el este.

Era cerca de medianoche cuando oímos el sonido de unas campanas y, al preguntar por su significado, me dijeron que una caravana más grande, que había partido una hora antes que nosotros, estaba delante de nosotros. Aceleramos la marcha para alcanzarla, pero apenas nos habíamos acercado a cien pasos de ella cuando un hedor intolerable, como de cadáveres, llenó el aire. Los persas eran conscientes de la causa de este hedor venenoso y se apresuraron a seguir adelante en silencio; pero seguía aumentando cuanto más avanzábamos. No pude contener por más tiempo mi curiosidad y, dirigiéndome a mi vecino más próximo, volví a preguntarle qué significaba aquello, pero él me contestó secamente, traicionando, sin embargo, una gran ansiedad: «¡Deprisa, deprisa! Ésta es la caravana de los muertos». Esta información fue suficiente para hacer que mi cansada bestia avanzara a mayor velocidad, y al cabo de un rato llegué, junto con mis compañeros, a la caravana. Constaba de unos cuarenta animales, caballos y mulas, al mando de tres árabes. Los lomos de los animales estaban cargados de ataúdes, e hicimos todo lo posible por evitar la temible procesión. Al pasar cerca de uno de los jinetes que iban al frente de la caravana, vi una cara espantosa; los ojos y la nariz estaban ocultos por unos pañuelos, y el resto de su rostro, lívido y pálido, tenía un aspecto espantoso a la luz de la luna. Sin desanimarme por la atmósfera nauseabunda, cabalgué hasta su lado y pregunté por los detalles de su recado. El árabe me informó de que llevaba ya diez días de camino, y que pasarían veinte más llevando los cadáveres a Kerbala, el lugar donde, por devoción a Huseín, los piadosos deseaban dormir su sueño eterno. Esta costumbre prevalece en toda Persia; y toda persona que puede permitírselo, aunque viva en el lejano Jorasán, hace arreglos para que sus restos sean llevados a Kerbala, a fin de que puedan ser enterrados en el suelo donde reposa el amado imán Huseín. A veces pasan dos meses antes de que el cadáver pueda llegar a su lugar de destino. Una mula suele ir cargada con cuatro ataúdes, y aunque su transporte durante el invierno es relativamente inofensivo, resulta mortal, tanto para las bestias como para los hombres, en el caluroso mes de julio en Persia.

A cierta distancia de la caravana de los muertos, volví la vista hacia el extraño cortejo fúnebre. Los animales, con su triste carga de ataúdes, inclinaban la cabeza, tratando de enterrar las fosas nasales en sus pechos, mientras los jinetes, manteniéndose a buena distancia de ellos, les urgían con fuertes gritos a una mayor velocidad. Era un espectáculo que, sin importar donde fuera visto, no podía dejar de producir una profunda impresión de terror, pero observado en el mismo centro del desierto, a la hora muerta de la noche, con la espantosa iluminación de la luna, no podía dejar de sobrecoger de espanto y terror al alma más intrépida.

CAPÍTULO XII

Kum y Kashan

Los miembros de la pequeña caravana llevaban ya tres días viajando juntos, y este corto tiempo fue suficiente para establecer entre ellos los más amistosos sentimientos de buena camaradería. Por supuesto, nadie tenía la menor sospecha de que yo fuera uno de esos europeos cuyo más mínimo contacto hace impuro a un chiita y con los que comer del mismo plato es un pecado capital. A sus ojos yo era el efendi de Constantinopla, el huésped de la embajada turca que, instigado por el deseo de viajar, se disponía a visitar las paradisíacas e imperiales ciudades de Isfahán y Shiraz. Rápidamente, hice amistad con la mayor parte de la compañía, aunque algunos de los chiitas más obcecados no pudieron abstenerse, a veces, de echarme en cara las múltiples fechorías de los sunitas. Un hombre en particular, un zapatero, cuyo alto turbante verde denotaba su ascendencia de Alí, me molestaba con sus eternas reiteraciones de las pecaminosas usurpaciones de los tres califas. En tales ocasiones, los miembros más tranquilos de la compañía trataban de apaciguar sus ánimos alterados y de encauzar la conversación por cauces más sosegados; pero mi hombre volvía muy pronto a la carga y, acalorándose con su tema favorito, agarraba la brida del caballo y hablaba con tanta emoción sobre el caso de sucesión discutido hace poco más de mil doscientos años, como si todo el asunto hubiera sucedido ayer mismo.

Kum, con sus cúpulas verdes, apareció ante nuestros ojos al cuarto día de nuestra marcha. Es la ciudad sagrada del mundo femenino persa, pues aquí, en compañía de 444 santas, descansan en sueño eterno los restos de Fátima, hermana del imán (ahora santo) Reza, quien, anhelando ver a su hermano, emprendió con ese fin un viaje desde Bagdad a Mashhad, pero, en su camino, fue atacada por la enfermedad en Kum, y murió allí. Kum, al igual que Kerbala, es un lugar de enterramiento favorito para las mujeres persas, que hacen traer sus restos a este lugar desde todas las partes del país. Pero la ciudad de Kum goza de la menos envidiable distinción de ser conocida como la morada de numerosos malhechores, debido a que goza del privilegio de santuario; y quien tiene la suerte de escapar de las manos del verdugo y de encontrar refugio entre sus muros sagrados, está a salvo de toda molestia.

Todos los miembros de nuestra caravana estaban ansiosos por visitar Kum, algunos querían participar en las procesiones penitenciales como peregrinos, otros hacer compras y ocuparse de sus asuntos. A una distancia considerable de Kum, los alrededores, como los de todos los sitios frecuentados por peregrinos, están salpicados de pequeños montones de piedras, que son levantadas por las manos de piadosos peregrinos, entre el canto de salmos sagrados. Aquí y allá se puede ver también un arbusto decorado con los trapos más llamativos que cuelgan de él. Todo el mundo está ansioso por dejar alguna huella de su devoción en el vecindario; según sus inclinaciones, unos recurren a las piedras, otros a los trapos en el cumplimiento de sus deberes devocionales. Se dice que antiguamente existía otra costumbre por la que los viajeros podían pagar su tributo de respeto: cada transeúnte fijaba un clavo en algún árbol del camino. Yo también desmonté y colgué de un arbusto una borla de seda roja de mi kefia. ¡Qué maravillosa colección de telas de todas las partes del mundo! En estos arbustos están representados los costosos trabajos manuales de la India y Cachemira, los productos de Inglaterra y América, y el humilde friso y el basto lino de las tribus nómadas turcomanas, árabes y del Kurdistán. De vez en cuando lla-

ma la atención un magnífico chal colgado de las ramas de un arbusto, que estimula sin duda la codicia de más de un piadoso peregrino
que pasa por allí; pero está perfectamente a salvo, pues nadie se atre-
vería a tocarlo, ya que se considera el más negro acto de sacrilegio
quitar cualquiera de estas muestras de piedad.

Antes de llegar a la ciudad tuvimos que pasar por un cementerio
de dimensiones extraordinarias, de casi tres kilómetros de longitud.
Mis compañeros de viaje, sin embargo, percibiendo mi asombro ante
la extensión del cementerio, me aseguraron que en términos de tamaño no podía compararse con el de Kerbek. Llegamos por fin a Kum;
nuestra caravana se detuvo en el caravasar, en el centro del bazar, y
me enteré con placer de que íbamos a descansar aquí dos días.

Como piadosos peregrinos, nos concedimos poco tiempo para
descansar, y poco después de nuestra llegada, tras lavar y cepillar
nuestras ropas, nos dirigimos a la tumba sagrada. Ningún europeo
antes que yo había visto el interior de este santuario, ya que no hay
poder en la tierra para conseguir la admisión en él de un *firangi*.

Innumerables sayyids, encargados de la custodia de la tumba de
su «primera antepasada», acampan en el patio exterior, plantado de
árboles. En el centro del patio interior se alza una capilla con una cúpula ricamente dorada. Doce escalones de mármol conducen a la
puerta. Los peregrinos se descalzan en el primer escalón, se les quitan las armas o los bastones y sólo se les permite entrar después de
haber besado el umbral de mármol. El espectador queda impresionado por el extraordinario esplendor del interior de la capilla. El
féretro, rodeado por una sólida reja de plata maciza, permanece
siempre cubierto por una costosa alfombra. Del recinto cuelgan tablillas con oraciones que los fieles leen ellos mismos o se las hacen leer
a uno de los numerosos sayyids que merodean por allí. En la capilla
se escuchan gritos, cantos, llantos y gemidos, así como ruegos vocife-
rantes de los sayyids; pero este ruido infernal no interfiere con las
devociones de un gran número de piadosos peregrinos que, apoyan-
do sus frentes contra los fríos barrotes del recinto, contemplan con
ojos fijos el ataúd y murmuran sus silenciosas oraciones. Admiré es-

pecialmente los numerosos objetos valiosos y preciosos, ornamentos de perlas y diamantes, armas con incrustaciones de oro, que fueron depositados sobre la tumba de la Santa Fátima como ofrendas de sacrificio. Mi traje de Bagdad ofendió a muchos de los fanáticos chiitas, pero, gracias a la amabilidad de mis compañeros de viaje, no experimenté molestia alguna. Desde la tumba de Fátima, los peregrinos se dirigen con frecuencia a las tumbas de algunos de los grandes de la tierra, y yo seguí a mis compañeros hasta la tumba de Fath Alí Sha y sus dos hijos, que por una razón u otra gozaban del favor de los devotos. La tumba era del más puro alabastro, y los retratos de los difuntos estaban hábilmente esculpidos en su exterior. Una vez cumplidas nuestras piadosas devociones, nos sentimos libres para volver a la ciudad y contemplar sus extraordinarias vistas.

Aquí, como en todas partes, lo primero que había que ver era el bazar. Estábamos en la estación de la fruta madura, y todo el bazar estaba lleno de sandías, tan famosas en toda Persia. La sandía es, durante los meses otoñales, el alimento casi exclusivo de una parte del pueblo de Irán, y su zumo se utiliza con frecuencia en caso de enfermedad por sus propiedades medicinales. El bazar de Kum es notable no sólo por la abundancia y delicadeza de sus sandías, sino también por su loza, de la que una variedad en particular, una jarra de cuello largo, fabricada con arcilla de alfarero, tomada del suelo de la ciudad sagrada, es muy apreciada en el comercio. Mientras recorría el bazar y lo examinaba todo, me detuve ante una tintorería de muselina. El comerciante persa se afanaba en sellar y estampar el tosco tejido que tenía ante sí, por medio de plantillas que previamente había sumergido en un tinte azul, presionándolas con todas sus fuerzas: «Nos desharemos de vuestras caras telas de algodón, y conoceremos todos vuestros trucos comerciales; y cuando los persas puedan prescindir de la manufactura de *Firangistán*, sé que todos vendréis a mendigarnos».

Salimos de Kum al tercer día de nuestra llegada, y pasando por varios lugares pequeños, donde no se veía nada digno de mención, llegamos a Kashan, después de una fatigosa marcha de dos días. Mis compañeros de viaje persas, mucho antes de que llegáramos a Kashan, alababan, como de costumbre, con el estilo más extravagante, la belleza y las atracciones de aquella ciudad. Por mi parte, lo único digno de mención que vi allí fue el bazar de los herreros, donde se fabrican las célebres calderas de Kashan. Unas ochenta tiendas de herreros están situadas unas junto a otras en fila, y en cada una de ellas brazos musculosos martillean durante todo el bendito día. Los objetos de latón que se fabrican aquí no tienen rival en cuanto a solidez y elegancia.

Se dice que los ladrillos pulidos, que conservan el brillo de sus colores durante siglos, se inventaron en esta ciudad. Antiguamente se llamaban ladrillos de Kashan, aunque ahora sólo se conocen con el nombre de *kashi*, y son los principales ornamentos de todos los monumentos arquitectónicos de Asia central.

Los habitantes también tenían mucho que contar sobre una peligrosa especie de escorpión, que hacía de Kashan su hogar, pero que por motivos de hospitalidad nunca hacía daño a un forastero. Nunca me topé con ninguno de estos escorpiones, pero sufrí mucho a causa de una tribu de animales no menos molesta, los *lutis* (comediantes ambulantes), que atacan a todo forastero que llega a Kashan, y de cuyas garras nada puede salvarte salvo un rescate en forma de algún regalo.

Cuando entré en el caravasar, una decena de ellos me esperaban, e inmediatamente se abalanzaron sobre mí, algunos produciendo una música espantosa con sus pífanos, tambores y trompetas, otros exhibiendo un oso bailarín; y uno de ellos, sentándose frente a mí, declamó a voz en cuello un poema panegírico en mi honor, en el que, para mi mayor asombro, oí mencionar mi nombre. Por supuesto, se las había arreglado para sonsacar mi nombre a mis compañeros. Soporté la aflicción durante un rato con bastante paciencia, escuchando esta serenata, pero finalmente me retiré. Aun así, no me fue fácil retirarme, porque uno de los artistas, evidentemente el jefe de la compañía ambulante, me siguió en el acto, insistiendo en que le pagara; y aunque le dije que yo mismo era un mendigo, no quiso entrar en razones, sino que se mantuvo valientemente en su sitio hasta que le di algo.

Al dejar Kashan tuvimos que avanzar por un estrecho paso de montaña, flanqueado por gigantescas rocas y montañas de formas extrañas y fantásticas. La luna arrojaba una luz casi tan clara como la del día, y las maravillosas tonalidades de las que estaba revestido el paisaje ante mí parecían variar y cambiar a cada paso que dábamos. Cuando llegamos bajo el Gran Recodo, como se llama la gran cuenca de agua excavada por el sha Abbás el Grande en la roca sólida, con el fin de conducir las aguas producidas por la nieve que se derretía en las montañas a la estéril llanura no muy lejos de allí; la escena que teníamos ante nosotros era sorprendente por su rara y extraordinaria belleza. Aunque era el final del otoño, la cuenca de forma ovalada, formada por el valle cerrado, estaba llena de agua, y la cascada que se precipitaba por la pared rocosa desde una altura de quince metros parecía en la noche iluminada por la luna, tomando prestada una frase persa, como un río de diamantes. El profundo rugido de la cascada se oye a lo lejos en la noche tranquila, y el cansado viajero que viene del desierto y sacia su sed en las límpidas aguas de la cuenca, no cambiaría el refrescante y cristalino líquido por todos los costosos vinos del mundo.

El camino que partía de Kuh Rud ascendía durante algún tiempo y luego se inclinaba con una pendiente bastante abrupta hacia la llanura situada al otro lado de la montaña, donde se encontraba nuestra próxima parada. Las mañanas se habían vuelto bastante frías y los viajeros solían desmontar en el camino y recoger palos perdidos de *buta*, una especie vegetal con látex que crece en arbustos, que arde muy bien en su estado verde, pero arde con un fuerte sonido crepitante cuando se seca. Es habitual amontonar una gran pila de estos palos y encender un fuego; los viajeros se colocan alrededor de la hoguera ardiente y después reanudan el viaje. Estábamos por segunda vez, en la misma mañana, alrededor de este tipo de fuego, cuando de repente nos sobresaltó el sonido de voces, en la retaguardia, mezcladas con exclamaciones salvajes, como si la gente se estuviera peleando, y al escuchar atentamente oímos dos disparos de armas de fuego, y el fuerte grito de alguna persona gravemente herida. Toda la caravana se alarmó mucho y, corriendo en la dirección de donde procedía el disparo, encontramos tendido en el suelo a uno de nuestros compañeros con un brazo destrozado. La reyerta se había producido de la siguiente manera:

Varios jinetes que transportaban los impuestos anuales de Shiraz a Teherán se habían acercado a un par de tenderos judíos, a los que primero insultaron y después, pasando del insulto a la injuria, estuvieron a punto de poner sus violentas manos encima. Uno de los nuestros, un persa, que estaba presente, se apiadó de los pobres judíos, los defendió y reprendió a los insolentes de Shiraz por su conducta impropia. Uno de los jinetes, un joven impulsivo, se enfureció tanto por esta interferencia, que levantó su rifle y disparó a los judíos. Más tarde pretendió que todo había sido una broma, que sólo pretendía asustar a uno de los judíos enviándole una bala a través de su alto gorro de piel, pero que desafortunadamente erró su puntería y le dio, en cambio, en el brazo al persa.

El incidente exasperó de tal modo a toda la caravana que nuestros hombres se lanzaron inmediatamente en persecución del culpable, que entretanto había vuelto la cabeza de su caballo y galopaba para salvar su vida, a una velocidad vertiginosa, pero finalmente fue alcanzado, terriblemente golpeado, escupido en medio de fuertes maldiciones, atado firmemente y llevado de vuelta al caravasar.

El hombre de Shiraz, magullado por todas partes, y nuestro compañero herido, incapaces de seguir adelante a pie o a caballo, fueron colocados uno al lado del otro en una cesta, a lomos de una mula, y en el transcurso de media hora estuvieron charlando de la manera más amistosa.

Se vendaron mutuamente las heridas, se consolaron y llegaron a besarse en su recién nacida amistad, pues según la mentalidad oriental ninguno de los dos era responsable de lo ocurrido. El destino lo había querido así, y todos debían acatar sus decretos.

En una aldea llamada Murtchekhar, el juez del lugar, evidentemente deseoso de ganarse el favor del gobernador de Shiraz, intentó liberarlo, pero la caravana se negó rotundamente a entregarlo, y sólo lo entregó, más tarde, en manos de la justicia, en Isfahán.

El 13 de septiembre contemplé Isfahán, la antigua capital del sha Abbás, a través de la fina niebla de la mañana. Cada vez que un persa, y especialmente un nativo de Isfahán, posa sus ojos, después de un tiempo de ausencia, sobre su ciudad natal, exclama: «Isfahán es la mitad del mundo, excepto por Lahore», queriendo decir con ello que Isfahán es, después de Lahore, la ciudad más grande del mundo. Pero su belleza es sólo superficial; sus calles son pequeñas, sucias y miserables.

VISTA DE UN PUENTE - KUM

TUMBAS - KUM

INTERIOR DE UN BAÑO PÚBLICO - KASHAN

BAZAR DE KASHAN

CAPÍTULO XIII

De Isfahán a la supuesta tumba de Ciro

E L bazar de aquí, como en otras ciudades, atrajo mi atención, puesto que es el centro de todas las ciudades orientales. Uno puede pasearse durante horas por estas calles altas y cubiertas, que se ramifican en todas direcciones y conducen a todas las partes de la ciudad, y un forastero, a menos que sea guiado por un cicerone práctico, puede perderse muy fácilmente. La vista de este bazar debió de ser realmente magnífica cuando la ciudad estaba en un estado floreciente, pero ahora está casi desierto, y en las numerosas, espléndidas y espaciosas tiendas sólo quedan vendedores de sandías.

Una carretera conduce desde el bazar hasta la célebre Maidan Sha —la principal plaza pública del sha—. Se trata de una plaza inmensa, rodeada de tiendas por todos lados, que antiguamente eran los mercados de los artículos de lujo más caros, pero que ahora se están convirtiendo en polvo. Después visité la mezquita del jeque Lotf Alá, cuyas puertas se dice que en la antigüedad estaban cubiertas de plata. Desde el balcón de este edificio la vista es espléndida, y disfruté de un espectáculo realmente impresionante. Ante mí se extendía la inmensa plaza de Maidan Sha, y en mi imaginación evocaba el antiguo esplendor de la ciudad y llenaba la plaza de multitudes. Creí ver al sha Abbás el Grande pasar revista desde este mismo balcón a miles de sus guerreros, venidos de todas las partes de Asia para rendir homenaje a su poderoso rey; los persas, que habían heredado la caballería de los partos, los turcomanos en sus veloces corceles árabes,

los afganos, los georgianos, los indios, los armenios... todas estas formas salvajes y robustas de la antigüedad solían reunirse aquí. Hoy es
un desierto triste y desamparado, sobre el que se cierne el silencio de
la tumba. Una esquina de la plaza sirve dos veces por semana de
mercado para los comerciantes de asnos, y de vez en cuando, en un
día festivo, se puede ver pasar por ella una procesión con turbantes
verdes encabezada por el sacerdote principal.

Tuve la oportunidad de conocer a todas las clases de habitantes
de Isfahán en casa del imán Djuma, es decir, el sumo sacerdote. Era
el sacerdote más influyente de Persia, y en la capital recibía el nombre de Aga Bozorg (gran señor). Era, en efecto, el verdadero Papa de
la secta chiita, y las cartas de recomendación que traje conmigo de
Teherán me procuraron la admisión en su casa. Me recibió muy cordialmente y me invitó a visitarle al día siguiente por la tarde. Aga
Bozorg es uno de los sayyids de cuya descendencia de la casa de Alí
menos se duda, y está muy orgulloso de su origen. La compañía con
la que me reuní allí me trató como los chiitas suelen tratar a sus invitados sunitas: no pudieron evitar lanzar de vez en cuando
comentarios satíricos y mordaces. El señor de la casa sólo hizo algunos comentarios condenatorios, reprochando al Gobierno de
Constantinopla su amistad con las potencias europeas. Pero no omi-
tió elogiar la tolerancia del Sultán hacia los chiitas, que ahora podían
viajar, sin ser molestados, a La Meca y Medina, sin estar expuestos a
las molestias y ultrajes a los que antes tenían que someterse. Para evitar la familiaridad y con el fin de preservar su dignidad, fue muy
cauteloso con sus palabras, y se retiró muy poco después de terminar
la cena.

La clase media de Isfahán me pareció muy culta. Había zapateros,
sastres y tenderos que se sabían de memoria cientos de versos de sus
mejores poetas y estaban bastante familiarizados con las obras maestras de la literatura de su país. Son, por regla general, muy
inteligentes, poéticos y rápidos para la réplica reveladora. Malcolm,
el excelente escritor inglés sobre Persia, cuenta la historia de cómo,
en la época en que la mayoría de los altos cargos de las ciudades per-

sas estaban ocupados por parientes del visir Hadji Ibrahim, un comerciante que no podía pagar sus impuestos fue llamado a presencia de un hermano de Hadji Ibrahim, el gobernador de Isfahán, y al entrar éste se dirigió a él, en tono airado, de la siguiente manera:

—¡Si no eres capaz de pagar como los demás, vete, vete de aquí!

—¿Adónde debo ir? —preguntó el mercader.

—Vete a Shiraz o a Kashan.

—Oh, señor, entonces sería como ir de la sartén al fuego, pues tu primo gobierna en un lugar y tu tío en el otro.

—Entonces ve al rey y presenta una queja.

—Eso tampoco me serviría de mucho, pues allí también tu hermano es primer ministro.

—Entonces vete al infierno —le atronó el iracundo gobernador.

—Oh, señor, no hace mucho que tu santo padre, el piadoso Hadji, ha muerto —replicó el ingenioso persa.

El gobernador se echó a reír y dijo:

—Puesto que te resulta tan difícil reconciliarte con mis parientes, pagaré tus deudas por ti.

Ocupé en Isfahán el mismo alojamiento que mi compañero de viaje, el cantor de elegías. Encontró aquí amplia oportunidad para practicar su arte, y exhibió sus actuaciones varias veces durante el día, en el bazar y en los patios de las mezquitas. Gritaba, bramaba, lloraba, se entregaba a los lamentos más desgarradores y podía, a su antojo, poner en marcha el «río caudaloso en el ojo» y derramar una lluvia de verdaderas lágrimas. Pero al volver a casa, una vez terminada la dura jornada de trabajo, el espíritu de tragedia le abandonaba de inmediato y se entregaba al humor más alegre y divertido. Fui, en su compañía, entre gente de todo tipo y sociedades bastante mezcladas, pero era un hombre que imponía respeto en todas partes. Al principio cantaba una o dos canciones sagradas y luego pasaba a las mundanas; y aunque llevaba un turbante verde en señal de su ascendencia de la familia del Profeta, bebía como un soldado.

Los habitantes de Isfahán están muy orgullosos de su ciudad; son bastante engreídos y se creen mejores que el resto de los persas. El rey y la familia real, con su soldadesca turca, son temidos y odiados por ellos. Consideran que la autoridad del imán Djuma es superior a la del rey. Circulan relatos fabulosos sobre la inmensa riqueza de ese sacerdote principal, que mantiene a sueldo a mil *lutis* (jugadores ambulantes). Estos *lutis* difunden entre la gente relatos maravillosos sobre el poder milagroso del sacerdote principal, y son ellos los que difunden las calumnias más viles sobre la familia real, ya que el rey tenía poder sobre todo el mundo, excepto sobre el sacerdote principal de Isfahán, y las relaciones entre él y el imán Djuma nunca fueron de lo más amistosas.

Pasé dos semanas Isfahán y tuve una excelente oportunidad de ver los lugares de interés y de observar todas las clases sociales de la ciudad. Nos pusimos de acuerdo con el mismo jefe de la caravana que nos trajo hasta aquí para continuar nuestro viaje, y casi toda la compañía se reunió a la hora convenida en un caravasar a las afueras de la ciudad. Perdimos aquí tres días más, y yo empleé el tiempo en hacer pequeñas excursiones por los alrededores. De las cosas notables que vi sólo mencionaré las torres móviles de Munare Djomdjom. Las dos torres están en la mezquita del pueblo de Khaledan, a una hora de distancia de Isfahán. Tienen unos tres metros y medio de altura y están separadas por unos veinte pasos. Subí con mi guía a la terraza, y cuando éste agarró una de las torres y la sacudió con todas sus fuerzas, percibí un movimiento similar al causado por un terremoto, no sólo en la otra torre, sino en toda la fachada del edificio. Este magnífico edificio, cuyo secreto arquitectónico ha descendido a la tumba con su constructor, se ha visto considerablemente dañado por la frecuente exhibición de su movilidad. Los persas atribuyen el milagro al santo que reposa bajo él.

Abandonamos Isfahán y proseguimos nuestro camino en dirección a las montañas situadas al sur. Al llegar a un promontorio, volví a contemplar la interminable masa de casas, jardines y ruinas. Nuestra caravana, que constaba de tres divisiones, dos de las cuales se habían unido a nosotros para nuestro viaje a Shiraz, contaba ahora con más de 150 animales y unos sesenta pasajeros, e incluso en esta carretera tan transitada se nos consideraba una caravana de tamaño respetable.

La unión de las tres caravanas en una sola se debió al temor de ciertas tribus nómadas persas que acampaban entre las montañas del sur y que tenían la costumbre de atacar y saquear a las caravanas más pequeñas, ya fuera por avaricia o como pasatiempo. Hacía pocos días que una pequeña caravana había sido maltratada por ellos. En Oriente, sin embargo, a la gente le gusta inventar este tipo de historias. Muchas veces se cuenta: «Ayer mataron a diez hombres en este lugar», «el día anterior, en otro lugar, asaltaron y robaron a un mercader»; pero el viajero no tiene por qué asustarse de estos relatos, pues puede estar seguro de que los hechos relatados ocurrieron hace diez años o no ocurrieron en absoluto.

De hecho, nuestro grupo de viajeros no necesitó las espantosas historias con las que se habían deleitado unos a otros en la víspera de su partida para desbordar su coraje, pues todos ellos carecían notablemente de ese valioso artículo que es la virtud del valor. Puesto que el persa en general es considerado en toda Asia como una criatura muy cobarde, que se muere de miedo ante su propia sombra, es fácil imaginar el estado de ánimo de una caravana formada principalmente por peregrinos, mercaderes y mulás. Era bastante divertido verlos mantenerse cerca unos de otros y amontonarse en su espanto, aunque sólo estábamos a dos horas de distancia de la ciudad. Conversaban en susurros, como si una sola palabra pronunciada en voz alta pudiera haberles acarreado las más espantosas calamidades. Un hombre que transportaba vino con el que había cargado cuatro de sus mulas, fue obligado perentoriamente a abandonar nuestras filas, instigado por un mulá devoto, para que su pecaminosa mercancía no trajera mala suerte a toda la compañía de los verdaderos fieles. El pobre arriero insistió quejumbrosamente en vano que nunca había probado una gota de vino en toda su vida, y que transportaba esta aborrecida bebida a Bombay, donde los impíos *firangis* la beberían;

en vano juró por todos los santos del calendario que ni siquiera sabía si el vino era tinto o blanco; tuvo que abandonar la caravana y mantener una distancia de treinta metros entre él y ella.

Al día siguiente llegamos a Kumisheh, que está cerca del peligroso lugar del que habíamos oído tantas historias espantosas. Aproximadamente una hora antes de nuestra partida, mi amigo árabe, el cantor sagrado, pensó que era el momento oportuno para reunir a toda la compañía y entonar una de sus elegías; con el fin, según dijo, de invocar la protección del Profeta en nuestro peligroso viaje, pero en realidad para que unas pocas monedas pudieran pasar de los bolsillos de los profundamente afectados fieles al suyo propio. La propuesta del *rawzekhan* fue aceptada de inmediato.

El persa está dispuesto en todo momento a lamentar la muerte de su profeta favorito, en particular la del mártir Huseín; y no le causa el menor problema, aunque el momento anterior haya estado de lo más alegre, derramar copiosas lágrimas al escuchar la elegía del cantor.

El cantor de Bagdad pronto se vio rodeado por toda la compañía, y apenas llegó al final del cuarto canto de su canción matutina, cuando se oyeron tales lamentos y llantos como si el pariente más cercano de cada uno de los oyentes yaciese muerto ante él. El intérprete solía aprovechar este momento para levantarse, arrancarse el vestido del pecho y exclamar, apretando los puños: «¡Oh, verdaderos creyentes, mirad cómo me golpeo el pecho con penitencia y piedad por el pobre Huseín, sí, por Huseín!». Sus últimas palabras son repetidas por todos los hombres de la compañía; los gigantescos puños no tardan en golpear los robustos pechos, a menudo con un ritmo tan excelente que se asemeja al paso regular de una tropa de jinetes que se aproxima. Un tipo piadoso observó por casualidad que, con la perversidad sunita, no me golpeaba el pecho con suficiente violencia, y habiendo escuchado atentamente el sonido producido por mi puño y no encontrándolo suficientemente hueco, exclamó furioso: «Mira a este perro sunita; no considera a nuestro Huseín digno de golpes más fuertes en su pecho. Espera; le enseñaré cómo golpear su pecho».

Con esto se acercó a mí con su puño de hierro levantado. Si me hubiera golpeado, probablemente habría tenido motivos para recordarlo toda mi vida; pero gracias a los amables oficios de mis amigos, en particular del sayyid, el asunto no pasó a mayores. Un amigo mío le sujetó el brazo por los pelos y le tranquilizó diciéndole:

—¡Deja en paz a ese sunita! Aunque no se golpee el pecho en esta vida, Azrael (el ángel de la Muerte) se lo golpeará aún más en el otro mundo.

Salimos sanos y salvos del lugar supuestamente peligroso sin haber sufrido daño alguno, y la caravana, ahora considerablemente aliviada, prosiguió su viaje hacia Yazdikhast. El territorio que nos rodeaba se hacía cada vez más llano; el desierto, en cuyo centro se encuentra la célebre ciudad de Yazd, se extendía hacia el este. El sol había salido ya muy alto cuando atravesamos la árida llanura cubierta de hierba, cuya extensión llana sólo se veía interrumpida aquí y allá por un terreno suavemente ondulado. Mis compañeros me habían informado de que en aquella comarca abundaba la caza y, sobre todo, las gacelas. Y, en efecto, al mirar fijamente un punto oscuro en la lejanía, pronto descubrí que se trataba de una manada entera de estas tímidas criaturas del desierto, que huelen a lo lejos la aproximación de una caravana y huyen de ella con la rapidez de un pájaro. Al principio tuve algunas dificultades para reconocer a las gacelas a distancia, ya que el color de su pelaje se asemejaba al de la hierba seca por el sol de la llanura; y cuando mis compañeros gritaron: *¡Las ahuan, las ahuan!* (¡Las gacelas, las gacelas!), no pude ver nada, hasta que mis ojos se acostumbraron a distinguir sus blancas partes traseras de la hierba seca.

Al igual que entre nosotros se supone que la liebre es la encarnación de la timidez, en Oriente también se considera a la gacela como la contrapartida de la liebre en este aspecto. Una manada de más de cien gacelas es presa del pánico ante la repentina aparición de un pájaro o el simple movimiento de una hoja. Si el sabueso se acerca a la gacela, ésta se echa sobre su lomo con las patas hacia arriba y le mira con una expresión tan lastimera a través de sus lustrosos ojos melancólicos, que uno no puede evitar compadecerse del pobre animal mudo. Mientras mis ojos seguían la huída de las gacelas, de pronto divisé un espejismo que se elevaba en el sudeste. Estas engañosas ilusiones del aire no son infrecuentes en la llanura persa. Aunque no igualan en grandeza a los fenómenos atmosféricos similares del gran desierto del Turquestán, incluso en esa forma más tenue, nunca dejan de impresionar la imaginación del viajero. Mientras contemplaba las formas flotantes y los edificios, me pareció como si fueran los mismos que habían deleitado mis ojos años atrás en la llanura del hermoso Gran Alföld húngaro. También entonces, apoyado en el alto poste de un pozo, contemplaba la extensa llanura que, jadeante y sedienta, «soñaba con el mar». El espejismo me recordaba mi hermoso país, tan lejano, y cuando de pronto una nube de polvo ocultó de mi vista el espectáculo de hadas, pareció dispersar a los vientos mis ensoñaciones.

La provincia de Fars comienza más allá de Yazdikhast, y sus habitantes difieren de los persas tanto, diría yo, como los napolitanos de los habitantes del norte de Italia; su tez es más oscura, son más vivaces, sus sentimientos son más excitables y su ingenio más rápido. La mayor parte de los habitantes se ganan la vida con las caravanas que atraviesan su país. Shurjestán, nuestra primera parada en Fars, destaca por la tumba de un santo, supuesto hijo del imán Zein al-Abedin. De esta tumba se cuenta que, tiempo atrás, había sido atacada por enemigos, todos los cuales quedaron ciegos al entrar en el santuario. Un mendigo ciego que se encontraba a la puerta de la tumba fue mostrado como uno de los sacrílegos, que deseaba acabar sus días arrepentido. Me interesó lo suficiente como para querer oír el relato de labios del propio mendigo ciego, y le interrogué sobre este suceso; pero me admitió que su ceguera procedía de otras causas, y que nunca había estado relacionado con una banda de ladrones. Sin embargo, se hizo pasar por un malhechor castigado por Dios para conseguir su parte de la limosna distribuida por los devotos.

Al salir de Shurjestán se nos unió en el camino un jinete de aspecto distinguido, seguido de varios criados, cuyo destino era el mismo que el nuestro. Parecía estar reuniendo estrechamente a los miembros de la caravana, como si tratara de decidir a quién debía elegir como socio durante el viaje. Al cabo de un rato se me acercó con el saludo más amistoso. Pronto me enteré de que iba a visitar al gobernador de Fars, por orden del sha, para cobrar los atrasos del año pasado, que ascendían a 50.000 ducados. El sha había insistido repetidamente en que se le enviara la suma, pero nunca se hizo. El sha ordenó al kan que enviara al infatigable gobernador a prisión durante unos días y, si este castigo no surtía el efecto deseado, que le retirara durante un par de días su *kalián* (pipa de agua). Este peculiar método de cobrar las deudas no es en absoluto raro en Persia. El kan era una persona refinada y culta; era muy tolerante, y para él no había diferencia entre un sunita o un chiita. Veía en mí al hombre más cosmopolita y experimentado de la caravana, y por eso se había unido a mí, de lo cual me alegré mucho, pues me había procurado un compañero de viaje muy agradable. Cuando llegamos a la siguiente estación, Abade, nos alojamos juntos y también comimos juntos.

De Abade nos dirigimos hacia Surma, y en nuestra marcha nocturna nos encontramos con varias caravanas más pequeñas, compuestas en su mayoría por peregrinos, que se dirigían a Kerbala, en el oeste, o a Mashhad, en el este. En Persia el número de peregrinos, especialmente durante las estaciones de primavera y otoño, asciende a cientos de miles. El persa más pobre gasta todos sus ahorros, incluso se muere de hambre, para participar en una peregrinación de este tipo.

La caravana que encontramos procedía de los alrededores de Bandar Bushir y se dirigía a Kerbala. El viaje de ida dura sesenta días y el de vuelta otros tantos. La animada vida en las carreteras de Persia depende principalmente de estos piadosos viajeros. No es raro ver entre ellos niños de diez años y ancianas de ochenta. Si dos caravanas de este tipo se encuentran en el camino, los que regresan suelen decir a los peregrinos que se dirigen a los santos lugares: «Rezad por mí», y reciben por respuesta: «Que tu peregrinación sea bendecida». Ambas partes se conmueven profundamente, y generalmente se abrazan en estas ocasiones; de hecho, el más indiferente se sentirá algo afectado al oír, a lo lejos, en la quietud de la noche, los *ilahi* (himnos) de los peregrinos.

Había oído muchas cosas que despertaban mi curiosidad con respecto a nuestra próxima estación. En la aldea de Madar Suleimán pueden verse muchas ruinas notables de la antigüedad, y los persas creen que entre ellas se encuentra la tumba de la madre del rey Salomón; pero no tuve dificultad en identificar la aldea de Madar Suleimán, situada en la llanura de Pasargada, como aquella donde se supone que está la tumba de Ciro. Al descender la suave pendiente de la baja cadena de montañas y entrar en el valle abierto que teníamos ante nosotros, me alegró descubrir a la derecha de nuestro camino varias estatuas doradas por los primeros rayos del sol naciente.

La lentitud de la caravana me impacientaba, y finalmente los dejé, apresurándome yo solo a través de la espesura hacia el mausoleo, que se elevaba más y más a medida que me acercaba, y cuando la caravana con su paso deliberado llegó por fin a la parada, me encontré allí sentado ya en un enorme escalón de mármol.

PLAZA DE MAIDAN SHA - ISFAHÁN

PATIO INTERIOR DE LA GRAN MEZQUITA - ISFAHÁN

CASTILLO DE YAZDIKHAST

TUMBA DE CIRO

CAPÍTULO XIV

Persépolis

L o primero que llama la atención del viajero en la llanura de la antigua Pasargada es ese mausoleo, del que los persas dicen que contiene los restos de la madre del rey Salomón, pero que algunos arqueólogos afirman que es la tumba de Ciro, mientras que otros, negándolo, sostienen que conmemora a algún héroe desconocido de la antigüedad. Está construida con enormes bloques de mármol, y se alza sobre una base de la misma roca formada por seis losas de enorme grosor colocadas una sobre otra; cada losa disminuye en forma de terraza cuanto más alta se coloca, y el conjunto forma seis escalones. La estructura superior es una sala cuyo suelo y techo están formados por un enorme bloque de mármol. La entrada, estrecha y baja, está siempre abierta. Los mahometanos utilizan el interior de la sala para sus devociones, y siempre hay varios libros del Corán a su disposición.

Después de subir con gran dificultad los enormes escalones y acceder al interior del mausoleo, quedé sobrecogido por el espectáculo que tenía ante mí. Contemplé durante algún tiempo con asombro los enormes bloques, moverlos de su sitio parecía imposible. En los escalones de mármol se veían tallados los nombres de numerosos viajeros europeos célebres, mientras que las paredes estaban cubiertas de numerosas inscripciones árabes y persas. Estaba yo descifrando estas últimas cuando un persa, al parecer perteneciente a las tribus nómadas que viven en tiendas en esta parte del país, se me acercó, evidentemente con la esperanza de ganarse unos peniques haciendo de guía, y me dijo:

—Hadji, en Bagdad no se ven bloques tan enormes, ¿verdad? Pero ven conmigo, te mostraré otros iguales. Ven a ver las ruinas de la antigua Guzi.

Inmediatamente le seguí hasta las ruinas del antiguo palacio, popularmente llamado «Trono de Salomón». A cierta distancia puede verse el gran arco de una puerta, construida en mármol negro. Si un persa ve a un forastero admirando la belleza de estas ruinas, o asombrado por el tamaño de las piedras, invariablemente hace voluntariamente la siguiente observación:

—¿No sabes que Salomón podía disponer libremente de los *divs* (demonios) y de todos los espíritus de las regiones inferiores? No le bastaba más que un movimiento de cabeza, y los espíritus que navegaban por el aire le traían las piedras más grandes y los objetos más costosos de la India, de Chinu-Matchin (China) y de Kuhi Kaff.

Continuamos nuestro viaje hacia Sivand, atravesando durante varias horas una brecha montañosa. No visitamos el pueblo, pero subimos a una loma cercana, donde sus habitantes vivían durante el verano. Encontramos allí unas ciento veinte cabañas situadas en fila, unas cerca de otras. Todo el asentamiento parecía un bazar; y como las chozas estaban cerradas por tres lados y siempre permanecían abiertas de par en par por el cuarto, las chozas y todo lo que había en ellas estaba abierto a todos por igual, tanto como si todas las chozas hubieran formado una sola casa. Ciento veinte familias conviven aquí de forma patriarcal y sencilla; y aunque hay ricos y pobres entre ellos, rara vez se producen robos. De hecho, la gente decía que la población de toda la aldea descendía de un antepasado común, y vivían juntos en términos de la más íntima relación; y que, incluso hasta el día de hoy, eran gobernados por el cabeza de familia, que era para ellos juez y sacerdote, y vivía aparte en una tienda blanca.

Al dejar este lugar, el 2 de octubre, nos dirigimos hacia las partes más interesantes de Persia. La caravana no estaba lejos de Kenareh, en cuyas cercanías se encuentran las célebres ruinas de Persépolis.

Con la perspectiva de ver pronto estas ruinas ante mí, encontré el progreso de la caravana bastante lento, y decidí visitarlas por mí mismo, después de haber preguntado a algunos de mis compañeros, que conocían todo el país, el camino más corto que conducía a ellas. La caravana había salido de Sivand antes de medianoche, y cuando llegamos al promontorio donde comienza la extensa llanura de Marvdasht, me separé de ellos y, manteniéndome continuamente a la izquierda, seguí el camino de la montaña.

Durante algún tiempo oí en la tranquila noche el monótono tintineo de las campanas de las caravanas. Avancé con ojos vigilantes, buscando todo el tiempo las tan mencionadas ruinas, los notables monumentos arquitectónicos de una remota antigüedad. Al cabo de un cuarto de hora, en la dudosa luz del amanecer, aparecieron unas formas altas que parecían espectros. La quietud que me rodeaba parecía espantosa, y el ruido de la pequeña pezuña de mi animal sonaba muy lejos en la soledad despoblada.

Entonces llegué a la célebre escalinata, tan familiar para la mayoría de la gente por los grabados de la misma. Al verlas me detuve, profundamente conmovido, y permanecí inmóvil durante unos minutos. Desmonté y, acercándome, subí la escalinata con sentimientos de piedad y profunda veneración, y luego atravesé la gigantesca puerta hasta la hilera de columnas. Me senté en un gran bloque y, sumido en un profundo ensueño, contemplé las columnas y las ruinas que me rodeaban; y sentado allí durante largo rato, sin moverme, me pareció como si el espectáculo de estas ruinas de hace cuatro mil años me hubiera convertido a mí también en una estatua. La sublimidad de los antiguos monumentos de Persépolis no puede dejar de afectar profundamente al viajero desde cualquier punto de vista que se haya acercado a ellos por primera vez, aunque los haya visto a plena luz del día.

Pueden imaginarse fácilmente mis sentimientos, pues había estado anhelando verlos con febril impaciencia, y los vi irrumpir repentinamente en mi vista en el crepúsculo espectral de la madrugada. Mientras contemplaba absorto las altas columnas, me parecieron formas gigantescas que habían surgido del remoto pasado de cuarenta siglos para hablarme, a mí, viajero que había llegado aquí desde el lejano Oeste, en un lenguaje mudo pero elocuente, de las maravillas de épocas pasadas en Oriente.

No desperté de mi ensoñación hasta que el sol hubo salido por detrás de las montañas y tocó con tintes dorados las cabezas de las columnas, mostrando su exquisita factura. Y en un momento, como si de repente se hubiera descorrido una enorme cortina, se presentó ante mis ojos deslumbrados un espectáculo muy diferente: Persépolis bañada en un mar de luz brillante. Los sombríos bloques de mármol, las oscuras columnas y los muros desaparecieron como por encanto, y en su lugar, resplandecientes en un torrente de dorada luz solar, me atrajeron por todas partes capiteles de columnas exquisitamente tallados, relieves de maravillosa belleza, todo tan natural, tan fresco como si los últimos sonidos del cincel acabaran de extinguirse. Un relieve escultórico muestra una solemne procesión, en la que todos los hombres caminan con paso mesurado; en otro, una tropa de prisioneros, encadenados unos a otros por el cuello, avanzan lentamente delante del orgulloso vencedor; otro representa de nuevo a un hombre gigantesco luchando con un monstruo.

Mirando hacia arriba se ve, en varios sitios, a un rey sentado, con gesto serio, en su trono, ante él el fuego sagrado ardiendo, y detrás de él de pie dos sirvientes, uno sosteniendo un largo bastón, y el otro una sombrilla. La precisión del acabado de los vestidos y las figuras es realmente admirable; pero el insuperable arte exhibido en el modelado de los rasgos y en las diversas expresiones del rostro humano es lo que confiere un encanto tan peculiar a estos relieves, y hace que uno casi imagine que el frío mármol hablará.

Pasé tres días entre estas magníficas ruinas, que no sólo estimularon la ferviente imaginación del joven viajero, sino que despertaron el entusiasmo de serios pensadores y arqueólogos ricos en conocimientos y experiencia. Uno no sabe qué admirar más, si la extraordinaria habilidad manual o el exquisito gusto visible por doquier, en cada parte de las ruinas conservadas. Aquí, como en

Egipto, se pueden ver enormes bloques de piedra, de unos quince metros de largo, encajados entre sí, a pesar de su enorme peso, con tanta delicadeza que uno sólo puede descubrir con gran dificultad el lugar donde están unidos.

Me encontré con nómadas turcos en las inmediaciones de Persépolis, que se alegraron mucho de verme, un supuesto compatriota suyo. La lengua turca no se habla mucho en Fars, y esta pobre gente parecía tan encantada con la oportunidad de tener una conversación en su propia lengua, que en la bondad de sus corazones me proporcionaron, durante toda mi estancia, pan y leche, e incluso cuidaron de mi asno. Algunos de estos hombres me aconsejaron encarecidamente que no pasara la noche en las ruinas a causa de los innumerables espíritus malignos que las rondaban, y me dijeron que los *divs* y los *yinn* hacían un ruido infernal. Dijeron que *Takhte Jamshid* (el Trono de Jamshid) —nombre nativo de Persépolis — era obra del legendario rey Jamshid.

Se dice que este rey tenía una copa con la que sólo tenía que posar sus labios para realizar todos los deseos de su corazón; con sólo tocar la copa, las piedras volaban desde el este y los artistas desde el oeste. Los numerosos versos e inscripciones en todas las partes de las murallas atestiguan el gran respeto que los persas sentían por Persépolis. La leyenda cuenta que estos edificios se mantuvieron intactos y fuertes durante mucho tiempo, y que durante ese tiempo Persia fue feliz y floreciente, y nunca sufrió ningún tipo de daño o desgracia. Más tarde llegaron los árabes, que envidiaban a los chiitas por estos maravillosos edificios, y en su envidia mutilaron las estatuas y figuras, derribaron las columnas y dejaron por todas partes las huellas de su espíritu destructor. Tras ellos llegaron los *firangis*, desde Bandar Bushir —tras navegar desde la India—, para satisfacer su pasión por los tesoros; saquearon el lugar y se llevaron inmensas cantidades de oro y diamantes. Los *firangis* se llevaron grandes bloques de piedra como talismanes. Desde entonces, la adversidad y la miseria habían sido la suerte de Persia; Shiraz fue azotada por un terremoto, luego vino el cólera, la hambruna, y así sucesivamente.

Este es el relato que los persas hacen de las ruinas, pero los nómadas turcos, sucesores de los antiguos ejércitos selyúcidas, las contemplan desde una perspectiva muy distinta. Para ellos, las obras maestras de la arquitectura y la escultura son objetos de la mayor indiferencia, y a menudo derriban el monumento más orgulloso y admirable con tal de obtener unas cuantas onzas del plomo que mantiene unidos los diversos segmentos o porciones de las gigantescas columnas. Los niños están encantados de ver una de estas columnas derrumbarse por sí misma; inmediatamente se abalanzan sobre ella, y sacan el plomo de las grietas de las piedras. A veces consiguen, después de toda esta destrucción gratuita, plomo suficiente para un par de balas; pero al vandalismo de los turcos le importa muy poco el daño causado a las obras de arte.

Sentí un interés especial por los nombres de los viajeros asiáticos más antiguos y más recientes, que encontré tallados en muchos lugares de las ruinas. Me topé incluso con inscripciones hebreas que datan, según se afirma, de la época del primer cautiverio de los judíos, y que fueron escritas por los desafortunados hombres arrastrados entonces a la esclavitud. La mayoría de los nombres eran de viajeros ingleses de renombre; nombres alemanes había comparativamente pocos, y me apenó no poder encontrar ni un solo húngaro después de dos días de búsqueda. Me pregunté si yo era el primero de mis compatriotas que había visitado esta interesante comarca con sus notables ruinas.

Al día siguiente, me alegró encontrar la siguiente inscripción en húngaro: «Maróthi István, 1839», en el hueco de una ventana, mientras examinaba la base de una inmensa estructura, construida en mármol negro. Examiné la escritura de mi compatriota con un entusiasmo infantil; y para aliviar su soledad, añadí mi propio nombre como compañía, escribiendo encima de éste: *¡Eljen a Magyar!* (¡Hungría para siempre!).

Una caravana, acampada a las afueras del pueblo y compuesta en su mayoría por peregrinos que regresaban de Kerbala, partía poco después de medianoche. Me uní a ella, y a la mañana siguiente me alegré de saber que tenía motivos para estar satisfecho de haberlo hecho, pues todos los viajeros procedían de Zarkan, el lugar más cercano a Shiraz. Habían pasado la noche aquí, aunque no está lejos de su lugar de origen, para dar tiempo a sus parientes y amigos, a quienes habían enviado información de su llegada, a hacer los preparativos necesarios para su recepción festiva. A medida que nos acercábamos a la aldea nos encontrábamos con una multitud de gente, constantemente reforzada por los recién llegados, y no cesaban los apretones de manos, los abrazos y los besos. Cada uno de los peregrinos de Kerbala era rodeado por un grupo de gente del pueblo, y no sólo él mismo, sino también su asno, eran llevados triunfalmente a casa. Mientras marchábamos por las calles del pueblo, no podía dejar de admirar la paciencia con que los peregrinos soportaban las felicitaciones cada vez más numerosas de los aldeanos. Algunos de ellos, sobre todo los más robustos, transpiraban a causa de los numerosos abrazos, pero todos soportaban heroicamente el suplicio; es más, se deleitaban en él, pues haber visitado la tumba del amado mártir Huseín equivalía a haber sido elevado por encima del rebaño común, y abrazar a tan afortunado mortal valía casi la mitad de una peregrinación a Kerbala.

Salí de Zarkan en compañía de un *charvadar* (arriero) y sus hombres, y nos dirigimos juntos a Shiraz. Esta gente era de Shiraz, y como llevaban mucho tiempo ausentes de su lugar natal, estaban impacientes por llegar. Todo persa exagera al hablar de las vistas y maravillas de su ciudad natal, pero aquellos hombres iban más allá de todo lo que yo había experimentado hasta entonces en cuanto a glorificación cívica, y no pude evitar esperar algo extraordinario en Shiraz. El recuerdo de algunos versos de Hafez, llenos de alabanzas a las orillas de Roknabad y a los floridos parajes de Mosalla, que había retenido en mi memoria, contribuyó a elevar mis expectativas al máximo. Habíamos avanzado una media hora cuando el grito de *¡Roknabad! ¡Roknabad!*, brotó simultáneamente de los labios de mis compañeros. Desmonté inmediatamente, pensando que tendríamos que pasar por encima del puente, cruzando el río, y deseando, al hacerlo, llevar a mi animal de la brida; pero mis esfuerzos fueron en vano. El río Roknabad, al que los poetas consideraban justo cantar, se había reducido a un arroyo insignificante de apenas tres palmos de ancho, cuyas aguas poco profundas saltan alegremente sobre su fondo de grava.

Mis expectativas sobre Shiraz recibieron, a esta vista, una ligera sacudida, ni mis decaídos espíritus fueron reanimados por el aspecto del terreno circundante. Rocas frías y desnudas me miraban por todas partes; no había el menor rastro de vegetación de ningún tipo; sin embargo, mis compañeros no dejaban de asegurarme que estábamos muy cerca de Shiraz. Llegamos por fin a una abertura, llamada por los persas *Tenghi Allah Akbar* (el paso de Alá Akbar). Desde este lugar, el viajero obtiene la primera vista del extenso valle que se extiende a sus pies, en cuyo centro se alza la ciudad de Shiraz.

RUINAS DE PERSÉPOLIS

RUINAS DE PERSÉPOLIS

CAPÍTULO XV

Shiraz

L A panorámica de Shiraz, en medio de arboledas de cipreses densamente plantados, es todo un alivio para la vista, cansada de la monótona contemplación del desierto estéril y las rocas desnudas. Dicen los nativos que al contemplar la encantadora capital de Persia meridional desde el lugar donde yo la vi por primera vez, el forastero, en su admiración, prorrumpe involuntariamente en el habitual *Alá Akbar* (Dios es el más grande), y que el lugar debe su apelativo a esta exclamación. El ojo, vagando por el extenso valle, encuentra por todas partes, hasta donde alcanza, el exquisito verde oscuro del ciprés. La ciudad está rodeada por una guirnalda de jardines de cipreses, a través de los cuales serpentea un ancho arroyo como una cinta plateada. Dentro y fuera de las murallas de la ciudad se alzan orgullosos edificios, entre los que destaca la brillante cúpula de la mezquita de Shah Cheragh. Más allá y frente a ella, la extensa llanura está bordeada por una elevada cadena montañosa que se extiende a través de Kazerun hasta las orillas del golfo Pérsico. Así pues, el valle está protegido por muros naturales de roca tanto al norte como al sur, y Shiraz ocupa el primer lugar entre todas las ciudades de Persia en cuanto a clima, fertilidad y pureza del aire.

Shiraz debe su fertilidad a su gran abundancia de agua. Su vegetación es tan exuberante que las rosas y otras flores florecen durante todo el año, y las plantas renuevan cada mes sus olorosas cosechas. Los campos están cubiertos de un césped verde, y mientras que en otras partes de Persia la carne de cordero, la favorita del país, sólo puede conseguirse dos veces al año, aquí puede obtenerse durante todas las estaciones. Pero lo que más admira al viajero occidental es el aire exquisitamente puro, la belleza de su cielo azul, que supera a la de todas las demás partes de Persia, de toda Asia y, puedo añadir, de todos los países del mundo. El aire en Shiraz, a pesar de su posición meridional, es bastante vigorizante, y no me sorprende en absoluto que la gente, bajo la influencia de su benigno clima, sea aficionada al placer, y pase su vida en continuas diversiones y eterna alegría. Tienen un proverbio que dice:

> En Isfahán puede haber muchos eruditos y artistas, pero bailarines, cantantes y bebedores sólo se ven en Shiraz.

Y, en efecto, no conozco ninguna ciudad en Persia cuyos habitantes sean tan alegres y joviales como los de Shiraz. Han pasado siglos desde que Hafez, el glorificador del vino, cantara aquí sus odas, pero una estancia de muy pocos días en la capital de Fars convencerá a cualquiera de que los habitantes de Shiraz no han modificado un ápice su visión de la vida desde los tiempos de Hafez. Todo el mundo se entrega libremente al vino a pesar de la rígida inhibición de la ley mahometana. El pobre jornalero, el mecánico, el funcionario, e incluso los sacerdotes, comienzan sus libaciones en cuanto cae la tarde, y continúan su jolgorio hasta medianoche, e incluso más tarde.

Como había llegado al final de mi viaje inmediato y tenía intención de prolongar mi estancia, me alojé en el gran patio de la mezquita. Vendí mi animal y, aunque los fondos que había traído conmigo se redujeron considerablemente, mi futuro me preocupaba poco, considerando, especialmente, la abundancia y lo barato de la comida. Fiel a mi papel de derviche, el primer día de mi llegada deambulé por las calles de la ciudad y conocí a mucha gente. Por supuesto, mis conocidos, que eran celosos chiitas, no desaprovecharon ninguna oportunidad en mi presencia para vilipendiar cruelmente a Omar y a sus asociados; pero viendo que yo soportaba muy dócilmente sus vituperios contra mis santos, se sintieron muy complacidos conmigo, e hice tantos amigos durante las primeras semanas de mi estancia que me hicieron la vida muy agradable.

Un día me enteré por casualidad de que un europeo, natural de Suecia, vivía en la ciudad y ejercía como médico. Mi amor por la aventura me sugirió inmediatamente la conveniencia de hacerle una visita; pero decidí, por precaución, mantener mi incógnito y presentarme ante él como un derviche. Cuando entré en su habitación con el saludo derviche de *¡ya hu!*, el buen doctor se metió inmediatamente la mano en el bolsillo para deshacerse de mí regalándome unas monedas, la forma habitual de despedir a un derviche.

—¿Por qué me das dinero? —exclamé—. Vengo en busca de tu confianza, no de tu dinero. Vengo de un país lejano. Mi jefe me ha enviado a ti para que abandones la falsa religión que sigues y conducirte al camino de la verdadera fe. El jeque de Bagdad me ha encargado que te convierta en musulmán.

El médico, para quien tales intentos de proselitismo no eran en absoluto nuevos, respondió con una sonrisa contenida:

—Todo esto está muy bien, mi derviche, pero no es habitual intentar la conversión de una manera tan autoritaria, sino mediante un discurso convincente, conmovedor y elocuente. ¿Cómo puedes probarme que tu jefe te ha enviado a mí, y que puede obrar milagros?

—¿Tienes alguna duda al respecto? Una sílaba de mi amo basta para otorgar el conocimiento de todas las ciencias y lenguas del mundo. Tú eres un *firangi*, y probablemente hablas muchas lenguas. Ponme a prueba en cualquier lengua.

El doctor me miró fijamente, y a mí me costó un poco mantener la compostura. Finalmente, se dirigió a mí en sueco, su lengua materna.

—Sueco —le dije—, conozco esa lengua tan bien como usted.

Como prueba le recité unos versos de la *Saga de Frithiof*, de Tegnér, que, habiendo sido mi lectura favorita en mi juventud, volvían vívidamente a mi memoria. La sorpresa del doctor no tuvo límites. Empezó a preguntarme en alemán y, para su asombro, yo le respondí también en alemán. No le fue mejor en su intento de alterarme con el francés y el inglés; y después de haber intercambiado con él algunas palabras en varios idiomas, volví al persa y recité de manera muy impresionante un verso del Corán por el bien de su alma. El pobre hombre estaba completamente estupefacto, pero cuando empezó a adivinar mi verdadera nacionalidad, me levanté bruscamente y pronuncié el siguiente discurso de despedida:

—Te daré tiempo para reflexionar hasta mañana a las ocho de la mañana; o te conviertes en musulmán, o sentirás el poder de mi amo.

Volví a mis aposentos, pero apenas me había levantado de la cama a la mañana siguiente cuando encontré al buen doctor esperándome. Su curiosidad no le permitió esperar hasta que llegase. Al principio continué el engaño con él, pero finalmente me quité mi máscara y le dije quién era. La alegría del doctor fue grande, y nos abrazamos como si hubiéramos sido dos hermanos.

—Inmediatamente pensé que era usted europeo —dijo—, pero su conversación persa me hizo dudar.

Preguntó por Teherán y sus conocidos allí, e insistió, después de que hubiéramos estado hablando durante algún tiempo, en que recogiera mis cosas y le siguiera a su morada, para permanecer como su huésped todo el tiempo que yo deseara. Ante mis amigos persas fingí que me alojaba con el doctor para recibir de él instrucciones sobre alquimia, ciencia que, según se sabía, había cultivado antes, y, además, mi convivencia con él les parecía menos extraña por el hecho de que en Shiraz los europeos vivían totalmente a la moda persa.

Pasé seis semanas muy agradables en su hospitalaria casa. Me dediqué principalmente a estudiar las costumbres, los modales y el modo de vida de los interesantes habitantes de Shiraz. Lo que más llama la atención en ellos es su extrema excitabilidad e irritabilidad. Todos, sin excepción, llevan en la cintura un *poniard* curvo de dos filos, y están dispuestos a utilizarlo a la menor provocación o diferencia de opinión. No hay otra ciudad en Persia donde se pierdan tantas vidas de forma tan descuidada. Una vez presencié cómo un persa ricamente vestido caminaba con arrogancia por el estrecho paseo lateral del bazar mientras otro persa llegaba desde la dirección opuesta. Este último, con las prisas, no sabía exactamente qué lado tomar para adelantar al primero y, como suele ocurrir en tales ocasiones, bailó ante el iracundo persa de derecha a izquierda. Este último, que evidentemente pertenecía a las mejores clases, desenvainó su poniard sin mediar palabra y apuñaló mortalmente al inocente. Esto ocurrió a plena luz del día, en presencia de miles de personas; por lo tanto, puede imaginarse fácilmente qué cosas espantosas ocurren en la oscuridad y el aislamiento de la noche.

Los terribles casos de los que uno se entera a diario hacen que se le hiele a uno la sangre; pero el castigo impuesto por el Gobierno no está ni un ápice por detrás de estas atrocidades en su extrema ferocidad. Que te abran el vientre, te mutilen los miembros y te hagan pedazos con los caballos no son, en absoluto, castigos inusuales, y una vez ocurrió que el gobernador hizo que enterraran a cuatro culpables juntos en una fosa y que después les echaran cal ardiendo por encima.

Un día, en compañía de mi amable anfitrión, visité la tumba de Saadi, el célebre poeta y moralista persa. Se encuentra en un desfiladero apartado del valle, y sobre ella hay un edificio muy bonito erigido por Karim Jan y rodeado de un pequeño jardín mantenido en excelente orden. Subiendo varios escalones, pasamos primero por varias cámaras menores, hasta llegar a una gran sala abierta, en cuyo centro se alzaba un sarcófago de mármol, con magistrales inscripciones en árabe. En la pila de agua del jardín solía haber peces, y se dice que los entusiastas visitantes de la tumba de Saadi les colgaban anillos de oro, cuyo robo se consideraba el mayor sacrilegio. En los alrededores de la tumba hay un pueblecito llamado Saadi, en honor al gran poeta, y una puerta en la ciudad, que mira hacia la tumba, que lleva el nombre de *Dervazi Saadi* (la puerta de Saadi), así como un puente, bautizado *Pul Saadi*; todo ello es prueba de la veneración que se le profesa hasta el día de hoy.

Pero este gran poeta y erudito es objeto de veneración no sólo para el pueblo persa, sino para todos los mahometanos del mundo asiático. Su libro *Gulistán* (Arboleda de rosas) se lee con admiración y embeleso tanto en el centro de China como en las fronteras más remotas de África. Allí donde los jóvenes mahometanos asisten a la escuela, el *Gulistán* constituye sin duda la base de la enseñanza. Hace tiempo que los eruditos europeos aprecian y admiran la frescura imperecedera de su estilo, su brillante lenguaje y sus ingeniosas y reveladoras similitudes. En una de las cámaras del mausoleo me topé con un hombre de aspecto respetable y cabeza gris, cuya vestimenta limpia y aspecto apacible formaban un extraño contraste con el sombrero de derviche, que denotaba su vocación. Con simpático buen humor se apresuró a dirigirse a mí, y en el curso de la conversación me enteré de que era natural de la India y que, movido por su veneración hacia Saadi, había renunciado a su rango y a sus riquezas en su país, para pasar los días que le quedaban de vida en la tumba del gran hombre.

Se sabe que Saadi fue un derviche, pero a diferencia de la mayoría de los miembros de esa tribu, que adoptan la *jirka* (vestimenta de derviche) para alcanzar sus propios objetivos mundanos, Saadi vagó durante treinta años y vivió numerosas aventuras durante su periplo. Fue, a su vez, siervo, esclavo, señor y célebre erudito; e incluso asumió la religión de los adoradores de Visnú, con el fin de ampliar y aumentar su conocimiento del mundo. Despreció la riqueza y el favor de los príncipes, y buscó su única felicidad en —como expresan metafóricamente los orientales— «perforar con el diamante de su alma las piedras preciosas de sus experiencias, y después de reunirlas en la cuerda de la elocuencia, colgarlas como talismán alrededor del cuello de la posteridad».

La tumba de Hafez, situada en un cementerio más grande, puede verse no lejos del mausoleo de Saadi. El lugar de su tumba está marcado por un monumento de mármol blanco levantado por Karim Jan, y la inscripción tallada en él es un verso de su propio libro, el *Diván*. He visitado con frecuencia la tumba y, para mi asombro, a veces he encontrado una alegre compañía sentada a su alrededor, bebiendo vino; otras veces estaba rodeada de peregrinos penitentes. Los primeros consideran a Hafez como su gran maestro en una vida de despreocupación y jolgorio; los segundos lo consideran un santo y vienen aquí a suplicarle que interceda por ellos. Algunos cantan sus canciones mientras la copa de la alegría hace la ronda, en tanto que otros consideran su libro tan sagrado como el propio Corán. Cuando alguien desea leer el destino que le aguarda, abre al azar un texto de Hafez o el Corán, recitando los siguientes versos:

> Oh Hafez, de Shiraz,
> echa una mirada sobre mí;
> de ti deseo conocer mi destino futuro,
> pues tú eres el descubridor de todos los secretos.

Y una vez hecha su invocación, estudia la página que tiene ante sí, interpretando su texto como una profecía de buena o mala fortuna.

Había pasado tres meses en Shiraz, y estaba tan satisfecho con la ciudad que empecé a darle vueltas a la conveniencia de pasar el invierno en el agradable clima de Shiraz en vez de en Teherán, e ir después, cuando llegara la primavera, a través de Yazd y Tebbes a Jorasán. Pero la llegada a Shiraz de dos viajeros europeos trastornó todos mis planes en ese sentido. Uno de ellos era el conde Rochechouart, miembro de la embajada francesa en Teherán, que viajaba con la intención de estudiar la situación comercial de Persia, y el otro, el marqués de Doria, distinguido miembro de la extraordinaria embajada italiana que llegó a Persia al mismo tiempo que yo, viajando en busca de conocimientos zoológicos y botánicos.

A su llegada, estos distinguidos extranjeros fueron recibidos y agasajados por las autoridades. Una vez terminadas las recepciones oficiales, el doctor Fagergreen, mi excelente amigo sueco, los invitó a su casa, y la mesa puesta ante sus huéspedes europeos literalmente gemía bajo todo lo bueno y sabroso que se producía bajo los cielos meridionales de Persia. El rostro del doctor irradiaba satisfacción interior cuando se levantó, copa en mano, para proponer un brindis en honor de las tres naciones representadas por los invitados sentados a su hospitalaria mesa. El buen hombre se sentía muy feliz cuando podía recibir en su casa a un viajero europeo, y en tales ocasiones lo colmaba de amabilidad. Yo había recibido una acogida tan amistosa y un trato tan generoso de manos del bondadoso doctor, que había demostrado ser un amigo tan desinteresado conmigo, que llegué a encariñarme con él. Por eso, recibí con gran pesar la invitación del conde Rochechouart para que le acompañara a Teherán, adonde se dirigía pronto, dejando atrás a su compañero de viaje italiano, el marqués, que tenía la intención de prolongar su estancia en Shiraz para disfrutar de su clima incomparable.

Sin embargo, me vi obligado a acceder a la propuesta del noble francés, aunque implicaba una separación inmediata de mi amigo, ya que estaba casi desprovisto de todo, y esperaba obtener algunas ventajas de hacer el viaje de regreso en su compañía. Había venido aquí como un derviche mendigo, y aquí tenía la oportunidad de regresar como un viajero europeo, compartiendo todas las comodidades a disposición de un caballero que viajaba en un asunto de Estado y representaba a su majestad el emperador de Francia. No vacilé mucho; pronto me decidí. El conde permaneció en Shiraz tres días más para ocuparse de algunos asuntos, y a su término debíamos regresar, a marchas forzadas, a Teherán.

El día de mi partida fui a despedirme de mi generoso amigo, el doctor Fagergreen. Lo encontré todavía en su dormitorio, en el piso superior de su casa. Nuestra conversación giraba a menudo en torno a la probabilidad de que volviéramos a vernos, y cada vez que yo mencionaba mi viaje al Turquestán, se le saltaban las lágrimas. Esta simpatía sincera y genuina me conmovió profundamente. Tuve que marcharme; le abracé por última vez; le cogí la mano para darle un último apretón con todo el corazón; pero en ese mismo momento recibí una sacudida como si toda la casa se viniera abajo.

Miré el rostro de mi amigo, pálido como la muerte.

—¡Rápido, por el amor de Dios! —gritó—, llamemos a mi mujer y a mis hijos, va a haber un terremoto. Los terremotos en Shiraz son terribles, sobre todo si las sacudidas comienzan temprano por la mañana.

Recogimos rápidamente a su mujer y a sus hijos, y al bajar por la estrecha escalera al pequeño patio, oímos un ruido subterráneo que se acercaba a nosotros con un rugido hueco, como si las entrañas de la tierra estuvieran a punto de abrirse bajo nuestros pies.

La segunda sacudida fue mucho más violenta que la primera. Los altos muros y los edificios circundantes empezaron a tambalearse de un lado a otro con un fuerte crujido, y mientras yo miraba al cielo, el grito de *¡Yah Allah! ¡Yah Allah!*, que calaba hasta los tuétanos, se oía desde todos los rincones de la ciudad.

Los habitantes de Shiraz conocen demasiado bien las espantosas consecuencias de esta catástrofe natural, y el corazón más robusto bien puede estremecerse ante el profundo rugido en el vientre de la tierra, ante los gritos de angustia en lo alto, los mismos pájaros revoloteando asustados e indefensos. Durante unos instantes permanecimos inmóviles, completamente paralizados por el miedo. Mi anfitrión fue el primero en recobrar la compostura; se volvió hacia mí y me dijo:

—Estamos aquí, en un lugar muy estrecho. Si este muro se derrumba, todos quedaremos sepultados bajo él. Lleva a mi mujer y a mis hijos al lugar más grande que haya más cerca. Yo me quedaré aquí, porque la turba puede aprovechar el miedo general para robar y saquear la casa.

Quise replicar, pero el doctor me hizo callar con una mirada suplicante, y cogiendo a su temblorosa mujer y a sus hijos, me marché sin decir una palabra más. Atravesamos una estrecha callejuela atestada de gente pálida y asustada. El descampado al que llegamos en pocos instantes presentaba un cuadro desgarrador de angustia y miseria. Mujeres y niños yacían en el suelo, desmayados, gritando y arrancándose el pelo. Otros corrían de un lado a otro, medio vestidos, o sin ropa, como si acabaran de salir del baño. Pocos minutos bastaron para privar a toda la ciudad de sus sentidos.

En medio de todos estos gritos y llantos, un par de mulás (sacerdotes) repetían continuamente que los *firangis* que vivían en la ciudad habían provocado esta calamidad. Empecé a temer por la seguridad de mi amigo y volví sobre mis pasos tan rápido como pude. Al llegar al patio observé que los pájaros volaban y agitaban las alas de un modo inquieto y salvaje, lo cual era un presagio seguro de otra conmoción. Y, en efecto, muy pronto oímos el profundo rugido que suele preceder a una violenta tormenta. La tierra temblaba bajo nuestros pies, y a medida que las sacudidas se acercaban más y más al lugar donde nos encontrábamos, el choque se hizo tan fuerte que, a pesar de todos nuestros esfuerzos, perdimos el equilibrio y, tratando de sostenernos unos a otros, caímos juntos sobre el suelo. Oí un estruendo espantoso, y en un segundo tuve la sensación de que el agua circulaba sobre mí, y pensé que había llegado mi último momento.

Este fue el peor golpe; una parte del muro había cedido, y el agua que había pasado sobre nuestros cuerpos procedía de un depósito de agua vecino. Tembloroso y asustado, miré a mi alrededor para ver si el edificio no amenazaba con derrumbarse sobre nuestras cabezas. En este momento de desesperación llegó a nuestros oídos el grito de la turba enfurecida:

—Los *firangis* son impuros.

Seguido de maldiciones salvajes, y parecía como si la turba tuviera intención de tomar la casa por asalto.

—¡A las armas! —gritó mi amigo, pero ¿quién habría tenido el valor de entrar en una casa que amenazaba con venirse abajo en cualquier momento?

Nos detuvimos y nos miramos, y luego, de común acuerdo, nos precipitamos en la casa, regresando inmediatamente armados con rifles y pistolas. Ahora teníamos que defendernos tanto de la furia de los elementos como de la maldad del hombre.

Estos momentos quedarán grabados para siempre en mi memoria. De repente oímos un fuerte estruendo, y poco después vimos densas nubes de polvo que se levantaban en el aire. Afortunadamente para nosotros, un edificio de la vecindad se había derrumbado y había dispersado a la turba salvaje. En poco tiempo todo el barrio quedó en silencio. No sentimos otra sacudida, pero toda la ciudad estaba envuelta en una densa nube de polvo. Las mismas montañas, situadas al sur, habían sido partidas en dos por estas sacudidas que arrojaban por sus escarpadas laderas enormes bloques de piedra y rocas, con un ruido como de trueno. Al ver que había transcurrido media hora sin que se reanudaran las sacudidas, me armé de valor y salí de la casa.

La destrucción de la ciudad había sido tan cruel que mi pluma no podría describir sus terribles detalles. Me encontré con el conde Rochechouart en la calle; con rostro angustiado nos urgió a marcharnos inmediatamente. La despedida de mi amigo fue breve pero afectuosa. A lo largo de las calles, las enormes grietas y fisuras de los muros se abrían a medida que avanzábamos; a derecha e izquierda, por todas partes, no se veía más que desolación y miseria, mientras una expresión de indescriptible desaliento y muda resignación se cernía sobre los semblantes de las gentes que encontrábamos a nuestro paso.

Nuestro corazón se compadecía de aquellos desgraciados en su triste situación, sin embargo, sentimos un alivio de encontrarnos, después de atravesar las puertas de la ciudad, de nuevo al aire libre, donde nuestros compañeros de viaje esperaban nuestra llegada. Afuera había una inmensa muchedumbre; los que habían corrido a campo abierto por seguridad estaban buscando, con gran pesar en su corazón, a los miembros de sus familias que se habían quedado atrás en la ciudad, y en su angustia irracional nos preguntaban a nosotros, que éramos perfectos extraños para ellos, si sabíamos algo de su paradero.

No puedo expresar con palabras la profunda satisfacción con que descubrí por fin *Tenghi Allah Akbar*, el lugar desde el que a mi llegada había admirado la romántica situación de Shiraz. Diez años antes, Shiraz había sufrido un terremoto mucho más calamitoso que el descrito aquí. Existe la leyenda entre la gente de que hace muchísimos años el actual emplazamiento de Shiraz estaba cubierto por las aguas de un lago, llamado *Darya Nemek*, es decir, el lago Salado, que se encuentra al este de la ciudad, y que la ciudad está condenada a la destrucción final por este mismo lago, que la inundará con su marea el Día de la Resurrección.

Regresamos, a marchas forzadas, por el mismo camino por el que, tres meses atrás, había avanzado fatigosamente al lento ritmo de los viajes en caravana. El viaje fue amenizado por la fascinante conversación del noble conde y, de vez en cuando, por la persecución de una manada de gacelas. Los jinetes persas, que cabalgaban delante, las descubrían con la rapidez de unos ojos de lince, y los veloces sabuesos no tardaban en alcanzarlas. A veces, cuando llegábamos a una ciudad, nos preparaban solemnes recepciones y, en tales ocasiones, no cesaban los cumplidos, los dulces y los festines. Regresé a Teherán a mediados de enero de 1863.

TUMBA DEL POETA SAADI - SHIRAZ

TUMBA DEL POETA HAFEZ - SHIRAZ

CAPÍTULO XVI

Preparativos para mi travesía a Asia central

M I primer deber en Teherán fue, naturalmente, volver a visitar el hospitalario círculo de mis mecenas. Aquí me enteré de que la guerra en Herat había llegado a su fin y que, por lo tanto, se había eliminado otro obstáculo para la realización de mi programa. Siempre ha sido costumbre que la embajada turca preste alguna ayuda a los *hadjis* (personas que han visitado la tumba sagrada de Mahoma) y a los derviches que van cada año de Bujará, Jiva y Kokand, a través de Persia, al Imperio turco. Esto supone una gran ayuda para los pobres mendicantes sunitas, que no tienen ninguna posibilidad de obtener ni un penique de los persas chiitas. Como consecuencia de ello, el palacio de la embajada recibía anualmente huéspedes del lejano Turquestán, y en esas ocasiones me complacía especialmente que los salvajes y harapientos tártaros vinieran a mi habitación, donde me las ingeniaba para aprender de ellos muchas cosas interesantes sobre su país. Estaban abrumados por mi cortesía, y pronto se convirtió en un dicho familiar en el caravasar donde esta gente solía alojarse, que Haidar Efendi, el embajador del sultán, era un hombre de corazón generoso, pero que Reshid Efendi —nombre supuesto de vuestro humilde servidor— era algo más que eso; porque trataba a los derviches como hermanos, y muy probablemente era, en secreto, un derviche él mismo.

Por lo tanto, no era de extrañar, ya que gozaba de tal reputación, que los derviches me llamaran a mí antes de pedir ser admitidos en presencia del embajador en jefe, que a menudo no los recibía. Muchas veces, sólo por mi intercesión, pudieron obtener ayuda monetaria o de otro tipo. Así sucedió que cuatro *hadjis* vinieron a verme el 20 de marzo y me pidieron que los presentara a la embajada turca. Allí deseaban exponer sus quejas contra los persas por haberles cobrado, a su regreso de La Meca, el impuesto sunita, cuya recaudación había sido prohibida hacía mucho tiempo por el sultán, prohibición ratificada desde entonces por el sha de Persia.

—No venimos a pedir dinero al gran embajador del Sultán —dijeron—, sólo deseamos que en lo sucesivo nuestros compatriotas sunitas no se vean obligados a pagar un impuesto por visitar los lugares santos.

Estas palabras desinteresadas de labios de un oriental me desconcertaron bastante; sometí a mis invitados a un escrutinio más atento y descubrí en ellos, a pesar de la expresión salvaje de sus rostros, su aspecto descuidado y la cutrez de su vestimenta, cierta nobleza natural que no dejó de despertar mis simpatías.

Su portavoz, por regla general, era un *hadji* de la Tartaria china, o Turquestán oriental, como se llama en realidad; llevaba sobre sus andrajosos vestidos un nuevo *djube* verde (una prenda superior de tela) y en la cabeza un turbante blanco de tamaño gigantesco. Sus ojos brillaban con vivacidad y su superioridad sobre el resto de sus compañeros se hizo cada vez más evidente en el transcurso de la entrevista. Se presentó como el imán (sacerdote de la corte) del gobernador de Aksu, una de las provincias de la Tartaria china, y como un doble *hadji*, habiendo visitado dos veces la tumba sagrada, y declaró que él y sus tres compañeros presentes eran los jefes declarados de una caravana *hadji* compuesta por veinticuatro hombres.

—Nuestro grupo —añadió— está compuesto por jóvenes y viejos, ricos y pobres, letrados e iletrados, y, sin embargo, vivimos en la mayor armonía unos con otros, pues todos somos nativos de Kokand y Kashgar (nombres utilizados frecuentemente para designar a toda la

Tartaria china), y no tenemos entre nosotros a las víboras humanas de Bujará.

La entrevista había durado cerca de una hora, y los modales francos y abiertos de los hombres ahondaron la favorable impresión que me habían causado al principio. Aunque los rasgos característicos de su raza, su atuendo descuidado y raído, y los efectos de las miserias de un viaje largo y fatigoso, se combinaban para darles un aspecto salvaje, casi repulsivo; sin embargo, durante toda la entrevista mi mente estuvo ocupada con la cuestión de la viabilidad de emprender mis viajes por Asia central en compañía de estos mismos peregrinos. Pensaba que, siendo nativos, serían los mejores guías que podría obtener, y era algo especial ser conocido por ellos como Reshid Efendi, y haber sido visto por ellos como tal en la embajada turca.

No lo dudé mucho y les comuniqué mi intención de unirme a su caravana. Por supuesto, estaba preparado para sus preguntas sobre los propósitos de mi viaje, y tenía igualmente claro que sería tan ocioso como perjudicial hablarles de la investigación científica que tenía en mente. Habrían considerado ridículo que un efendi, un caballero, se expusiera a peligros indecibles en aras de un objetivo ideal, y de hecho habrían albergado toda clase de sospechas contra mí si les hubiera dicho la verdad.

Tuve que recurrir a un subterfugio que halagaba a mis invitados y favorecía mis intereses. Les dije que mi alma albergaba desde hacía mucho tiempo el secreto deseo más ardiente de visitar el Turquestán —único país en el que abundan las auténticas virtudes islámicas— y a los santos de Jiva, Samarcanda y Bujará.

Añadí que este anhelante deseo me había traído desde Roum (Turquía), y ahora, después de haber esperado durante un año en Persia una oportunidad favorable para gratificarlo, tenía motivos para dar gracias a Dios por haberme enviado, al fin, hombres como ellos, en cuya compañía podía continuar mi viaje y alcanzar el objeto más acariciado de mi vida.

Tuve que superar una lucha extraordinaria en mi interior para inventar este pretexto, y en vano busqué otro medio. Mi larga experiencia con orientales, de muchos países y de diversos rangos, me había convencido plenamente de la absoluta inutilidad de una confesión directa de mis propósitos. Sabía que ante aquellos hombres simples e ignorantes, la ciencia y la curiosidad debían ser desacreditadas como los principales motores de mi misión; y que todo mi poder de oratoria fracasaría en convencerles de la posibilidad de que un hombre que vivía bajo el patrocinio de un alto funcionario del sultán estuviera dispuesto a sufrir todas las penalidades y peligros de un viaje lejano, en aras de investigaciones filológicas y descubrimientos etnográficos. Aun siendo difícil y por lo reacio que fuera, tuve que recurrir al subterfugio y asumir ante sus ojos un incógnito tanto moral como físico.

Cuando terminé de hablar, los buenos tártaros me miraron y reaccionaron con asombro. Finalmente, me confesaron que hacía tiempo que pensaban que yo era un derviche secreto, pero que ahora estaban convencidos de la veracidad de sus conjeturas. Declararon que estaban muy complacidos por la distinción que estaba a punto de conferirles al considerarlos dignos de mi compañía. Su portavoz Hadji Bilal dijo:

—Estamos todos dispuestos a ser no sólo tus amigos, sino tus servidores, pero debo recordarte que los caminos del Turquestán no son tan seguros como los de Persia y Turquía. A menudo, a lo largo de nuestros caminos no vemos una casa durante semanas, ni podemos conseguir un pedazo de pan, ni siquiera una gota de agua. Además de esto, nos mantenemos en constante temor de ser asesinados, hechos prisioneros y vendidos como esclavos, o sepultados por las arenas en un huracán. Por tanto, reflexiona bien sobre este asunto, ¡oh efendi! Podrías arrepentirte del paso más tarde, y no nos gustaría que nos vieras como los causantes de tu desgracia. Y, además, recuerda que nuestros compatriotas están muy por detrás de nosotros en cuanto a experiencia y conocimiento del mundo, y con toda su hospitalidad son propensos a mirar con ojos recelosos a todo aquel que llega de tierras extranjeras. ¿Y cómo volverás, solo, sin nosotros?

Es fácil imaginar el efecto que estas palabras produjeron en mí, pero mi propósito no iba a tambalearse. Les tranquilicé en cuanto a su ansiedad por mí, les hablé de la fatiga que ya había soportado y de mi desprecio por las comodidades terrenales, en particular de mi aversión al vestido francés que me veía obligado a llevar de oficio.

Continué diciendo que sabía que este mundo no era más que una posada de cinco días, como dicen nuestros sabios, y que nos alejamos rápidamente de él para dar paso a otros. Me reí con sorna de aquellos musulmanes que, en vez de preocuparse sólo por el momento presente, dirigen sus pensamientos a cosas que van a suceder dentro de años.

—¡Oh!, llevadme con vosotros, amigos míos —exclamé— debo abandonar este nido de errores, del que estoy cansado hasta aborrecerlo.

Mi petición les conmovió. Los jefes de la caravana de derviches me aceptaron de inmediato como su compañero de viaje; nos abrazamos y besamos todos, actuaciones nada agradables teniendo en cuenta el intolerable hedor que desprendían sus cuerpos y ropas. Pero apenas me fijé en tales menudencias, pues el objeto principal de mi discurso estaba asegurado.

Mi siguiente paso fue apresurarme a ir a ver a Haidar Efendi, mi benefactor, para comunicarle mis intenciones y pedirle que me recomendara calurosamente a los *hadjis* que estaba a punto de presentarle. Al principio se opuso al plan por completo, y me llamó loco por desear ir a un país del que ninguno de mis predecesores había regresado jamás, y en compañía de tipos capaces de asesinar a cualquiera por unos pocos peniques. Pero cuando mis amigos turcos vieron que todos sus argumentos eran inútiles, se pusieron manos a la obra para prestarme toda la ayuda posible.

Haidar Efendi recibió a los *hadjis*, arregló sus propios asuntos a su satisfacción, luego habló de mí, representó mis motivos en la forma en que los había expuesto ante los *hadjis*, me encomendó a su hospitalidad y protección, observando que ellos, a su vez, podían contar con sus amistosos servicios; pues, añadió, «aquel a quien pongo a vuestro cargo, Reshid Efendi, es el oficial civil del Sultán».

Después me dijeron que los *hadjis*, en la audiencia en la que yo no estaba presente, habían jurado solemnemente cumplir sus promesas. Y, en efecto, cumplieron honorablemente la palabra empeñada.

Cuando terminó la audiencia, el embajador pidió una lista con los nombres de los miembros de la caravana de derviches y distribuyó entre ellos unas quince piezas de oro. Era un regalo generoso para gente acostumbrada a vivir a pan y agua, y totalmente ajena a todo tipo de comodidades.

El día de nuestra partida estaba fijado para esa semana. Las visitas de Hadji Bilal fueron muy frecuentes durante este tiempo, trayendo consigo y presentándome a todos sus compañeros, por turno; y sé que su exterior no era apto para inspirar confianza. Estas visitas me hicieron sospechar que el piadoso *hadji* me consideraba una rica presa y estaba ansioso por no perderme.

Pero vencí mis sospechas y le mostré al *hadji*, como muestra de confianza en él, la pequeña suma de dinero que pensaba llevar conmigo, pidiéndole, al mismo tiempo, que me informara con precisión de cómo debía vestirme y qué modo de vida debía seguir para parecerme lo más posible a mis compañeros y no llamar indebidamente la atención. Se mostró muy complacido con mi petición y no dudó en aconsejarme al respecto. En primer lugar, dijo, debía afeitarme la cabeza y cambiar mi traje turco por el de Bujará; y en segundo lugar, debía dejar atrás mi ropa de cama, lino y artículos de lujo similares.

Por supuesto, seguí las instrucciones, que podían cumplirse fácilmente, hasta el más mínimo punto, y estuve listo para embarcarme en mi peligrosa empresa tres días antes de la hora señalada. Aproveché este intervalo para volver a visitar el caravasar donde se alojaban mis futuros compañeros de viaje. Vivían en dos pequeñas celdas, catorce en una y diez en la otra. Nunca había visto en mi vida tanta suciedad y harapos amontonados en un espacio tan reducido, y la impresión que esta miseria causó en mi mente aún perdura en mi memoria.

Sólo unos pocos pudieron hacer el viaje por sus propios medios; el resto tuvo que recurrir a la mendicidad. Cuando entré, estaban ocupados en un modo de asearse, cuya repugnante descripción ahorraré a mi lector, pero que, desafortunadamente, yo también tuve que adoptar con el tiempo.

Me recibieron muy cordialmente y, según su costumbre, me prepararon inmediatamente un té verde de Bujará, del que necesité todo mi heroísmo para tragarme una taza, pues el líquido verde sin azúcar era lo peor que podía probar un mortal. Como muestra de sus amables sentimientos hacia mí, me ofrecieron otra taza de té, pero la rechacé cortésmente, pues mi estómago me advirtió que se negaría a ingerir más de aquel vil líquido. A continuación se produjo una escena de abrazos generales; todos me consideraron como su hermano, y me otorgaron este cariñoso título, y, finalmente, después de haber partido el pan con cada uno de ellos por separado, nos sentamos para resolver los detalles definitivos de nuestra ruta. Teníamos dos caminos para elegir, ambos igualmente peligrosos por el hecho de atravesar el desierto donde los turcomanos tienen su hogar.

Uno de los caminos, por Mashhad, Merv y Bujará, era menos fatigoso, es cierto, pero nos habría llevado a través de un territorio habitado por los turcomanos teke, que tienen la bien merecida reputación de no perdonar a nadie y que venderían como esclavo al propio Profeta si alguna vez cayera en sus manos.

El otro camino atraviesa un país habitado por los turcomanos yomut, un pueblo honrado y hospitalario; pero este camino incluía un desierto, donde durante veinte estaciones no se podía obtener ni una gota de agua potable. Después de cambiar impresiones, nos decidimos por este último camino.

—Es mejor desafiar la rudeza de los elementos que exponernos a la maldad del hombre. Dios es misericordioso; seguimos sus caminos, y seguramente no nos abandonará —dijo el jefe de la caravana.

Nuestra decisión fue ratificada por un juramento recitado por Hadji Bilal. Mientras hablaba levantamos las manos hacia el cielo, y cuando terminó de hablar, cada uno se agarró la barba y dijo en voz alta «amén». Entonces nos levantamos de nuestros asientos y me dijeron que me reuniera con ellos pasado mañana por la mañana para emprender nuestro viaje.

Cuando regresé a la embajada, mis amigos hicieron un último intento de desviarme de mi propósito. Recordaron el trágico destino de Conolly, Stoddart y Moorcroft, y el caso de Blocqueville, que había caído en manos de los turcomanos y sólo fue salvado de la esclavitud mediante un rescate de diez mil ducados. Pero el triste destino de los demás no me aterrorizaba y me mantuve firme en mi decisión de partir. La víspera de mi partida me despedí de mis amigos en la embajada turca. Sólo dos personas conocían el verdadero destino de mi viaje; el resto de la colonia europea pensaba que me dirigía a Mashhad.

CAPÍTULO XVII

De Teherán al país de los turcomanos

D E acuerdo con la cita, me presenté en el caravasar el 28 de marzo de 1863. Aquellos de mis amigos que podían permitirse el lujo de alquilar una mula o un asno que los llevara a la frontera persa estaban listos, con botas y espuelas; los pobres, con el bastón de peregrino en la mano, esperaban también la señal de partida. Observé con asombro que las raídas vestiduras que llevaban en la ciudad habían sido cambiadas por otras mucho más andrajosas, colgadas de mil jirones y sujetas por medio de una cuerda a la espalda; y supe, con gran sorpresa mía, que el miserable vestido que llevaban en la ciudad era su mejor atuendo de vacaciones, que ahora dejaban a un lado para salvarlo. Pero si ayer me creía un mendigo con mi nuevo traje, hoy parecía digno de ser un rey vestido de púrpura entre mis compañeros. Hadji Bilal levantó por fin las manos para bendecir nuestro viaje, y no habíamos acabado de agarrarnos las barbas y decir nuestros acostumbrados amenes, cuando los que iban a pie se precipitaron hacia la puerta para adelantarse a los que íbamos sentados en mulas o asnos.

El sol había salido a la *altura de una lanza*, como dicen los orientales, cuando me volví para dar una última mirada de despedida a Teherán, dorada por el sol temprano, mientras mis compañeros, como piadosos peregrinos que eran, alzaban la voz y entonaban cantos sagrados. No les pareció mal que no me uniera a ellos, pues sabían que la gente de Roum —los habitantes de la Turquía europea— no había sido educada en una religión tan estricta como la de Turquestán, pero esperaban que en su compañía yo aprendiera pronto a ser más entusiasta en la observancia religiosa.

La caravana estaba compuesta por veintitrés personas, además de mí; todos ellos procedían de Kokand y del Turquestán oriental, y en su mayoría eran nativos de Kashgar, Tashkent y Aksu. Sus jefes eran Hadji Bilal, de quien ya he hablado, Hadji Sheij Sultán Mahmud, un joven tártaro fanático, que trazaba su linaje de un santo renombrado, y Hadji Sali Khalifa, que se esforzaba por obtener el rango de *ishan* (el título de jeque), y pertenecía a la clase medio-sacerdotal. Me honraron con su amistad y los cuatro fuimos considerados los jefes de la caravana. Mi nombre dejó de ser Reshid Efendi para convertirse en Hadji Reshid.

Avanzamos sin contratiempos por las alturas de la cadena montañosa de Elburz, que se elevaban sin cesar. Kamard fue nuestra primera estación. No era más que una choza de barro medio derruida, en medio del desierto, con sus paredes curtidas que amenazaban con ceder en cualquier momento. La lluvia entraba a cántaros por los resquicios del tejado y era difícil encontrar un palmo de tierra seca. Había anochecido cuando llegamos y todo el mundo se apresuró a buscar un lugar seco en el caravasar; yo estaba entre la multitud que empujaba. Mi amigo Hadji Bilal se puso a preparar el pilaf y, a falta de grasa animal, le echó grasa obtenida fundiendo unas velas de sebo. Por supuesto, me invitó a tomar parte de esta deliciosa comida, pero decliné con agradecimiento.

Abandonando el lado de mi amable amigo, me dirigí entre los mendigos y los arrieros persas, y recogiéndome en un rincón, pensé, escuchando el aullido del viento y los golpes de la lluvia al aire libre en la oscura noche, en mi miserable condición actual; comparada con la de la noche anterior en el palacio de la embajada turca, donde estaba sentado en un suntuoso banquete de despedida, ofrecido en mi honor, la copa de vino circulando libremente entre mis amigos. Y ahora me habría considerado feliz si hubiera tenido espacio suficiente para estirar mis miembros. A derecha e izquierda de mí, unos tipos harapientos, sucios, malolientes y con una gran variedad de pequeñas ropas, se apoyaban afectuosamente en mí; y, para rematar el clímax de mi miseria, un arriero persa, aquejado de gota, se sentó cerca de mí, ahora gimiendo, ahora gritando de dolor, mientras a mi alrededor se oían ronquidos estentóreos. Mis ropas estaban empapadas por la lluvia, y yo mismo estaba empapado hasta la piel y temblando como si tuviera un ataque de fiebre. No es de extrañar que no pudiera cerrar los ojos en toda la noche, y que a la mañana siguiente me sintiera tan débil que apenas podía mantenerme decentemente sentado en la silla.

Pasamos la noche siguiente mucho más cómodamente en una aldea llamada Ghilar. Nos dividimos en grupos más pequeños, y yo me uní a Hadji Bilal y sus compañeros. Mi amigo me invitó de nuevo a cenar con él. Esta vez me sobrepuse valientemente a mis remilgos; mi voraz apetito me hizo indulgente con el desagradable olor del plato y las sucias manos de mis compañeros, que las usaban enérgicamente para servirse de nuestro plato común. A la mañana siguiente me levanté con fuerzas renovadas, después de un sueño reparador, y empecé, con menos ansiedad, a mirar el futuro a la cara.

Me divirtieron mucho las observaciones que sobre mí hicieron algunos aldeanos persas, quienes, con payasa agudeza de vista, se apresuraron a descubrir que yo no era tártaro, ni siquiera osmanlí, sino un *firangi* en cuerpo y alma, que se valía de la sociedad de los derviches para visitar Asia central, tierra casi inaccesible para los europeos. El odio de los chiitas persas hacia los centroasiáticos sunitas es tal que nada les produce mayor placer que ver cómo se imponen a sus enemigos mortales.

El cuarto día llegamos a una meseta elevada en la que se encuentra la ciudad de Firuzkuh, al pie de una montaña coronada por una hermosa ruina. Me encantó la belleza tanto de la ciudad como del paisaje circundante; las casas despertaron especialmente mi admiración por la pulcritud de su arquitectura. Un ancho y profundo arroyo de montaña serpentea por la pequeña ciudad en tres direcciones diferentes. Muchas y grandes caravanas transportan desde este lugar naranjas, sandías, caña de azúcar y otros productos del mar Caspio a Shahrud y Teherán, y regresan muy cargadas de maíz, un alimento casi totalmente ausente en esta región montañosa.

Más allá de Firuzkuh nuestro camino nos llevó a través de un territorio de lo más romántico. Los densos bosques, que se extendían sin fin, el rugido lejano de las enormes cataratas de las montañas, el abismo sin fondo que se abría entre las escarpadas laderas de las montañas, me hacían imaginar a veces que tenía ante mí el más bello paisaje alpino de Europa. Incluso mis compañeros, cuyo sentido de la apreciación de las bellezas de la naturaleza estaba muy poco desarrollado, se entusiasmaron. Desayunamos cerca de las ruinas de Div-Sefid (es decir, el Espíritu Blanco), coronando un pico rocoso. Uno de nuestros compañeros de viaje persas comentó que esta morada rocosa en el aire había sido en otro tiempo el lugar favorito del Gigante Blanco, a quien Rostam —el héroe de las leyendas orientales— venció y expulsó a las orillas del mar Caspio; que los espíritus de las profundidades habitaban entonces solos este país paradisíaco, y que era una suerte que en aquella época hubiera héroes capaces de expulsar a estos espíritus, pues seguramente a los persas modernos les faltarían fuerza y valor para llevar a cabo la hazaña.

Los viajeros persas que habían llegado con nosotros hasta Surkh Abad, es decir, la Morada Roja, se despidieron de nosotros. La abundante madera y la excelente agua que encontramos causaron inmenso deleite a mis socios tártaros. Mientras que en otras ocasiones seis y ocho de ellos cocinaban junto a un mismo fuego, ahora cada uno encendía uno por separado para preparar su té. Aprovechaban las mismas brasas, despojándose de sus ropas, y dos de ellos sostenían y tensaban una prenda a la vez sobre el fuego, mientras un tercero la golpeaba suavemente con un pequeño palo. Todo el procedimiento me pareció bastante misterioso al principio, pero un sonido peculiar, ora crepitando, ora silbando, pronto mostró que éste era un modo de dar muerte por el fuego a innumerables víctimas. La práctica, cuando la vi por primera vez, me llenó de repugnancia; llegó el momento, sin embargo, en que, en aras de la limpieza, me entregué a ella con tanto celo como cualquiera de los presentes.

Estábamos casi exhaustos por nuestra larga marcha por malos caminos, y tan pronto como se acercó el anochecer, todos buscamos algún lugar donde descansar. Nos habríamos detenido en muchas partes del bosque si algunos persas no nos hubieran advertido de que el bosque estaba lleno, sobre todo en esta época, de animales salvajes que, movidos por sus instintos depredadores, atacaban por la noche casas fuertemente construidas, por no hablar de los seres humanos que acampaban al aire libre. Estábamos especialmente prevenidos contra los tigres.

A pesar del cansancio nos vimos obligados a marchar por el bosque hasta bien entrada la noche, cuando nos acercamos a varios grupos de casas, separadas entre sí y llamadas *heften*; nos instalamos cerca de ellas en el margen del bosque. Decidimos mantener un gran fuego durante toda la noche, y que cada uno de nosotros vigilara por turnos cerca del fuego. Nuestro fuego nocturno pronto iluminó todo el paisaje; pero la espesura cercana a nosotros seguía resonando con las pisadas sigilosas y los profundos rugidos de nuestros feroces enemigos. Una manada de jabalíes hambrientos buscaba su presa, y la única manera de mantenerlos alejados era descargando a intervalos nuestras armas de fuego contra ellos. Los chacales se mostraban muy descarados; se acercaban bastante a nosotros y jugueteaban a nuestro alrededor como si fueran animales domésticos, sin preocuparse siquiera de nuestros palos. Estos animales te observan cuando estás demasiado absorto en la conversación, como para no perder de vista tu comida o tu ropa, y se abalanzan como felinos sobre cualquiera de ellas, en un momento de descuido, y huyen con ellas. Sin embargo, la noche transcurrió sin percances.

Al día siguiente compré por un *penabad* (unos dos peniques y medio) diez faisanes grandes, finos y sabrosos. Mis compañeros tártaros también compraron un buen número, pues había una gran cantidad de ellos en el lugar; debido a su incapacidad para elevarse en el aire en los densos bosques, los matan con palos por millares. Durante días, el excelente asado de su suculenta y sabrosa carne sustituyó al pan, que es muy caro.

Entramos en Sarí, que se levanta en medio de un terreno pantanoso, cubierto de barro de pies a cabeza, debido a los miserables caminos por los que tuvimos que pasar. Los habitantes, chiitas persas, se rieron de nuestro triste aspecto, y una tropa de golfillos nos persiguió con insultos y gritos, hasta que llegamos a la puerta del caravasar. Al entrar en el bazar, varios hombres, con trajes de rayas rojas y peculiares tocados, se detuvieron ante nuestra aproximación, levantando las manos y mirándonos con gran respeto. Eran turcomanos residentes aquí, que deseaban recibir de nosotros, sus hermanos sunitas, recién llegados de Tierra Santa, una fátiha* (bendición) mientras aún estaba fresca. Apenas habíamos pasado una hora en el caravasar cuando aparecieron otros, trayendo regalos de comida para nosotros y nuestros animales. Uno de ellos me presentó sus respetos y, siguiendo el ejemplo de mis compañeros, le di una bendición, que él recompensó con un regalo de tabaco por valor de un par de chelines. Después se lo conté a Hadji Bilal, que tuvo ocasión de comentarlo con ojos brillantes:

—Sí, efendi, seremos libres dentro de poco; estamos llegando a la tierra de los turcomanos, nuestros hermanos en la fe, y allí nos espera tanta distinción como la que tenemos que sufrir por la vergüenza, la contumelia y el desprecio a manos de los persas.

Yo me había convertido tanto en sunita que sus palabras me causaron un verdadero placer, olvidando las espantosas historias que había oído sobre el salvajismo y la crueldad de los habitantes del desierto.

Pasamos dos días en Sarí. Mis compañeros estaban ocupados tratando de vender sus asnos, pues íbamos a embarcar en la siguiente estación y deseábamos evitarnos la molestia de embarcar y llevarnos los animales con nosotros. En Sarí conocimos a varios miembros distinguidos de la colonia afgana, e inmediatamente después de nuestra llegada nos invitaron a cenar. Mientras estábamos allí, había otros in-

---

* Fátiha es el capítulo inicial del Corán y se recita como bendición.

vitados, comerciantes de Karatape[9], y nuestros hermanos afganos los recomendaron calurosamente a toda la caravana. Estos hombres nos sirvieron, con la mayor prontitud, como guías de su lugar natal.

Karatape debe su nombre a la colina negra que se alza en el centro de la aldea, habitada a un lado por persas y al otro por afganos. Lo primero que hice fue subir a la colina para contemplar de pasada el mar Caspio. Desde este punto no se puede ver el mar abierto, pues está oculto por una larga y estrecha franja de tierra que se adentra en el mar y que, a lo lejos, parece una línea boscosa de altos árboles. Todo lo que pude divisar fue la lámina de agua entre esta línea y la costa. Me apresuré a regresar a mi alojamiento para ver cómo iban los preparativos de nuestro viaje al desierto turcomano. Después de muchas averiguaciones, la noche siguiente nos enteramos de que un turcomano estaba a punto de zarpar directamente hacia Gomish Tepe y estaba dispuesto, por sentimientos de bondad, a llevarse a todos los *hadjis* con él. Deseaba que estuviéramos listos en la orilla por la mañana temprano para poder aprovechar una brisa favorable.

Hadji Bilal, Hadji Salih y yo, el triunvirato reconocido de la caravana de mendigos, fuimos inmediatamente en busca del turcomano llamado Yakub. Lo encontramos todavía joven y con un aire de audacia. Pronto se abrazó a cada uno de nosotros y se declaró dispuesto a esperar un día más para que pudiéramos procurarnos los alimentos necesarios. Tuvimos que proveernos de harina, arroz y otros víveres para llegar hasta Jiva; los propios turcomanos venían a este lugar a hacer sus compras. Antes de todo, Yakub pidió la bendición de Hadji Bilal y Hadji Salih, y cuando nos disponíamos a marcharnos me llamó a un lado y me pidió que me quedara unos minutos más. Por supuesto que me quedé. Me confió, con cierta vergüenza, un caso de amor infeliz y no correspondido, del que había sido víctima; y que un hechicero muy inteligente, un judío que se encontraba por entonces en Karatape, le había prometido prepararle un *nuskha* (talismán) muy poderoso si le llevaba treinta gotas de aceite de rosas recién traídas de La Meca, que eran absolutamente necesarias para escribir la fórmula mágica.

—Sé —continuó Yakub— que los *hadjis* traen consigo aceite de rosas y otros artículos fragantes, y, siendo tú el más joven de los jefes de la caravana, me dirijo a ti y espero que accedas a mi petición.

Nuestros compañeros, en efecto, habían traído aceite de rosas, y enseguida le dieron lo que había pedido, para gran alegría del buen joven.

A primera hora de la mañana del día siguiente estábamos todos reunidos en la orilla. Teníamos cada uno, además de nuestras bolsas de mendigo, un saco de harina, y, debido a la poca profundidad de la costa y a la consiguiente distancia de la embarcación, que se hallaba a dos kilómetros de ésta, pasó bastante tiempo antes de que nos transportaran a todos a salvo en un bote hasta la embarcación. La embarcación era de las llamadas *keseboy*, con un mástil y una vela, y se dedicaba al transporte de mercancías; había traído aceite de nafta, brea y sal de la isla de Tchereken, y ahora navegaba de regreso cargado con un pequeño cargamento de productos. Tuvimos que sentarnos en dos filas, unos cerca de otros, para que Yakub y sus dos hombres tuvieran espacio para moverse. Nuestra situación no era la más agradable; era tolerable durante el día, pero cuando por la noche nos oprimía el sueño, a menudo nos veíamos obligados a soportar durante horas el estrépito de un *hadji* que roncaba. A veces dos durmientes juntos se apoyaban en mí, uno por la derecha y otro por la izquierda, pero no me atrevía a despertarlos, pues se considera un gran pecado perturbar el sueño de los fieles.

Un viento favorable del oeste hinchó nuestras velas el 10 de abril, y disfruté de la navegación con el magnífico tiempo primaveral, tanto como pude en mi estrecha posición. Hacia el atardecer llegó la calma; anclamos cerca de la orilla, y cada uno de nosotros preparó por turno su té en la chimenea del buque. Al día siguiente llegamos a Ashuradeh, el punto más meridional de las posesiones rusas en Asia. El lugar causa una impresión favorable al viajero que viene de Persia. Una carabela rusa pequeña, y otras dos grandes, están permanentemente en el puerto, para la defensa de los rusos en Ashuradeh y de los veleros que se dirigen a ese lugar. En más de una ocasión, a pesar de los denodados esfuerzos del gobernador militar ruso, un gran número de desafortunados persas, y en no pocas ocasiones también marineros rusos, fueron arrastrados encadenados como esclavos hasta Gomish Tepe. Los barcos rusos navegan día y noche por las aguas turcomanas, y cada barco turcomano que viene de la costa oriental y se dirige a las costas del sur de Persia, debe proveerse de un pasaporte, que debe ser presentado al pasar por Ashuradeh. En esos momentos, el barco es cuidadosamente registrado en busca de esclavos, armas y otros artículos prohibidos.

Nuestro amigo Yakub también tenía sus papeles, que presentó la noche en que llegamos a Ashuradeh, para que pudiéramos continuar sin más demora. Pero como ya era tarde, el oficial ruso aplazó su visita a los barcos hasta la mañana siguiente. Echamos el ancla no lejos de la costa. Estuve inquieto toda la noche al pensar que esos oficiales rusos vendrían mañana a hacer su visita a bordo, y que posiblemente les llamarían la atención mis rasgos y complexión europeos. No temía ningún trato inhumano, pero temía que desearan que abandonara mi viaje y descubriera mi identidad a mis compañeros.

El agradable sonido de las campanas de la iglesia me despertó a la mañana siguiente. Mis compañeros me dijeron que era el domingo de los infieles y su día festivo. Una de las carabelas de nuestra vecindad estaba abanderada por todas partes. Observé, al cabo de un rato, que un bote, tripulado por marineros en uniforme completo, fue enviado a la costa, y regresó inmediatamente al barco con un oficial en uniforme completo. En unos diez minutos nos llamaron para que nos acercásemos al buque ruso, y me di cuenta de que varios oficiales rubios estaban de pie cerca de la pasarela. Cuanto más me acercaba, más rápido me latía el corazón, e intenté, como pude, colocarme de tal manera que no tuviera que encontrarme con sus ojos.

Como el día era festivo, el registro se hizo muy superficialmente; su intérprete intercambió algunas palabras con Yakub, mientras los oficiales se burlaban de nuestro grupo de mendigos. Oí decir a uno de ellos: «Mirad, qué blanca tiene la tez este *hadji*», refiriéndose con toda probabilidad a mí, cuyo rostro estaba menos curtido y broncea-

do que el de mis compañeros. Pronto permitieron que Yakub se mar-
chara y, levando anclas, nuestro navío, favorecido por una buena
brisa, surcó valientemente las aguas.

En pocas horas se alzó ante nuestros ojos la costa turcomana, que
parecía una larga línea moderadamente ondulada. Yakub y sus hombres izaron las velas y el agua dejó de ser navegable. Estábamos a
dos kilómetros de la desembocadura del río Gorgán, a lo largo de cuyas dos orillas se extiende el campamento, llamado Gomish Tepe,
que presentaba el aspecto de una densa masa de colmenas colocadas
una junto a la otra.

VAMBÉRY Y SU GRUPO NAVEGANDO POR EL CASPIO

CAPÍTULO XVIII

Gomish Tepe

TUVIMOS que esperar un rato en el mar, hasta que Yakub envió los botes para llevarnos a la orilla. Nos transportaron en pequeños destacamentos a tierra firme, quedando Hadji Bilal y yo los últimos. Cuando pisamos tierra nos informaron de que Yakub ya había anunciado nuestra llegada a Khandjan, el jefe de Gomish Tepe, y que éste se apresuraba a recibirnos de inmediato. Estaba arrodillado a unos pasos de nosotros, ocupado en sus oraciones de mediodía; y una vez terminadas, se levantó y vino hacia nosotros con pasos apresurados. Era un hombre alto, de complexión delgada, vestido muy sencillamente, de unos cuarenta años, con una larga barba que le llegaba al pecho. Primero me abrazó y, llamándome por mi nombre, me dio cordialmente la bienvenida. Luego llegó el turno de Hadji Bilal y Hadji Salih, y estando toda nuestra caravana junta, todos le seguimos hasta las tiendas.

La noticia de nuestra llegada ya se había extendido, y mujeres, niños y perros salían de las tiendas para ver a los peregrinos, quienes, según sus mulás, con su mero abrazo hacen a los viajeros partícipes de la gracia divina y, hasta cierto punto, del mérito de la peregrinación. La escena que tenía ante mis ojos era tan novedosa, tan sorprendente, que no sabía hacia dónde dirigir primero mi atención; las tiendas de tela, de extraña construcción, y las mujeres con sus largas faldas de seda, que les llegaban hasta los talones, la reclamaban por igual. Además, ya tenía bastante con satisfacer a los cientos de manos amistosas que se extendían hacia mí para ser estrechadas. Jóvenes y viejos, niños y mujeres, se esforzaban por acercarse a nuestras personas para tocar los *hadjis*, a cuyas vestiduras aún se aferraba el polvo sagrado de La Meca y Medina. Llegamos ante la tienda del *ishan* jefe (sacerdote) bastante agotados por el recibimiento devoto y hospitalario. Nos reunimos en un grupo a la espera de que nos asignaran alojamiento. Los habitantes que estaban allí reunidos casi se enzarzaron en una riña regular por tenernos como huéspedes; cada uno deseaba ser el anfitrión de uno de los pobres peregrinos, y por mucho que había oído hablar de la hospitalidad de los nómadas, todo era superado por lo que ahora tenía la oportunidad de presenciar. Sobre todo las mujeres rivalizaban a gritos, hasta el punto de que el propio Khandjan se vio obligado a poner fin a sus disputas, distribuyendo equitativamente a los peregrinos. Me llevó a mí, a Hadji Bilal y a los de nuestro grupo a su propia *ova* (tienda). Para llegar a su tienda, que estaba al final de Gomish Tepe, tuvimos que atravesar todo el campamento, que se extendía a ambos lados del río Gorgán. Este río nace muy lejos, en las montañas, y abunda en peces, hasta tal punto que sus aguas se vuelven casi fétidas en las mejores épocas, y bastante imbebibles en verano. Dos veces me bañé en él, y en todas ellas mi cara y mis manos olían a pescado.

Se acercaba el atardecer cuando llegamos, cansados y exhaustos, a la tienda de Khandjan, con la esperanza de descansar un poco. ¡Vana esperanza! Cierto, allí estaba la tienda destinada a nosotros, cerca de la de Khandjan, en la orilla del Gorgán, pero apenas habíamos tomado posesión de ella, con la ceremonia habitual de dar tres vueltas alrededor y escupir en cada una de las cuatro esquinas, cuando los visitantes se agolparon en el estrecho espacio. Permanecieron allí hasta bien entrada la noche, haciéndonos miles de preguntas a las que no podíamos responder. Nuestro anfitrión se apiadó de nosotros y pidió a los visitantes que nos dejaran solos para que pudiéramos descansar. La cena, consistente en pescado hervido y leche agria, nos la trajo el hijo de Khandjan, un muchacho de doce años llamado Baba Yan, es decir, literalmente, el alma del padre. La comida fue introducida en la tienda en una gran bandeja de madera por un esclavo persa, que arrastraba tras de sí una pesada cadena. Baba Yan lo relevó del plato, lo colocó ante nosotros y se sentó al lado de su padre, en tanto ambos nos miraban con auténtica satisfacción mientras nos dejábamos llevar por nuestro apetito. Una vez terminada la comida, rezamos nuestras oraciones como de costumbre. Hadji Bilal levantó las manos, todos los presentes siguieron su ejemplo, y cuando terminó pasándose la mano por la barba y diciendo: *Bismillah, allah akbar*, su acción fue repetida por todos. Entonces Khandjan fue felicitado por doquier a causa de sus invitados, y los visitantes se dispersaron.

A la mañana siguiente, el 13 de abril, cuando me desperté completamente fresco y vigorizado por una noche de sueño reparador en un sofá bastante cómodo, encontré a Hadji Bilal a mi lado y me invitó a dar un paseo. Durante el paseo me sermoneó un poco, diciéndome que ya era hora de que dejara el rango de efendi y me convirtiera en derviche en cuerpo y alma.

—Habrás observado —continuó— que tanto yo como todos nuestros compañeros, sin distinción de edad, hemos pronunciado nuestra fátiha (bendición) sobre los hombres. Esto también debes observarlo ahora. Sé que no es costumbre hacerlo en Roum, pero aquí la gente lo deseará de ti, y encontrarán muy extraño que tú, profesando ser un derviche, no cumplas con los deberes de uno. Tú conoces la forma de bendecir; pronúnciala con confianza y con una expresión adecuada de devoción. También puedes dar el *nefes* (aliento sagrado), si te llaman a la cabecera del enfermo; pero recuerda siempre tender la mano, pues bien sabe esta gente que los derviches vivimos de nuestro santo oficio, y que un regalo nunca está de más entre nosotros.

Luego me pidió perdón por haberse atrevido a instruirme, pero añadió que lo hacía por mi bien. No necesito decir que me sentí muy agradecido por sus consejos y observaciones, que estaban motivados por el genuino interés que sentía por mí.

En esta ocasión, mi amigo me dijo también que Khandjan y otros turcomanos habían estado preguntando por mí, con un peculiar aire misterioso, y que él había conseguido, con gran dificultad solamente, persuadirles de que mi viaje no tenía carácter oficial alguno. Los turcomanos pensaban que me dirigía a Jiva y Bujará en una misión secreta y confidencial del sultán contra Rusia. Hadji Bilal era demasiado sensato para contradecir rotundamente sus impresiones sobre el asunto, pues sabía muy bien que tenían un gran respeto por el sultán y que me beneficiaría hacer que me tuvieran en más alta estima.

Volvimos a nuestros aposentos, y encontramos a Khandjan con toda su familia, sus parientes y numerosos amigos, esperándonos ya. Nos trajo a su esposa y a su anciana madre para que les diéramos nuestra bendición. Bendecimos a todos los presentes, uno por uno. Khandjan declaró entonces que, siendo los huéspedes, según la costumbre turcomana, los miembros más queridos de la familia, podíamos circular sin trabas ni obstáculos no sólo entre su tribu, los kelte, sino también entre la de yomut, y que si alguno de ellos se atrevía a tocarnos un pelo de la cabeza, él sabría cómo obtener satisfacción por tal ultraje.

—Debéis permanecer con nosotros al menos dos semanas más —continuó nuestro anfitrión—, hasta que alguna caravana se dirija a Jiva. Descansad ahora, visitad las otras tiendas; un turcomano nunca permite que un derviche salga de su tienda con la mano vacía, y no os vendrá mal llenar bien vuestros sacos de pan, pues el viaje de aquí a Jiva y Bujará es largo.

Seguimos gustosos su consejo. Durante el primer día fui a visitar varias de las tiendas, en compañía de Khandjan, su hermano y amigos de la familia. Más tarde, acompañé a Hadji Bilal a impartir bendiciones o a visitar a los enfermos en compañía de Hadji Salih, que se especializaba mucho en el arte de curar. Mientras él administraba la medicina, yo bendecía al paciente, y era recompensado por ello con un pequeño trozo de tela, pescado seco y otras bagatelas. No sé si se debió al éxito de mis curaciones o a la curiosidad de la gente por ver al *hadji* de Roum, pero lo cierto es que los pacientes acudían en tropel a mí, y yo los trataba dándoles mi bendición, respirando sobre ellos o escribiéndoles talismanes. Aquí y allá, algunos escépticos me consideraban un emisario político y dudaban mucho que yo fuera un derviche, pero yo les prestaba muy poca atención.

El número de conocidos aumentaba cada día, y entre ellos se encontraban las personas más destacadas. La amistad de Kizil Akhond, cuyo verdadero nombre era Mulá Murad, me fue particularmente útil. Las recomendaciones de este distinguido erudito, que gozaba de respeto universal, me abrieron el camino a todas partes. Tenía en su poder un libro de teología mahometana, que había conseguido estudiando en Bujará, escrito en turco-otomano, que le resultaba difícil de entender, y tuve la oportunidad de complacerle proporcionándole la ayuda adecuada. Le agradó mucho mi conversación, y en todas partes habló de mí en los términos más elevados, elogiándome especialmente por mi gran conocimiento de los libros del islam.

Conseguí ganarme la simpatía de Satligh Akhond, otro sacerdote muy respetado. Cuando lo conocí, dio gracias a la Providencia, en una oración especial, por haberle permitido contemplar en mi persona a un musulmán de Roum, la verdadera fuente de la fe; y al comentar la gente en su presencia la blancura de mi tez, insistió en que ésta era la verdadera *nur-ul-islam*, la luz del islam que brillaba en mi rostro, y que era por la bendición de Dios el derecho de nacimiento sólo de los fieles occidentales. Tampoco dejé de cultivar la amistad de Mulá Durdis, que estaba investido con el rango de juez principal (cadí), pues pronto descubrí que los ulemas eran la única clase que podía ejercer alguna influencia sobre aquella gente salvaje.

Como especie de erudito, yo también participaba de la estima general, y puedo citar, a modo de ejemplo, el siguiente. En el territorio de Gomish Tepe había antiguas ruinas griegas, probablemente de un fuerte construido por Alejandro Magno, que dio nombre al asentamiento. Estas ruinas contienen los únicos muros de piedra que se encuentran en toda la zona. Al ser Gomish Tepe el principal asentamiento de los yomuts, se consideró apropiado erigir allí un templo a Dios, construido en piedra, sobre todo porque los materiales necesarios para ello se encontraban en abundancia en las ruinas cercanas. Fui elegido por Kizil Akhond, en mi calidad de derviche más erudito y experimentado, para determinar el lugar y la posición adecuada, en dirección a La Meca (llamada quibla), del altar (*mihrab*), tarea que realicé con gran facilidad.

En compañía de Kizil Akhond, hice una excursión de cuatro días al territorio de una de las tribus de los yomuts, que viven al este, y de los turcomanos gokleng. A nuestro regreso nos dijeron que Hadji Kari Mesud, uno de mis compañeros, que vivía en una tienda utilizada como mezquita, había sido robado. Se buscaron los objetos robados por todas partes, pero no se encontraron. Finalmente, el imán hizo anunciar públicamente que pronunciaría una maldición contra el ladrón, a menos que los bienes robados fueran devueltos a su legítimo propietario en un plazo determinado. La amenaza surtió efecto, pues apenas habían transcurrido veinticuatro horas cuando el ladrón hizo su aparición, arrepentido y humilde, trayendo consigo no sólo la propiedad robada, sino también algunos regalos de expiación. Al mismo tiempo, recibimos buenas noticias acerca de una caravana que se dirigía a Jiva. El kan de Jiva, a quien los médicos habían ordenado beber leche de búfala para su salud, había enviado a su *kervanbashi* (jefe de las caravanas) a Asterabad para comprar dos búfalos, ya que en sus dominios no existían. El *kervanbashi* ya había pasado por Gomish Tepe, y nosotros debíamos unirnos a su caravana y partir inmediatamente con él a su regreso. No podíamos desear un guía mejor, pues no había hombre más familiarizado con el desierto que él.

Me pareció muy extraño que muchos de los nuestros insistieran en que nos marchásemos, a pesar de que aquella pobre gente era agasajada de la manera más hospitalaria. «Nos es imposible —respondieron a mis preguntas— seguir presenciando las crueldades perpetradas contra estos pobres esclavos persas. Es cierto que son herejes y que tenemos que soportar muchos malos tratos al pasar por su país, pero lo que esta pobre gente debe sufrir sobrepasa todos los límites». El lector puede imaginar cuál debe haber sido el destino de estos esclavos persas bajo sus amos turcomanos, si incluso mis compañeros tártaros, que, es cierto, no conocen el comercio de esclavos

en su propio país, sintieron despertar su compasión ante el espectáculo de sus sufrimientos. Por lo general, estas pobres gentes son
arrancadas por la fuerza, durante la noche, del seno de sus familias,
y a menudo arrastradas hasta aquí cubiertas de heridas. Al pobre
hombre, una vez prisionero, se le quitan sus ropas, y recibe en su lugar unos escasos harapos que apenas bastan para cubrir su
desnudez, y se le colocan pesadas cadenas en sus extremidades, que
le hieren los tobillos y los talones, y le causan crueles dolores a cada
paso que da. De este modo, durante semanas sigue arrastrando una
existencia miserable a base de comida vulgar y, para evitar que huya
durante la noche, se le coloca un collar de hierro (*karabogra*) alrededor del cuello con el que se le encadena a una estaca, y el tintineo de
sus cadenas delata su más mínimo movimiento. Continúa en esta
triste situación hasta que es rescatado por sus parientes o enviado a
Jiva o Bujará para ser vendido.

No hay turcomano de clase acomodada cerca de cuya tienda no
se oiga el tintineo de las cadenas de un par de esclavos. Khandjan
también tenía dos esclavos, jóvenes de dieciocho a veinte años, y me
dolía el corazón cada vez que los veía arrastrar tras de sí sus pesadas
cadenas. Tuve la mortificación adicional de verme obligado a insul-
tarles y maldecirles en público, ya que la menor simpatía mostrada
hacia ellos habría despertado sospechas en mi anfitrión, sobre todo
porque se dirigían a mí más a menudo que a los demás, debido a mi
conocimiento de su lengua. El más joven de nuestros dos esclavos
domésticos, un hermoso joven de Irán, con rizos negros, me rogó que
escribiera una carta a sus padres, rogándoles, por el amor de Dios,
que vendieran su casa y sus ovejas, y lo rescataran. Hice lo que me
pedía. En una ocasión pensé que podría pasarle, sin ser observado,
una taza de té, pero cuando estaba a punto de tomarla de mis manos
alguien entró en la tienda. Sin embargo, no perdí la compostura ni
un minuto; fingí que sólo le había tomado el pelo, y el pobre hombre,
en vez de recibir una taza de té, tuvo que aguantar unos cuantos golpes suaves de mi parte, para mantener mi falsa pretensión. Durante

mi estancia en Gomish Tepe no pasó una noche sin que se oyeran disparos desde el mar anunciando la llegada de un esclavista.

Los habitantes de Gomish Tepe eran incansables en la organización de fiestas con fines devocionales, y en tales ocasiones toda la compañía *hadji* tenía que estar presente. Una vez quise excusarme, pero fui expulsado de mi tienda por un violento puñetazo en las costillas de mi pretendido anfitrión, siendo una regla de etiqueta turcomana que «cuanto más fuertes son los empujones, más cordial es la invitación». En estas ocasiones festivas se acostumbra a extender delante de la tienda del anfitrión algunos trozos de tela, o si la cosa se hace con gran estilo, alfombras, sobre las que se sientan los invitados en grupos de seis, formando cada grupo un círculo. Cada uno de estos grupos recibe un gran plato de madera, cuyo contenido varía en cantidad según la edad y el número de invitados, y cada uno se sirve con las manos, introduciéndolas en el plato hasta llegar al fondo. En cuanto a la calidad de los platos, cuanto menos se hable de ellos, mejor; sólo mencionaré, de pasada, que la carne de caballo y de camello está a la orden del día.

Mientras éramos huéspedes de Khandjan, éste celebró con un banquete la promesa de matrimonio de su hijo, un muchacho de doce años, con una muchacha de diez. Originalmente, los esponsales iban a celebrarse en el otoño siguiente, pero él aprovechó nuestra presencia para obtener nuestra bendición para la joven pareja. El *karaktchi* era un hombre notable, que también organizó un espectáculo en honor de nuestra fiesta. Este hombre, él solo y a pie, hizo prisioneros a tres persas y los condujo a la esclavitud a una distancia de trece kilómetros. Nos dio, como parte nuestra, la décima parte del botín, que era el diezmo perteneciente a los sacerdotes y que ascendía a dos *krans* para cada uno de nosotros; y cuando recitamos, bendiciéndole, la fátiha, el hombre estaba fuera de sí de alegría.

Después de pasar tres semanas en Gomish Tepe, empezamos a prepararnos para el viaje, y Khandjan prometió ayudarnos en todo. Renunciamos a la idea de comprar camellos debido al gasto que ello suponía, y decidimos alquilar, en su lugar, un camello por cada dos personas, que llevarían al mismo tiempo el agua y la harina de las dos. Este último plan, sin embargo, habría sido muy difícil de no ser por la ayuda que recibimos de Ilias Beg, que resultó ser el hombre que necesitábamos para nuestros propósitos. Este hombre difería de los demás en que tenía menos inclinaciones religiosas y era menos respetuoso con nuestro estatus de *hadjis*, pero observaba escrupulosamente las leyes de la hospitalidad. Era un turcomano de Jiva y pertenecía a la tribu yomut. Una vez al año cruzaba el desierto y visitaba este barrio por negocios, y durante su estancia en Gomish Tepe gozaba de la protección de Khandjan, sin la cual no habría estado más seguro que cualquier otro forastero. Generalmente, venía en otoño y se iba a partir en primavera con veinte o treinta camellos cargados, en parte, con mercancías propias y, en parte, con mercancías ajenas. En esta estación deseaba llevar consigo un mayor número de camellos, sin importarle que estuvieran desprovistos de carga, y el transporte de nuestro grupo le llegó en el momento oportuno. Khandjan le conminó solemnemente a que cuidara bien de nosotros.

«¡Responderás de su seguridad con tu vida, Ilias!», dijo, y éste, fijando los ojos en el suelo, como hacen siempre los nómadas cuando parecen ir en serio, se limitó a contestar: «Tú me conoces».

Acordamos con Ilias que le pagaríamos dos piezas de oro por el alquiler de cada camello que fuéramos a utilizar, pero que nos transportaría el agua y la harina gratuitamente. El dinero que había cosido en varias partes de mis harapientas vestiduras, sumado a lo que había recibido en dinero por mis bendiciones y maldiciones, me habría permitido alquilar un camello por mi cuenta, pero Hadji Bilal me persuadió de que no lo hiciera. Me dijo que la apariencia de miseria, que invitaba a la compasión, era la mejor protección contra los nómadas, cuyos instintos depredadores se despiertan al menor indicio de comodidad o confort en una persona. Mencionó los nombres de varios de nuestros compañeros que iban bien provistos de dinero, pero que, por razones de seguridad, se veían obligados a vestir harapos y a caminar a pie.

Cediendo a sus ruegos, yo también alquilé un camello en común con otro hombre; con la condición, sin embargo, de que se me permitiera hacer uso de un *kedsheve* (dos cestos, uno colgado a cada lado del camello), debido a la dificultad que experimentaría al sentarme, con mi pie cojo acalambrado, en compañía de otro hombre, durante cuarenta largas estaciones. Ilias no estaba dispuesto a acceder a mi petición, ya que en el desierto este *kedsheve* era una carga adicional para el camello, pero finalmente cedió a las persuasiones de Khandjan. Fue para mí un motivo de satisfacción adicional el haber conseguido que Hadji Bilal fuera mi vecino, o más bien mi contrapeso, pues cada día me resultaba más indispensable.

Una vez concluido el trato, pagamos a Ilias su alquiler por adelantado, según la costumbre. Hadji Bilal pronunció entonces la fátiha, e Ilias, tras alisarse los escasos pelos que representaban su barba y responder con un «amén» afirmativo, nos sentimos muy tranquilos con el acuerdo. Le instamos a que apresurara su partida, pero no quiso prometernos nada, pues la hora de su partida dependía de la del *kervanbashi* del kan de Jiva, que debía ir delante de la caravana con sus búfalos.

En Etrek, lugar situado a orillas del río del mismo nombre y primera parada en nuestro camino, íbamos a gozar de la hospitalidad de Kulkhan, el *piri viz* (barba gris de los ladrones) de Karaktchilar, que por casualidad se encontraba en Gomish Tepe, y a cuya gracia especial fuimos encomendados por Khandjan. Este viejo bribón tenía un aspecto taciturno y repulsivo. Cuando se enteró de que yo sería su huésped en Etrek, pareció estudiar mis facciones e, intercambiando susurros con Khandjan, pareció no estar de acuerdo con los demás. Muy pronto descubrí la razón de su desconfianza. En su juventud había viajado por toda Rusia, había pasado bastante tiempo en Tiflis y se había familiarizado bastante con la vida europea. Les dijo que había visto hombres de varias naciones, exceptuando a los osmanlíes, que también se decía que estos eran parientes de los turcomanos y que se parecían a ellos, pero que, para su sorpresa, no había nada en mis rasgos que indicara la más remota relación con ninguno de ellos. Hadji Bilal le respondió que estaba mal informado, pues él mismo había vivido mucho tiempo en Roum y nunca había observado el parecido del que hablaba. Kulkhan se apaciguó un poco con esta explicación, y, comunicándonos que partiría para Etrek dos días después, nos dijo que nos preparásemos para el viaje, pues, añadió, aunque Etrek estaba sólo a veinte kilómetros, no podríamos llegar sin él, y sólo esperaba el regreso de su hijo Kolman del *alamán* (partida de saqueo por los bandidos turcomanos).

Nos invitó, al mismo tiempo, a caminar hasta la orilla baja del Gorgán hacia el mediodía, cuando su hijo regresaría y nos alegraría con un espectáculo poco común. Como no tenía nada que hacer, me convencí fácilmente de ir a mezclarme con la multitud que ya estaba allí reunida, esperando ansiosamente la llegada de sus amigos.

Al poco rato, ocho jinetes turcomanos avanzaban al galope furioso hacia la orilla opuesta, trayendo consigo unos diez caballos de repuesto. Ojos ávidos, llenos de muda admiración, seguían cada movimiento de los jóvenes jinetes, que en un segundo habían cruzado nadando el Gorgán, alcanzado nuestra orilla, desmontado, y ahora extendían con indescriptible gravedad sus manos a sus amigos y parientes. Por mucho que despreciara su ocupación, no podía dejar de deleitarme con las varoniles formas de aquellos jóvenes, que con sus cortos trajes de montar, sus largos cabellos rubios cayendo en rizos sobre sus hombros, y con miradas desafiantes, eran objeto de la admiración general. Con esta demostración, incluso el malhumorado Kulkhan se animó un poco, y tras presentarnos a su hijo, que recibió la bendición de Hadji Bilal, nos separamos para ocuparnos de los últimos preparativos de nuestro viaje.

CAPÍTULO XIX

De Gomish Tepe al límite del desierto

S ALIMOS de Gomish Tepe al día siguiente a mediodía. Nos acompañaban Khandjan y otros amigos y conocidos nuestros. Permanecieron con nosotros durante una hora, y por más que le rogué a Khandjan que regresara, no pude inducirle a hacerlo. Insistía en observar rigurosamente las leyes de la hospitalidad turcomana, para no darme motivos de queja contra él. Con gran pesar intercambié con él un último abrazo de despedida, pues había aprendido a quererle como a uno de los hombres más nobles, que, desinteresadamente y sin ninguna ganancia personal, nos había hospedado hospitalariamente a mí y a otras cinco personas durante un tiempo considerable. Sentí pena de no poder corresponder a tanta amabilidad, pero lo que más lamenté fue haberme visto obligado a engañar a este amigo de la mayor confianza con mi disfraz y mis falsedades, por otro lado, obligatorias.

Avanzamos en dirección noreste a través de una llanura interminable. Nuestra pequeña caravana, compuesta por los camellos de Ilias y seis caballos, avanzaba en orden, pues Kulkhan nos había informado de que en esta parte de la comarca había *karaktchis* que no reconocían su autoridad y no dudarían en atacarle si se creían más fuertes. Ilias me cedió hasta Etrek un caballo que había conseguido de Kulkhan, para evitarme la incomodidad de montar en camello. Pero cada vez que encontrábamos un charco, tenía que compartir mi silla con uno de nuestros compañeros, que iba a pie, y se agarraba a

mi ropa con tal violencia que casi me tiraba del asiento. En una ocasión tuvimos que atravesar un pantano cubierto de juncos, que servía
de cobertura a una inmensa piara de jabalíes o cerdos salvajes.

Kulkhan e Ilias habían cabalgado por delante para descubrir algún camino indirecto por el que la caravana pudiera esquivar a
aquellos animales salvajes. Mientras tanteaba cautelosamente el camino con un compañero en la silla de montar, mi caballo dio un
brusco respingo y, antes de que pudiera darme cuenta de lo que había sucedido, ambos estábamos tirados en el suelo. Entre los rugidos
de risa de mis compañeros, oí algo parecido a un cruce entre un chillido y un aullido, y al volverme para descubrir el lugar de donde
procedían estos sonidos, vi ante mí dos cerdos salvajes jóvenes con
los que había tropezado. Su madre había asustado a mi caballo y, al
oír el chillido de su cría, se acercó a nosotros con furia, mostrando
sus colmillos; y se habría abalanzado sobre nosotros si Shirdjan, el
hermano de Ilias, no se hubiera dado cuenta de nuestra precaria posición y se hubiera colocado con su lanza en alto entre nosotros y el
enfurecido animal. Entretanto, los cerdos jóvenes se habían escabulli-
do, y su madre se puso de cola y regresó a su guarida.

El hijo de Kulkhan atrapó al caballo desbocado y me lo trajo con
la observación de que yo era un hombre afortunado por haber escapado a la muerte de un cerdo salvaje. Pues quien recibe la muerte de
un animal así entra en el otro mundo en un estado de impureza, por
muy piadosa que haya sido su vida, y debe sufrir los fuegos del infierno durante quinientos años antes de poder purificarse de nuevo,
e incluso entonces no completamente.

Pasamos la primera noche en un grupo de tiendas en casa de un
primo de Kulkhan. Ya sabían de nuestra llegada, y mis hambrientos
amigos *hadjis* interpretaron el humo que se elevaba por encima de las
tiendas, y que vimos al acercarnos, como una señal de buen ánimo
venidero. Los otros *hadjis* y yo nos acuartelamos en la estrecha tienda
de Allah Nazr. Este anciano turcomano, pobre y necesitado como
era, enloqueció de alegría al ver que el cielo le enviaba huéspedes para agasajar. Sólo tenía una cabra, pero la mató para honrar a sus

invitados. Al día siguiente consiguió pan para nosotros, cosa que no había en su casa desde hacía semanas; y al vernos rodear el plato lleno de carne y caer rendidos por nuestro tremendo apetito, nuestro anfitrión y su anciana ayudante, que se habían sentado frente a nosotros, derramaron lágrimas de alegría, en el sentido literal de la expresión. Allah Nazr no quiso conservar para sí ninguna parte del animal que así se nos ofrecía; sus cuernos y pezuñas, que quemados hasta hacerlos polvo se usan con efecto en las llagas de los camellos, se los dio a Ilias; a mí me destinó la piel para que sirviera de recipiente para el agua, después de haberla frotado bien con sal y secado cuidadosamente al sol.

Al día siguiente reanudamos la marcha. En esta estación tomé por primera vez posesión de mi cesta, habiendo colocado sacos de harina como contrapeso en la otra cesta; pues mi amigo Hadji Bilal deseaba privarse de este lujo aquel día. Llevábamos apenas dos horas avanzando cuando perdimos de vista los verdes campos y nos topamos con un suelo melancólico que emitía el penetrante olor de la sal. Estábamos en el desierto. Cuanto más nos acercábamos a la cresta de la montaña llamada Kara Sengher (muralla negra), más blanda se volvía la tierra bajo nuestros pies, y se convirtió en una ciénaga cuando llegamos muy cerca de la montaña. Los camellos, con las patas separadas, tenían muchos problemas para no resbalar, y yo corría el peligro de que me volcaran y me arrojasen al suelo, con cesta y todo. Consideré más prudente desmontar por mi cuenta, y después de una hora y media de espantosa lucha, conseguí escalar el Kara Sengher, desde donde poco después llegamos a la *ova* (tienda) de Kulkhan.

Cuando llegamos allí, me sobresalté al ver que Kulkhan me conducía inmediatamente a su tienda y me ordenaba con gran énfasis que no saliera de ella hasta que me llamara. Pocos minutos después le oí fuera, regañando a su mujer y reprochándole que nunca fuera capaz de encontrar las cadenas cuando las necesitaba, y ordenándole que se las buscara inmediatamente. Al oír esto empecé a sospechar que algo iba mal. Varias veces entró en la tienda mostrando un semblante sombrío, pero sin dirigirme nunca una sílaba. Mis sospechas aumentaron, y de pronto me pareció extraño que Hadji Bilal, que rara vez me dejaba solo, no hubiera estado cerca de mí durante un tiempo considerable. Los más terribles recelos me abrumaban; el fatal tintineo de las cadenas fuera de la tienda continuaba. Por fin vi que mis temores eran infundados, pues al acercarse las cadenas descubrí que estaban destinadas al pobre esclavo persa que había sido arrastrado con nosotros hasta este lugar. A continuación, Kulkhan preparó té, y cuando hubimos tomado un poco, me hizo señas para que le siguiera a una nueva tienda, contigua a la suya, especialmente levantada para mi uso. Aquello iba a ser una sorpresa, y de ahí la misteriosa manera que me había dado tanto susto.

Debo confesar que ésta no fue ni la primera ni la última vez que el aspecto sombrío y los actos sospechosos de los turcomanos, que más tarde resultaron ser mis mejores amigos, llenaron mi mente con todo tipo de horrores. Nunca me sentí del todo seguro en cuanto a mi futuro, y el único consuelo que me quedaba era mi cojera, que me hacía bastante inútil a los ojos de los traficantes de esclavos. Por supuesto, a medida que pasaba el tiempo, empecé a acostumbrarme a esta perpetua ansiedad y, a pesar del peligro constante en que me encontraba, recuperé mi buen humor, y mi ingenio y mis bromas no sólo regocijaban a mis compañeros *hadjis*, sino incluso al más huraño hijo del desierto, y el comentario habitual de los turcomanos era:

—Ese *hadji* cojo de Roum es un tipo alegre; seguro que es un gran fiestero.

CAPÍTULO XX

En el desierto

EL camino que recorrimos no mostraba huellas de pisadas de hombres ni de camellos, y tomando por guías el sol durante el día, y la estrella polar durante la noche, mantuvimos nuestro rumbo recto hacia el norte. Los turcomanos llaman a la estrella polar *Temir Kazik* (clavija de hierro) por su inmovilidad. Los camellos que formaban una larga fila y estaban atados entre sí eran conducidos por hombres a pie. De este modo trotamos por el suelo arenoso sin interrupción hasta bien entrada la puesta del sol. El suelo arenoso cesó gradualmente y sentimos de verdad el suelo sólido y liso bajo nuestros pies. El traqueteo de los camellos sonaba a lo lejos como si acompasaran el tiempo. El día estaba casi amaneciendo cuando nos detuvimos, pero en total sólo habíamos recorrido cuarenta kilómetros; los camellos no pudieron esforzarse al principio, y nuestro avance se vio retrasado, además, por la lentitud de los búfalos, los miembros más distinguidos de nuestro grupo de viaje, que con sus enormes cuerpos eran incapaces de seguir el ritmo de los camellos.

Nuestro descanso duró desde el amanecer hasta las ocho de la mañana, y mientras los camellos se alimentaban de cardos y zarzas del desierto, nosotros tuvimos tiempo de ocuparnos de nuestro desayuno. Bien podríamos decir que nuestro desayuno fue excelente, pues teníamos suficiente agua para mojar nuestro pan ácimo. Mientras acampábamos cerca unos de otros, observé que el *kervanbashi*, mientras hablaba con Ilias y los jefes de los *hadjis*, me había mirado

fijamente varias veces. Yo adivinaba fácilmente el tenor de su conversación, pero, fingiendo no preocuparme lo más mínimo, seguí
hojeando el Corán con gran devoción durante un rato; y luego, ce-
rrando el libro, me levanté y dirigí mis pasos hacia la pequeña
compañía como si quisiera unirme a ellos. Cuando me acercaba, tanto el buen Ilias como Hadji Salih se apresuraron a encontrarme a
mitad de camino, y llamándome aparte me informaron de que el *ker-*
vanbashi sospechaba de mí y estaba decidido a no llevarme con él a
Jiva. Temía especialmente la cólera del kan, pues hacía algunos años
que había llevado consigo a Jiva a un enviado de los *firangis*, que había hecho un dibujo exacto de todo el camino, sin omitir, debido a su
infernal habilidad, ni un solo pozo o colina. El kan, furioso por este
hecho, ejecutó inmediatamente a dos de los hombres que habían informado al viajero, y perdonó la vida al *kervanbashi* sólo gracias a una
protección muy influyente que éste había conseguido obtener a su
favor.

—Después de mucha persuasión —continuaron mis hombres—,
conseguimos convencerle de que te llevara con él, con la condición
de que permitieras que te registraran, en primer lugar, para ver si no
llevabas contigo dibujos o lápices de madera como los que suelen llevar los *firangis,* y, en segundo lugar, que prometas no hacer ninguna
anotación secreta de los caminos y las montañas; si no aceptas, te dejará atrás en medio del desierto.

Escuché su discurso con suma paciencia, pero en cuanto terminaron adopté el aspecto de alguien furiosamente excitado, y
volviéndome hacia Hadji Salih dije en voz lo suficientemente alta como para que llegase a oídos de los *kervanbashi*:

—Hadji, tú me viste en Teherán y sabes quién soy. Dile a Amandurdi que a un hombre honrado como él no le conviene escuchar las
palabras de un *binamaz* (hombre que no reza sus oraciones) borracho
como este afgano. No está permitido jugar con la religión, y si me llama una vez más infiel de Jiva le demostraré en Jiva qué clase de
hombre soy.

Pronuncié las últimas palabras en un tono tan alto que todos los que iban en la caravana me oyeron, y mis compañeros derviches se enfurecieron tanto que, si no los hubiera retenido, habrían caído en el acto sobre el embrutecido afgano comedor de opio que había estado tratando de excitar las sospechas del *kervanbashi* contra mí. Amandurdi más que ningún otro se sobresaltó con esta escena, y le oí responder a cada persona que se le acercaba para preguntarle por el suceso: «¡Sólo Dios sabe!».

No era en modo alguno un mal hombre; al contrario, tenía un carácter afable y era muy inteligente; pero, como todos los orientales de pura cepa, se sentía atraído por cualquier cosa que pareciese misteriosa, y fue esta tendencia la que le hizo suponer que yo era un extranjero disfrazado, aunque nunca dejaba de dirigirse a mí en cuestiones de religión, pues había oído hablar en Gomish Tepe de mi reputación como erudito. Esta vez había conseguido alejar el peligro inminente, pero sentía que la desconfianza hacia mí iba en aumento y que me resultaría sumamente difícil hacer el más mínimo informe, incluso de mis viajes. Ni siquiera podía preguntar directamente los nombres de las diversas estaciones, y sólo de manera indirecta, por las buenas o por las malas, podía obtener alguna información sobre una cosa u otra y consignarla después, con gran secreto en mis notas. Debo recordar a mis lectores que el afgano que se propuso causar mi ruina era un fugitivo de Kandahar en la época en que sir Henry Rawlinson estaba al mando de aquel lugar. Mir Mohamed, que así se llamaba, sentía un odio indecible contra todos los europeos, y particularmente contra los ingleses; y suponiendo que yo pertenecía a esa nación, no cejó en su empeño de penetrar mi disfraz y denunciarme como espía, a quien pronto seguiría un ejército invasor.

Después de un breve descanso continuamos nuestro viaje, pero observé que después de haber marchado durante unas dos horas, la caravana empezó a aflojar el paso. Un par de turcomanos se habían apeado de sus camellos y parecían estar investigando cuidadosamente a derecha e izquierda los montículos bajos, un gran número de los cuales podían verse por todas partes a nuestro alrededor. Me informaron de que Eid Mohamed, uno de nuestros compañeros de viaje, estaba tratando de localizar la tumba de un hermano suyo, que había caído por aquí, el año pasado, en un ataque que le hicieron, después de haberse defendido heroicamente. Eid Mohamed había traído un ataúd para llevar los restos a Jiva. Debían de ser las dos de la tarde cuando se encontró la tumba y comenzó la exhumación. Tras las oraciones de rigor y la recitación de algunos versículos del Corán, ceremonias en las que yo también tuve que participar con la mayor devoción, el cadáver medio descompuesto fue envuelto en trapos y colocado en el ataúd. Cuando terminaron las ceremonias fúnebres, Eid Mohamed horneó pan en aquel lugar y lo distribuyó entre nosotros. Volvimos a ponernos en marcha, siempre hacia el norte. Teníamos que recuperar el tiempo perdido, y el *kervanbashi* dio la orden de marchar toda la noche. Hacía buen tiempo y, acurrucado en mi cesta, contemplaba con intenso deleite el firmamento estrellado, cuya belleza trascendental sólo puede apreciarse en el desierto. Pero el sueño no tardó en imponerse. No llevaba una hora dormido cuando me despertaron varias personas gritándome:

—*Hadji*, mira tu *kiblenuma* (brújula), parece que nos hemos perdido.

Inmediatamente saqué mi encendedor de pedernal y eslabón, y encendiendo chispas con él prendí la yesca, por cuyo fuego humeante percibí que íbamos hacia el este en vez de hacia el norte. El *kervanbashi* se asustó, pensando que nos habíamos acercado a los peligrosos pantanos, y decidió no moverse hasta el amanecer. Afortunadamente, habíamos abandonado el camino correcto sólo media hora antes, cuando el cielo estaba nublado. A pesar del retraso, llegamos a tiempo a la parada a la que nos dirigíamos y soltamos a nuestros cansados animales para que se alimentaran de cardos y pastos similares.

El 15 de mayo nuestro camino atravesaba una región salvaje, surcada en todas direcciones por barrancos. Los pobres camellos sufrieron mucho. Van atados unos a otros de tal manera que un extremo de la cuerda se ata a la cola del camello que va delante, y el otro extremo se sujeta a la nariz, a través de un agujero perforado a tal efecto, del camello que le sigue. Ahora bien, si el pobre animal se detiene por cualquier causa, aunque sólo sea un minuto, los que le preceden le tiran de la nariz, de un modo tan despiadado, que a menudo he visto cómo se rompía la cuerda. Para aliviar a los pobres animales, desmontamos varias veces durante las cuatro horas que caminamos por la arena profunda.

Había tres caminos diferentes por los que se podía atravesar el desierto, pero aún ignorábamos cuál de ellos elegirían los *kervanbashi*. Debido a que la caravana puede ser atacada por merodeadores en cualquier momento, es muy necesario mantener en secreto la verdadera ruta. Pero en la etapa actual de nuestro viaje era fácil predecir que debíamos tomar el camino del medio, pues el agua se nos estaba acabando y el depósito de agua que tanto necesitábamos se encontraba en esa ruta. Esa noche fuimos favorecidos por la buena fortuna en nuestra marcha, pues la cuerda que mantenía unidos a los camellos se rompió dos veces. Cuando ocurre algo así, se envía a un par de hombres a buscar a los animales para traerlos de vuelta, y la caravana continúa su marcha. Uno de los miembros de la caravana, sin embargo, es elegido para mantener una conversación continua con los hombres enviados, mientras se alejan, para evitar que se pierdan en la oscuridad de la noche. El melancólico sonido de la voz de este hombre es su única guía en la oscuridad, y pobre de ellos si un viento contrario les impide oírla.

El 16 de mayo divisamos en dirección nordeste la cadena montañosa de Kurendag, y llegamos a ella en la tarde del mismo día. En Etrek nos habían dicho que podíamos esperar encontrarnos en este lugar con turcomanos yomut amistosos; no obstante, reinaba una ansiedad general al respecto, pues el temor a la posibilidad de ser atacados por alguna banda hostil era tan grande como la expectativa de encontrarnos con los primeros. Enviamos a un valiente turcomano a investigar los alrededores. Poco después divisamos unas tiendas solitarias y, disipados nuestros temores, nos preguntamos con qué tribu nos encontraríamos. Al fin y al cabo eran yomuts, y pasamos todo el día con ellos.

Me sorprendió gratamente encontrar cerca de las montañas Kurendag unas viejas ruinas; se cuenta que son las ruinas de la Kaaba, y que Dios, por su especial amor a los turcomanos, colocó primero la Kaaba aquí, pero que Goklen, un demonio azul y cojo, la derribó, tras lo cual Dios llevó la Kaaba a La Meca. Y esta fue la razón por la que los turcomanos vivieron en constante enemistad y guerra contra los gokleng, descendientes de Goklen.

Los nómadas que vivían en los alrededores acudían en masa a ver la caravana y a comerciar con algunos de sus miembros. Al anochecer, mientras nos preparábamos para partir, una de las vacas búfalo regaló a la caravana un ternero sano, para gran satisfacción del *kervanbashi*. En el camino se le ocurrió que el ternero era demasiado débil para seguirnos a pie y que debía encontrarle un sitio a lomos de uno de los camellos. Como Hadji Bilal y yo éramos los únicos que ocupábamos un cesto, pensó naturalmente en nosotros y pidió que uno de los dos cediera su sitio al recién nacido. Hadji Bilal renunció a su cesta con la mayor prontitud, alegando que lo hacía por sentimientos amables hacia mí, que con mi pie cojo no podía encontrar acomodo en todas partes. Pero en cuanto mi contrapeso ocupó el lugar del *hadji*, descubrí la verdadera causa de su gran complacencia: el ternero exhalaba un olor pestilente. Era pasable por las noches, interfiriendo sólo ocasionalmente con mi sueño, pero durante el día, cuando el sol brillaba con fuerza, apenas podía soportar a mi oloroso vecino. Por suerte para mí, esta agonía no duró mucho, pues el ternero se despidió de esta vida tres días después.

Desde el lugar de donde partimos el 18 de mayo, se calculaba que el Gran Balcán estaba a dos días de marcha y Jiva a doce. Nuestros guías esperaban que encontrásemos agua de lluvia en las tierras llanas. Habíamos llenado por última vez nuestras cantimploras con el agua cenagosa de los dos miserables depósitos de agua de Kurendag, y tal como era, se había convertido, al ser sacudida sobre los lomos de los camellos, en una masa líquida de barro, repugnante tanto al olfato como al gusto. Tuvimos, sin embargo, que ser muy ahorrativos en su uso, pues no había ninguna perspectiva de obtener agua antes de pasar el Gran Balcán. A partir de entonces, nuestra marcha se hizo más regular. Generalmente, hacíamos tres paradas diarias, de una hora y media y dos horas de duración. La primera era antes del amanecer, cuando horneábamos la ración de pan de un día; la segunda a mediodía, para dar un poco de descanso tanto a los animales como a los hombres, y la tercera, antes de la puesta del sol, para tomar nuestra modesta cena, consistente en un poco de pan y unas gotas de agua cuidadosamente repartidas. El suelo del territorio por el que pasamos era de arcilla endurecida que producía escasamente y a intervalos unas pocas briznas de hierba enfermiza. El sol abrasador marcaba toda la superficie con mil grietas ardientes. Es terriblemente fatigoso para el viajero ver ante sí eternamente la llanura sin límites de la que se ha desterrado todo vestigio de vida, hasta el punto de que incluso la llegada a una nueva parada es todo un alivio, ya que proporciona cierto descanso del movimiento oscilante del camello.

Al día siguiente, hacia el mediodía, las Pequeñas Montañas Balcánicas se alzaban ante nosotros en la brumosa distancia. Los turcomanos me hablaron en términos muy elogiosos de la extensión y el tamaño de esta cadena montañosa, así como de su belleza y riqueza mineral. Los *kervanbashi*, por lo demás siempre despiertos, sintiéndose oprimidos por el sueño al caer la tarde, dejaron la caravana al cuidado del jefe de los camellos, quien nos condujo a tal peligro que todos estuvimos a punto de perder la vida. Hay al pie de los Balcanes muchas salinas, cubiertas de una espesa superficie blanca, formada por depósitos de sal, que es difícil distinguir del suelo firme. A una de ellas nos llevó el sustituto del *kervanbashi*, y ya habíamos avanzado tanto que los animales, debido a lo inestable del suelo bajo sus patas, se negaron a continuar a pesar de todas las insistencias. Rápidamente saltamos de nuestros animales, y mi susto puede imaginarse cuando al tocar tierra tuve una sensación de balanceo como si estuviera sentado en un columpio, el suelo aparentemente cedía bajo mis pies. El pánico se generalizó. Finalmente, el *kervanbashi* gritó que cada uno se quedara donde estaba hasta el amanecer, cuando pudiéramos salir de nuestra peligrosa posición. Durante tres horas mortales no nos atrevimos a movernos y tuvimos que permanecer inmóviles en nuestros sitios, teniendo además que sufrir el penetrante olor a sosa, que nos mareaba la cabeza.

Por fin, el horizonte gris del este adoptó los tintes rosados del amanecer que nuestros corazones habían estado anhelando. Con gran esfuerzo y dificultad, la caravana consiguió salir de aquel cenagoso escollo y volver sobre sus pasos hasta la pista firme. Si nos hubiéramos adentrado un poco más en las salinas, parte de la caravana, si no toda, habría estado condenada a una destrucción segura. El 20 de mayo llegamos al Pequeño Balcán, que se extiende desde el sudeste hasta el noroeste. Marchamos a lo largo de su pie ese día y todo el día siguiente. El *kervanbashi* declaró que acabábamos de llegar al verdadero desierto. Pronto llegamos al antiguo lecho del Oxus y, cruzándolo, entramos por el lado opuesto en una alta meseta. Poco a poco, la cadena montañosa de los Balcanes se desvaneció en la distancia azul y el desierto se extendió ante nosotros en toda su terrible grandeza. Aquí el hombre se siente abrumado por la idea del infinito. La impresión producida por la ausencia de todo sonido, por el mismo cambio de color y aspecto del sol, es indescriptible. Hasta entonces siempre había creído que el encanto del desierto existía principalmente en la calenturienta imaginación de los viajeros entusiastas, pero viví para no ser engañado en esta suposición mía.

Acampamos cerca de Yeti Siri el 22 de mayo. Este lugar debe su nombre a siete pozos que existieron allí en la antigüedad, y la mayoría de los cuales están ahora secos. En uno o dos de ellos se puede encontrar todavía un poco de agua, pero es imbebible debido a su sabor salado y olor desagradable. El *kervanbashi* nos consoló con la esperanza de encontrar agua de lluvia hacia el atardecer, pero en ese momento yo no estaba dispuesto a cambiar la poca agua que quedaba en mi cantimplora —abundantemente mezclada con barro— por el maloliente contenido de los pozos. Se dio de beber a los animales, y varios de los hombres compitieron ávidamente con ellos en beber de esta agua. Después de descansar un poco, reanudamos la marcha y, en nuestro camino, observamos por casualidad, sobre un montículo de arena, elevado por encima de los pequeños montones de arena, dos *kedsheves* vacíos. En opinión de mis compañeros de viaje, estos cestos de madera habían pertenecido a algunas personas que habían muerto en este lugar, y los turcomanos veneran todo objeto que alguna vez haya sido poseído por el hombre. Extraña anomalía, la de considerar que vender hombres como esclavos y llevar la desolación a un país son actos encomiables, y unir a tales opiniones un tierno sentimiento de piedad por una cesta de madera, sólo porque un hombre se sentó una vez en ella.

Al anochecer fuimos a pie con el *kervanbashi* y un par de turcomanos en busca de la esperada agua de lluvia. Todos íbamos bien armados y buscamos agua en distintas direcciones. Yo seguía al *kervanbashi*, con el que me llevaba muy bien desde mi último rifirrafe. De pronto, divisó unas huellas en la arena y, encendiendo nuestra yesca, las seguimos a su débil luz hasta la boca de una caverna. Entramos después de una ligera vacilación, y contemplamos allí, para nuestro mayor horror, a un hombre en perfectas condiciones salvajes, con el pelo y la barba largos y desaliñados, y enormes uñas, envueltas en pieles de gamuza. Al vernos, él también se sobresaltó y, empuñando su lanza, se abalanzó sobre nosotros. Yo retrocedí lo más rápidamente que pude, pero mi compañero permaneció perfectamente tranquilo, y soltando el brazo que había levantado y diciendo en voz baja: ¡*Aman bol!* (¡La paz sea contigo!), abandonó aquel espantoso lugar. No atreviéndome a hacer demasiadas preguntas, al regresar me enteré por el *kervanbashi* de que el hombre que habíamos visto era un *kanli dir* (un hombre manchado de sangre). Más tarde me dijeron que este infeliz ser había huido de la justa venganza por el derramamiento de sangre, y que llevaba años vagando, verano e invierno, por el desierto.

Nuestros compañeros, al igual que nosotros, regresaban con las manos vacías de su búsqueda de agua, de la que no se encontraba el menor indicio. Era espantoso pensar que las pocas gotas de heces fangosas que aún poseía se agotarían ese mismo día. Aquella noche comí unos trozos de pan mojados en agua hirviendo, pues había oído decir que el agua perdía su sabor amargo al hervirla. Decidí soportarlo todo pacientemente, pues, en comparación con muchos de mis compañeros, tenía sobrados motivos para estar satisfecho de mi estado, ya que gozaba de buena salud y ellos sufrían mucho por las consecuencias de haber bebido del agua salobre. Se sospechaba que algunos de los turcomanos habían escondido para ellos una cantidad de agua potable. Pero confiar en que, en el desierto, a uno se le suministre agua que pertenece a otra persona, sería el colmo de la locura; y, de hecho, cualquiera que desee pedir agua prestada o mendigar agua en el desierto es considerado un demente.

Había perdido el apetito y no podía tragar ni siquiera unos trozos de pan. Me dejé caer en el suelo, exhausto y débil, y me compadecí de mi duro destino, cuando de repente vi que todo el mundo se levantaba y se agolpaba alrededor del *kervanbashi*, y que algunos me hacían señas para que me uniera a ellos con mi cantimplora. La palabra «agua» bastó para infundirme nueva vida; me levanté de un salto del suelo en que estaba tendido, y al llegar a la multitud vi que el *kervanbashi* repartía unos dos vasos de agua dulce y clara a cada miembro de la caravana. Este valiente turcomano nos dijo después que durante años había tenido la costumbre de almacenar en lugares secretos grandes cantidades de agua, para distribuirla en momentos de gran necesidad, cuando todos se beneficiaban de ella. Este es un gran *sevab* (acto piadoso), pues un proverbio turcomano dice: «Una gota de agua dada al sediento en el desierto lavará los pecados de cien años».

Es tan difícil determinar la grandeza de una acción tan buena como describir el placer que proporciona un trago de agua dulce. Se me quitaron las ansias de comer, no sentí más hambre y pensé que podría soportar estar sin agua durante tres días. En cuanto a la bebida, estaba bien de nuevo, pero todo había ido mal con el pan. Por falta de apetito y en un arrebato de indolencia, pensé que en vez de usar leña como combustible, que tardaría algún tiempo en conseguir por estar a cierta distancia, usaría estiércol de camello —el combustible habitual del desierto—, pero de éste también había recogido bastante menos de lo necesario. Puse la masa en las cenizas calientes, pero no había suficiente calor para cocerla y convertirla en pan, aunque la hubiera dejado allí durante una semana. Fui rápidamente a buscar leña, aunque ya había oscurecido cuando regresé. Inmediatamente me puse a encender un pequeño fuego, pero apenas lo percibió el *kervanbashi*, gritó preguntando:

—¿Quieres delatar nuestra caravana al enemigo con ese humo?

Tuve que apagar el fuego de inmediato y llevarme el pan ácimo a medio hacer.

El 23 de mayo los rayos del sol caían sobre nuestras cabezas con un calor abrasador. La arena se calentaba tanto que hasta el asiático más curtido, que nunca había llevado zapatos ni botas en los pies, se veía obligado a abrocharse alrededor de ellos un trozo de cuero, a modo de sandalia. Sólo diez años más tarde, cuando un ejército ruso, dirigido por el coronel Markusov, había atravesado esta parte del desierto, supe que el calor en el mes de mayo alcanzaba unos 67 grados centígrados, ¡al sol! No es de extrañar que el efecto de la bebida refrescante del día anterior desapareciera pronto y que la sed empezara a acuciarme de nuevo.

A mediodía, el *kervanbashi* nos informó de que no estábamos lejos de Kahriman Ata, lugar de peregrinación. Por obligación tuvimos que desmontar y caminar durante un cuarto de hora hasta llegar a la tumba del santo, donde realizamos nuestras devociones. Es fácil imaginar mi angustia al verme obligado, agotado por el calor y medio muerto de sed, a unirme al grupo de peregrinos. Las tumbas se alzaban sobre una loma; los peregrinos se agolpaban a su alrededor y gritaban con la garganta seca, *telkins* y citas del Corán. Oh santo cruel, pensé en mi interior, ¿no podrías habértelas arreglado para que te enterraran en algún otro lugar, a fin de ahorrarme las torturas de esta peregrinación? Ahogado y sin aliento, me desplomé sobre la tumba, que tenía unos diez metros de largo y estaba cubierta de cuernos de carnero, que en Asia central se considera un símbolo de supremacía. El *kervanbashi* nos contó que el santo que descansaba en su tumba era un gigante, tan alto como larga era la tumba, y que hacía mucho tiempo había defendido los pozos de los alrededores contra los espíritus malignos que habían amenazado con bloquearlos con piedras.

Los innumerables montículos más pequeños que rodeaban la tumba del santo señalaban los lugares donde dormían su sueño eterno los pobres viajeros que habían perdido la vida en distintos lugares del desierto, bien a manos de ladrones, bien por la acción de los elementos. Al oír hablar de los pozos bajo el patronazgo del santo, mi corazón se alegró con una nueva esperanza, pues pensé que encontraríamos agua potable en los alrededores. Me apresuré a ser de los primeros en llegar al lugar designado. Divisé un manantial de color parduzco y me serví un poco de agua en el hueco con la mano. Estaba fría como el hielo, pero cuando me la acerqué a los labios tuve que dejar de probarla, pues era salobre, amarga y maloliente. Mi depresión se hizo extrema; por primera vez empecé a alarmarme seriamente por mi futuro.

Por suerte para nosotros, durante la noche se desató una fuerte tormenta, la lluvia caía en grandes gotas, y hacia la mañana llegamos al borde más extremo de la arena. Tardamos tres días en atravesarla. Estábamos seguros de encontrar en ese camino abundante agua de lluvia en el suelo arcilloso. El *kervanbashi*, a juzgar por las numerosas huellas de gacelas y asnos salvajes, adivinó con certeza el cumplimiento de nuestra esperanza, pero, no ofreciendo voluntariamente ninguna opinión propia, se limitó a seguir adelante, y muy pronto descubrió, con sus ojos de lince, a gran distancia, un charco de agua de lluvia. *¡Su! ¡Su!* (¡agua!, ¡agua!) fue la exclamación de todos cuando el *kervanbashi* comunicó su descubrimiento.

Llegamos allí hacia el mediodía, y encontramos en nuestro camino, además del gran estanque que habíamos visto a lo lejos, numerosos pozos llenos de la más dulce agua de lluvia. Fui el primero en correr hacia ellos, no para beber, sino para llenar mi bolsa de piel de cabra y otros recipientes con el precioso líquido antes de que se enturbiara al ser removido. Un cuarto de hora después, todo el mundo se sentaba a desayunar con una sensación de infinito deleite.

Desde esta estación hasta Jiva pudimos llenar sin interrupción nuestros odres con agua dulce, y nuestro ulterior avance se convirtió, comparativamente hablando, en contraste con nuestras experiencias anteriores, en un viaje de placer. Al atardecer llegamos a un lugar donde todo indicaba el dominio de un auténtico manantial, y acampamos en medio de pequeños lagos situados en el marco de verdes praderas. Mis pensamientos volvieron involuntariamente a mi triste situación anterior, y con cierta dificultad pude persuadirme de que el paisaje que tenía ante mí no era un sueño ocioso. Para mayor satisfacción, el *kervanbashi* anunció a la caravana que el peligro de ataques había pasado y que se nos permitiría encender el fuego después de esta noche. Nuestros compañeros turcomanos atribuyeron la abundancia de agua al hecho de que nosotros, los *hadjis*, habíamos estado con ellos. Rellenamos nuestras cantimploras y proseguimos alegremente nuestro viaje.

CAPÍTULO XXI

En Jiva

HACIA el atardecer llegamos al barranco más allá del cual se extendía la llamada llanura de Kaplankir (tierra de tigres). El ascenso a esta meseta, de unos noventa metros de altura, fue excesivamente fatigoso tanto para los hombres como para los animales. Los turcomanos afirman que Kaplankir era antiguamente una isla rodeada por dos brazos del río Oxus, que fluían a su alrededor. Es innegable que esta extensión de tierra difiere en gran medida del desierto circundante en su estructura, la exuberancia de su vegetación y el gran número de animales que alberga. Es cierto que hasta ahora nos habíamos encontrado con gacelas solitarias y asnos salvajes, pero aquí los vimos pastando en bandadas de cientos. En una ocasión vimos una inmensa nube de polvo que se aproximaba desde el norte, acercándose cada vez más. Los *kervanbashi* y los turcomanos tomaron inmediatamente sus armas, y su impaciencia aumentaba cuanto más se acercaba la nube. Finalmente, logramos descubrir que, al parecer, era causada por una tropa de jinetes que avanzaba a todo galope, en línea regular. Los turcomanos bajaron las armas.

A cincuenta pasos de nosotros percibimos un rebaño de animales que corrían salvajemente y casi ocultos por el polvo; y un minuto después oímos un ruido que recordaba la súbita parada de una tropa de mil jinetes en línea. Vimos ante nosotros innumerables asnos salvajes, que se detenían de repente en filas apretadas. Estos animales fuertes y vivaces se quedaron mirándonos un segundo, y luego partieron como un torbellino en dirección oeste.

El 28 de mayo llegamos a Shor Gol (lago salado), en la meseta de Kaplankir. Nos tomamos un descanso de seis horas para hacer las abluciones ordenadas por el islam, que durante algún tiempo nos habíamos visto obligados a descuidar. En esta ocasión, mis compañeros de viaje abrieron sus fardos y cada uno de ellos encontró en ellos una camisa de repuesto; yo era el único que no tenía ninguna. Hadji Bilal me ofreció prestarme una, pero la rechacé agradecido, pues sabía que en mi aparente pobreza residía mi mayor seguridad. Mi cara estaba cubierta por una capa de polvo de un palmo de espesor. Tuve numerosas ocasiones, en el desierto, de lavármela, pero preferí dejármela puesta como protección contra el calor del sol. A decir verdad, no sólo yo, sino todos los demás, estábamos terriblemente desfigurados por el *teyemmun*, o lavado con arena, el sustituto de las abluciones con agua, ordenadas por el Profeta a los viajeros en el desierto. Después de que mis amigos se hubieron lavado y vestido, sólo pude ver qué grandes señores parecían en comparación conmigo. Varios de ellos se ofrecieron a prestarme partes de su guardarropa, pero yo les di las gracias cordialmente y, al rechazar sus amables ofertas, les anuncié que esperaría hasta que el kan de Jiva me proporcionara una prenda.

Llevábamos cuatro días de fatigas en el altiplano de Kaplankir, cuando una mañana mis ojos se alegraron al ver numerosas tiendas a nuestra derecha e izquierda. Los ocupantes de estas tiendas salieron en tropel a nuestro encuentro, recibiéndonos con el amistoso saludo de «¡*Aman gheldinghiz!*» (¡Bienvenidos!). Ilias, que tenía muchos amigos entre la gente que había acampado allí, procedió inmediatamente a procurarles pan caliente y otros regalos relacionados con el Kurbán —en aquel momento estaban celebrando una de las fiestas más importantes del islam—. Regresó muy pronto de su misión, cargado de carne, pan y *kumis* —una bebida ácida y picante elaborada con leche de yegua—, todo lo cual distribuyó entre nosotros. No tardaron en llegar nómadas que vivían a mayor distancia para estrecharnos la mano y realizar así un acto agradable a Dios. Por nuestra participación en este acto piadoso se nos compensaba con regalos de grandes cantidades de carne de camello, caballo y oveja.

La tarde del 30 de mayo, mientras preparábamos el té, nos sobresaltó el salvaje correteo de los camellos que habíamos soltado. Antes de que tuviéramos tiempo de investigar la causa de su espanto, aparecieron de repente cinco jinetes que se dirigían hacia nosotros a toda velocidad. Nosotros también corrimos inmediatamente a las armas y en un segundo nos dispusimos a hacerles frente. Pero los jinetes aflojaron el paso y los turcomanos pronto descubrieron que se habían equivocado al suponerlos hostiles, pues sólo querían ir con nosotros como miembros de nuestra caravana.

A la mañana siguiente llegamos a una aldea uzbeka perteneciente a Akyap (el canal blanco). En este lugar habíamos dejado atrás por completo el desierto que se extendía entre Gomish Tepe y Jiva. Aquí vi por primera vez a los uzbekos, y me parecieron gente muy amable y amistosa. Hicimos, como de costumbre, una ronda de visitas a todas las casas, y ganamos con nuestras fátihas una abundante cosecha. Hubiéramos podido llegar a la morada de Ilias el mismo día, pero él tenía su dosis de vanidad y no deseaba que llegásemos allí de improviso. Pasamos, pues, la noche, a dos horas de marcha de su casa, en casa de un rico tío suyo, que nos agasajó muy suntuosamente. En el intervalo avisó de nuestra llegada a su esposa, y a la mañana siguiente, el 1 de junio, entramos en la aldea de Akyap.

Los numerosos parientes y amigos de Ilias salieron a nuestro encuentro y nos recibieron con la mayor cordialidad. A mí me ofreció una hermosa tienda como alojamiento, pero preferí su jardín, pues hacía tiempo que mi alma anhelaba la sombra de los árboles. Tras un breve descanso, reanudamos la marcha hacia la capital, a la que llegamos sanos y salvos al día siguiente.

La capital, vista a distancia, rodeada de jardines y coronada por sus numerosas torres y cúpulas, causa una agradable impresión al viajero. Al entrar por la puerta principal de la ciudad no pude evitar cierto temor de ser descubierto o sospechoso por el kan de Jiva, cuya crueldad era condenada por los propios tártaros, y de cuyas manos tenía razones para esperar un trato mucho más severo que incluso de los turcomanos. Había oído decir que el kan convierte en esclavo a todo extranjero de quien sospecha, y que hacía poco tiempo éste había sido el triste destino de un hindú, supuestamente de origen principesco. Pero a estas alturas ya estaba acostumbrado a afrontar casi cualquier peligro sin perder mi presencia de ánimo. Por lo tanto, me mantuve perfectamente tranquilo, y sólo me dediqué a idear planes por medio de los cuales pudiera burlar al supersticioso tirano. Por el camino había reunido información completa y fidedigna sobre todos los hombres prominentes de Jiva que habían visitado Constantinopla.

El nombre de un tal Shukrullah Bey, que había pasado allí diez años en calidad de embajador ante la Sublime Puerta, era el que más se mencionaba a este respecto. Yo tenía una especie de vago recuerdo de haber conocido a este hombre en casa del secretario de Estado turco. Este Shukrullah Bey, pensé, conoce bien Estambul; debe estar familiarizado con el lenguaje y los modales de sus mejores clases. Y como me creía capaz de representar el carácter de un hombre de Estambul hasta el punto de imponérselo a un nativo de aquel lugar, estaba seguro de que el difunto embajador del kan de Jiva no sospecharía de mí, pues se vería obligado en cierto modo a consentirme.

Mucha gente nos esperaba ya en la puerta, ofreciéndonos pan y frutos secos. Hacía años que no llegaba un grupo tan numeroso de *hadjis*, y la gente se agolpaba a nuestro alrededor y nos miraba desde todas las calles de la ciudad. Por todas partes nos saludaban: *Aman essen gheldinghiz. ¡Ha shahbazim! ¡Ha arslanim!* (¡Mi halcón! ¡Mi león!). En cuanto llegamos al bazar, Hadji Bilal empezó con un *telkin* (un himno). Como mi voz era la más fuerte de todas, no pude evitar que la gente me besara las manos, los pies e incluso los harapos sueltos de mi vestido, como si hubiera sido un santo de primera clase o acabara de bajar del cielo.

Nos alojamos, según la costumbre del país, en el caravasar, que al mismo tiempo servía de aduana, y al poco rato salí en busca de

Shukrullah Bey. Me habían dicho que ahora estaba sin empleo ni cargo y que vivía en una celda en la madrasa de Mohamed Emin, el mejor edificio de Jiva. Me presenté a él a través de uno de sus ayudantes como un efendi de Estambul, añadiendo que lo había conocido allí y que deseaba presentarle mis respetos al pasar por Jiva. El anciano caballero se asombró de tan extraño suceso y salió él mismo a recibirme, pero se sobresaltó al ver ante él a un mendigo harapiento y sucio. No obstante, me hizo pasar a su habitación, y apenas hube pronunciado algunas palabras con el genuino acento de Estambul, comenzó a preguntarme, con creciente interés, por sus amigos de la capital turca, las configuraciones políticas, el nuevo sultán, etcétera. Cuando, en el curso de la conversación, llegamos a conocernos mejor, Shukrullah Bey me apostrofó de este modo:

—Por el amor de Dios, ¿qué te ha inducido, efendi, a venir desde Estambul, ese paraíso terrenal, a estos temibles países?

Entonces le dije que pertenecía a una orden de derviches, que mi *pir* (jefe espiritual) me había enviado a este viaje, y que un *murid* (un novicio) está obligado a obedecer las órdenes del *pir*, aun a riesgo de su vida. Mi nuevo conocido se mostró muy complacido con mis explicaciones, y sólo deseaba saber el nombre de la orden derviche a la que pertenecía, y cuando le dije el de los Nakishbend, se dio cuenta de que Bujará era el objeto de mi peregrinación. Quiso alojarme inmediatamente en la madrasa, pero yo me negué, excusándome en mis compañeros de viaje que había dejado atrás, y me marché con la promesa de reanudar mi visita muy pronto.

Al día siguiente vino a verme un oficial de la corte, trayendo consigo regalos del kan destinados a mí, y órdenes de éste para que me presentara en el arca (o palacio) esa misma noche, a fin de concederle a él, el kan, mi fátiha, ya que era el deseo más preciado del *hazret* (su majestad) recibir la bendición de un derviche venido de Tierra Santa. Le dije que debía obedecer.

Por la tarde fui a ver a Shukrullah Bey, que deseaba asistir a la audiencia, y me condujo al palacio del kan. En el camino me dio instrucciones sobre cómo comportarme y me describió el ceremonial que debía observar al ser presentado al kan. Al mismo tiempo, me informó de que, al no tener buenas relaciones con el *mehter* (ministro), que lo consideraba su rival, su recomendación, la de Shukrullah Bey, podría perjudicarme más que beneficiarme. Pero siguiendo la costumbre imperante, me hice presentar primero al *mehter*. Su antecámara, al ser día de audiencia, estaba abarrotada de gente que, a nuestra entrada, nos abrieron paso respetuosamente, haciéndose a un lado. Algunas mujeres presentes me señalaban, diciendo: «Este es el derviche de Constantinopla, que bendecirá a nuestro kan. Que el Señor escuche sus palabras».

Encontré al *mehter* en un pórtico, rodeado de sus hombres, que sonreían a cada palabra pronunciada por él. Su tez oscura y su larga barba que le llegaba hasta el pecho demostraban que era persa. Cuando me vio acercarme, dijo algo a sus ayudantes. Me acerqué a él con valentía, le saludé con la debida gravedad e inmediatamente me senté en el lugar principal que corresponde por derecho a un derviche. Después de rezar la oración acostumbrada, y de acariciarse la barba, respondieron con un sonoro «amén». Entonces intercambié con el *mehter* las cortesías formales habituales. Luego me dijo que el *hazret* —al oír estas palabras todo el mundo se levantó de su asiento — deseaba verme, pero que se alegraría mucho si le presentaba alguna carta de la embajada en Teherán o del sultán. Respondí que mi viaje no tenía fines mundanos, que no necesitaba nada de nadie, pero que para la seguridad de mi persona había traído conmigo un firmán provisto de la *tugra* (el sello del sultán). Al decir esto, entregué al *mehter* mi pasaporte, que besó con gran reverencia, frotándose el sello contra la frente: luego se levantó y dijo que entregaría el documento al kan. Poco después regresó, anunciándome que el kan estaba listo para recibirme.

Shukrullah Bey entró primero, y yo tuve que esperar hasta que se hicieron los preparativos necesarios. Aunque me presentaron como derviche, Shukrullah Bey había informado al kan de que yo conocía a todos los pachás distinguidos de Constantinopla. Al cabo de un rato, dos oficiales me cogieron del brazo, descorrieron la cortina y vi ante mí a Sayyid Mohamed Kan Padishahi Kharezm, el kan de Jiva, sentado sobre una plataforma, con un cojín redondo de terciopelo apoyado en un brazo y un corto cetro de oro en la otra mano. Siguiendo estrictamente el ceremonial prescrito para mí, levanté la mano, todos los presentes y el propio kan siguieron mi ejemplo, recitaron una breve azora, o breve pasaje del Corán, dos *alahumu sellahs* (alabado sea Alá) y una breve oración. Mientras el kan se agarraba la barba para responder con un «amén» al final de la oración, todos gritaron: ¡*Kabul bolgai!* (¡qué tu oración sea escuchada!). Entonces me acerqué al príncipe, que me tendió la mano, y después de haber realizado el *musafeha* (el saludo prescrito por el Corán, en el que las dos personas que se saludan se tienden mutuamente la mano), retrocedí unos pasos, con lo que se puso fin a la ceremonia. El kan comenzó a preguntarme sobre el objeto de mi viaje y la impresión que me habían causado los turcomanos, el gran desierto y Jiva. Le respondí que había pasado por muchas pruebas y sufrimientos, pero que la vista del *yemal mubarek hazret* (la bendita belleza de su majestad) me compensaba abundantemente por todos mis sufrimientos.

—Doy gracias a Alá —continué— por haberme permitido tener esta extraordinaria buena fortuna, y creo que debo considerar este señalado favor del *kismet* (destino) como un buen presagio para el progreso seguro de mi viaje.

El kan me preguntó si tenía la intención de permanecer mucho tiempo en Jiva y si estaba provisto de los medios necesarios para mi viaje. Le contesté que antes de continuar mi viaje tenía la intención de visitar las tumbas de todos los santos que reposaban en el bendito suelo del kanato, y que en cuanto a estar provisto de lo necesario para el viaje, los derviches no nos preocupábamos por esas nimiedades mundanas; el *nefes* (espíritu santo) que me fue dado por mi *pir* (jefe de la orden derviche) en mi viaje me mantendría con vida durante cuatro o cinco días sin tomar alimento alguno. Por lo tanto, no tenía otro deseo que el de que Dios prolongara la vida de su majestad hasta los ciento veinte años.

Mis palabras parecieron haber agradado a su real majestad, pues ordenó que se me dieran veinte piezas de oro y un asno fuerte. No acepté el dinero, so pretexto de que era pecado que un derviche poseyera dinero, sino que acepté el animal, añadiendo, sin embargo, la petición de que eligiera, a ser posible, uno blanco, pues era de ese color el que la ley sagrada prescribía para las peregrinaciones. Estaba a punto de retirarme, cuando el kan me pidió que fuera al menos su huésped durante el breve tiempo que pensaba pasar en la capital, y que aceptara durante este periodo de su tesorería, diariamente, dos *tenges* (seis peniques) para mi manutención. Esta oferta también fue rechazada con agradecimiento, y me retiré después de haber dado mi bendición final. Al regresar, fui saludado muy respetuosamente con *salam aleykums* (la paz sea contigo) por la gente que abarrotaba el patio del palacio y el bazar. No respiré libremente hasta que me encontré a salvo entre las cuatro paredes de mi celda.

Cada rasgo del rostro del kan delataba al tirano libertino, agotado, de mente embotada e inhumana; sus ojos estaban profundamente hundidos, sus labios eran de un blanco pálido y su voz temblorosa. Le estaba profundamente agradecido por su excepcional amabilidad hacia mí, y me complacía pensar que ahora podría emplear el tiempo de que disponía en vagar por el kanato a mi antojo sin ninguna interferencia.

No había mucho que ver en la capital, y lo poco que había digno de mención podría haberse visto fácilmente en un par de días. Pero mi tiempo lo ocupaban las invitaciones del kan, los funcionarios del gobierno y los comerciantes prominentes. Como era de conocimiento general que yo gozaba de la simpatía del rey, todo el mundo deseaba que yo y mis compañeros derviches fuéramos sus invitados. Para mí era una verdadera tortura tener que aceptar seis e incluso ocho invitaciones al día. Recuerdo con escalofríos la cantidad de veces que tuve que sentarme, por la mañana temprano, entre las tres y las cuatro, ante un plato de arroz bañado en una salsa de grasa de cordero. El *Toshebaz* (nombre del claustro donde me alojé) comprendía una mezquita y un gran depósito de agua, por lo que se consideraba un edificio público y estaba continuamente lleno de visitantes. Esto me ofreció una excelente oportunidad para observar la vestimenta, el modo de vida y todas las actividades de los uzbekos, y para conocer personalmente a varios de ellos.

Los hombres llevan en la cabeza altos gorros de piel en forma de pirámide y en los pies enormes botas de cuero ruso de volumen amorfo; además, en verano sus trajes consisten sólo en camisas largas. Las mujeres llevan turbantes de un tamaño inmenso, que consisten en quince o veinte pañuelos de bolsillo rusos enrollados uno dentro de otro, y se ven obligadas, pobres criaturas, a arrastrar jarras de agua durante los días de más calor, llevando en los pies botas tremendamente grandes y embozadas en sus múltiples vestidos. A menudo las mujeres se detenían a mi puerta pidiendo un poco de *jakishifa* (polvo de salud) que los peregrinos traen consigo de Medina, de la casa del Profeta, y que se usa como medicina contra toda clase de dolencias; o pedían un *nefes* (aliento sagrado) y daban cuenta detallada de sus sufrimientos corporales. Yo, por supuesto, tenía que acceder a todas las peticiones, y tocando el lugar dolorido soplaba o respiraba sobre él tres veces. A continuación, el paciente exhalaba un profundo suspiro, y muchos de ellos insistían en que se sentían inmediatamente aliviados del dolor. Tanto yo como mis amigos *hadjis* teníamos motivos para estar satisfechos con el brillante éxito de nuestro trato con el aliento sagrado, pues yo mismo gané quince piezas de oro por el artículo celestial.

Pronto tuve ocasión de convencerme de que el *mehter*, el ministro del kan, trataba de perjudicarme por la única razón de que odiaba a Shukrullah Bey, que me patrocinaba. No podía dudar de mi condición de turco, pero se esforzó en hacer creer al kan que yo pretendía ser un derviche sólo para una misión secreta del sultán en la que ahora me dirigía a Bujará. Ya me había llegado información sobre su perfidia, y no me sorprendió en absoluto que me invitara de nuevo a la corte del kan, sólo unos días después de mi primera audiencia. Estaba presente un gran grupo de hombres, y él me recibió inmediatamente con la pregunta de si era cierto que yo también estaba versado en conocimientos mundanos y que podía escribir en un estilo florido. Deseaba que le escribiera algo a la manera de Estambul, que estaba muy deseoso de ver. Yo sabía muy bien que la petición se debía a las maquinaciones del *mehter* contra mí, que gozaba de la reputación de ser inteligente en la escritura fina y florida y había hecho preguntas sobre mí a mis compañeros *hadjis*. Saqué mi material de escritura y escribí lo siguiente: «¡Alto, poderoso y terrible rey y señor! Yo, tu siervo más pobre y humilde, inmerso en tus reales gracias, teniendo ante mis ojos el proverbio de que todo buen escritor es un tonto, me he ocupado hasta ahora muy poco de los estudios de la buena escritura. Por otra parte, recordé aquel otro proverbio, según el cual toda falta se convierte en virtud en cuanto agrada al rey, y hallé valor para escribir estas líneas».

Estos títulos altisonantes agradaron mucho al kan, pero el *mehter* era demasiado estúpido para percibir el sentido de mis alusiones. Me mandaron sentar y, después de haberme obsequiado con pan y té, el kan me llamó para que fuera a hablar con él. La política fue, esta vez, el tema exclusivo de nuestra conversación, pero yo, fiel a mi carácter de derviche, mostré muy poco interés en el asunto, y cada palabra tuvo que serme arrancada a la fuerza. Durante todo este tiempo, el *mehter* escuchaba atentamente y escudriñaba agudamente la expresión de mi rostro con la esperanza de que dijera algo que justificara sus sospechas, pero todo fue inútil. El kan volvió a despedirme asegurándome una y otra vez su buena voluntad, y me dijo que pidiera a su tesorero mi estipendio diario. Ordenó a un *yasaul* (oficial de la corte) que me llevara ante el tesorero. Encontré al tesorero, que me pagó inmediatamente la suma indicada, singularmente ocupado. Estaba arreglando las *khalats* (túnicas de honor), es decir, las prendas destinadas a ser enviadas al campamento para investir con ellas a los héroes, en recompensa por su valentía. Había cuatro tipos diferentes de trajes de seda, todos ellos de los colores más llamativos, ricamente bordados con flores de oro; y dividiéndolos en cuatro grupos, los llamó trajes de cuatro cabezas, trajes de doce cabezas, trajes de veinte y de cuarenta cabezas. Esta nomenclatura me pareció muy extraña, tanto más cuanto que no se veía el menor rastro de cabezas en aquellas prendas. En lugar de responder a mi pregunta, el tesorero me dijo que me reuniera con él en una gran plaza pública a la mañana siguiente. Llegué a la hora convenida. Me encontré con un centenar de jinetes, que acababan de llegar del campamento, cubiertos de polvo, cada uno de ellos conduciendo un par de prisioneros, entre ellos mujeres y niños, que estaban atados a las colas de los caballos o a los arcos de las monturas, y cada jinete llevaba consigo, además, un saco que se arrojaba a través de la montura. Tan pronto como llegaban, cada uno de ellos entregaba los prisioneros que había traído consigo, como regalo al kan o a algún otro grande de la tierra; luego quitaban los sacos de las monturas y, agarrándolos por los dos lados de un extremo, derramaban su contenido por el suelo como se hace con las patatas. Pero se trataba de cabezas humanas, cabezas de enemigos masacrados, que rodaban a los pies del funcionario que anotaba su número. Primero contó cuidadosamente el número de cabezas traídas por cada jinete y luego dio un recibo por las mismas, mientras el sirviente las iba amontonando a patadas. Los jinetes se alejaron al galope con sus recibos, que eran giros contra el tesorero por sus respectivas recompensas, en forma de túnicas de honor de cuatro, veinte o cuarenta cabezas.

El *yasaul* que debía llevarme ante el tesorero tenía, antes de hacerlo, otra orden que atender; por lo tanto, me vi obligado a ir con él. Había trescientos choudor (una tribu turcomana) prisioneros de guerra en el tercer patio, y era en referencia a ellos que el *yasaul* había recibido las órdenes del kan. Estos desgraciados estaban todos cubiertos de harapos y, debido al miedo a la muerte y al hambre que habían pasado durante días, parecían muertos levantados de sus tumbas. Ya estaban divididos en dos grupos: los menores de cuarenta años, que eran aptos para ser vendidos como esclavos o para ser regalados, y los que, debido a su posición o a su avanzada edad, eran considerados *aksakals* (barbas blancas o caciques) y estaban sujetos a los castigos impuestos por el kan. Los de la primera clase fueron conducidos por sus escoltas, en bandas de quince personas atadas entre sí por grilletes. El segundo grupo esperaba con paciente resignación, como ovejas llevadas al matadero, el horrible destino que les aguardaba. Parte de ellos fueron enviados a la cuadra o a la horca; ocho, de edad avanzada, se tumbaron de espaldas a una indicación del verdugo. En esta situación les ataron las manos y los pies, y él, arrodillándose sobre sus pechos, y apuñalando con un afilado cuchillo los ojos de cada uno de ellos, por turno, les privó de la vista. Una vez cumplida su cruel tarea, limpió el cuchillo ensangrentado en la barba gris de una de sus víctimas. Era un espectáculo espantoso ver a estos miserables, después de que les hubieran quitado las cadenas de las manos y los pies, en sus intentos a tientas de levantarse del suelo. Algunos se golpeaban la cabeza unos contra otros, otros se desplomaban de nuevo sobre el suelo de puro agotamiento, gimiendo y golpeando el suelo con los pies en su agonía. Recordaré con horror esta escena mientras viva.

Al despedirme, di mi bendición al kan. Me pidió que volviera por el camino de Jiva, pues deseaba enviar conmigo un embajador a Constantinopla, cuya misión sería obtener del nuevo sultán la confirmación acostumbrada para él. Le contesté que era pecaminoso pensar en el futuro, pero que ya veríamos lo que *kismet* (el destino) depararía. Luego me despedí de todas las personas que había conocido o cuya amistad había ganado durante mi estancia de un mes en Jiva.

CAPÍTULO XXII

De Jiva a Bujará

Nos reunimos para partir en el fresco y sombreado patio del *Toshebaz*. La caridad y la liberalidad de los habitantes de Jiva eran manifiestamente visibles en el nuevo aspecto de la caravana de mendicantes. Los apolillados gorros de piel que habíamos adoptado entre los turcomanos habían dado paso a turbantes de un blanco inmaculado. El conglomerado de harapos, dignificado con el nombre de vestimenta, había desaparecido, y el propio atuendo de viaje era muy superior a nuestra anterior indumentaria de vacaciones. Nuestras maletas estaban llenas a reventar, y experimentamos gran satisfacción al observar que hasta el más pobre de nosotros iba provisto de un asno, por diminuto que fuese. Se había acabado la época de llevar harina negra conmigo; su lugar lo ocupaban los pasteles blancos, y mi tienda contenía lujos como arroz, mantequilla y azúcar. El único artículo que no cambiaría era mi vestido. Me habían regalado una camisa, es cierto, pero no me la puse, pensando que tales superfluidades, para las que aún no había llegado el momento, podrían dar un efecto afeminado sobre mí.

Se había hecho bastante tarde el 2 de junio cuando, felizmente superadas las interminables bendiciones y abrazos de despedida, nuestro grupo abandonó Jiva. Los más entusiastas corrieron detrás de nosotros durante media hora, derramando copiosas lágrimas y diciéndonos al despedirse:

—¡Quién sabe cuándo Jiva volverá a ser tan afortunada de tener a tantos hombres piadosos como huéspedes dentro de sus muros!

Godshe era el nombre de la pequeña ciudad donde pasamos la primera noche. Aquí nos hospedamos por primera vez en el *kalenterkhane*, es decir, una posada para el alojamiento separado y especial de los derviches, que es costumbre de toda comunidad grande. Desde aquí hasta Khanka atravesamos ininterrumpidamente tierras cultivadas. En el *kalenterkhane* de Khanka encontré a dos derviches semidesnudos que, cuando entré, estaban a punto de entregarse a la indulgencia de comer opio. Inmediatamente me pidieron que me uniera a ellos, ofreciéndome una buena dosis de opio, y se asombraron al oírme rechazar su amable proposición. No se dejaron desconcertar fácilmente en su amistosa atención, y en su lugar me invitaron a tomar té. Mientras yo bebía mi té, ellos tragaban su veneno de semillas de adormidera. En media hora la droga había hecho efecto; ambos estaban en el reino de la felicidad; pero mientras el rostro de uno de los durmientes mostraba una expresión de alegría y deleite, en el semblante del otro se dibujaban las agonías de un miedo terrible.

Hacia el atardecer del día de nuestra partida de Khanka llegamos al río Oxus (o Amu Darya). Las lluvias primaverales debieron de aumentar considerablemente el caudal de sus aguas, forzándolas a salir de su cauce ordinario, pues encontré el río mucho más caudaloso de lo que imaginaba. El agua amarilla del Oxus no es tan buena en su lecho como en los canales que salen de él, o en sus ramales laterales, donde el agua, al fluir más lentamente, tiende a enfriarse antes. Allí donde la arena se asienta en el Oxus, el agua no tiene rival en el mundo por su dulzura y pureza. Para cruzar el Oxus hay que pagar peaje, pero el pago de éste no autoriza por sí solo a una persona; también hay que proveerse de un *petek* (licencia para cruzar). Los *hadjis* tenían un pasaporte común; a mí me habían dado uno aparte que decía así: «Se hace saber a los guardias de la frontera y a los recaudadores de aduanas y peajes que Hadji Mulá Abdur Reshid

Efendi ha obtenido una licencia. Que nadie le moleste ni interfiera con él».

Nuestra travesía a través del río comenzó a las diez de la mañana, y era el atardecer cuando llegamos a la orilla opuesta. Hubiéramos podido cruzar el caudaloso río en media hora, pero en sus pequeños brazos laterales encallamos; los bancos de arena, cada diez minutos, obligaban a los pasajeros y animales a desembarcar para que el transbordador pudiera ser empujado a aguas más profundas, y se perdía más tiempo en volver a subir a bordo. El embarque y desembarque de los asnos, sobre todo de los más tercos, supuso un trabajo duro y molesto; los pasajeros se vieron obligados, en su mayor parte, a cargar con los animales desde y hacia el barco. En este momento tengo ante mis ojos una escena risible: cómo Hadji Yakub, alto y huesudo, cargaba su pequeño asno a la espalda, agarrando con sus brazos las débiles patas del asustado animal, que apoyaba mansamente su cabeza en el cuello del *hadji*. Nuestra caravana avanzaba muy lentamente. Cuando estábamos cerca de Akkamish (caña blanca), el *kervanbashi*, otros dos y yo, confiando en la velocidad de nuestros animales, aprovechamos la tardanza de la caravana y nos desviamos para visitar Shurakhan, donde se celebraba la feria semanal, a fin de reponer nuestras provisiones.

Shurakhan se compone principalmente de las trescientas tiendas que abren dos días a la semana, y donde los habitantes permanentes del país vecino y los nómadas que acampan allí, pueden obtener lo necesario para vivir. Encargué a mis compañeros que hicieran las compras necesarias, y me alejé hasta el *kalenterkhane*, a las afueras del lugar. Allí me encontré de nuevo con varios derviches cuyos cuerpos, reducidos a meros esqueletos, mostraban claramente su indulgencia con el *bang* (opio preparado a partir del cáñamo). En Jiva, el *bang* se usa universalmente con fines de embriaguez, y la indulgencia pecaminosa de muchos se debe al hecho de que el Corán prohíbe el uso de vino y otros licores espirituosos, y la transgresión de ese mandamiento es castigada con la muerte por el gobierno. Volví a la feria para reunirme con mis amigos, pero fue muy difícil abrirme paso entre la multitud. Todo el mundo iba a caballo, tanto compradores como vendedores. Las mujeres kirguises a caballo vendían *kumis* en grandes jarras de piel, y era divertido ver con qué destreza ponían la boca de la jarra en los labios de su cliente, que también iba a caballo, sin derramar ni una sola gota.

En la caravana nos esperaban con la mayor impaciencia, y reanudamos la marcha al atardecer, pues en adelante sólo viajaríamos de noche. Mientras avanzábamos a la luz de la luna, el espectáculo era realmente fascinante: la caravana en movimiento y sus fantásticas sombras, sobre las que la pálida luna derramaba su misteriosa luz plateada, flanqueada a la derecha por el Oxus que movía sus oscuras aguas con un ronco murmullo, a la izquierda el horrible desierto de Tartaria que extendía su interminable vista. Al día siguiente nos encontramos con algunos nómadas kirguises, y aproveché la oportunidad para dirigir unas palabras a una mujer kirguisa, preguntándole si no estaba cansada de su vida de gitana errante. «No podemos ser tan indolentes como vosotros, los mulás, y pasar todo el día en el mismo sitio. El hombre debe moverse, el sol, la luna, las estrellas, el agua, los animales, los pájaros, los peces, todo se mueve; sólo los muertos y la tierra yacen inmóviles».

Mientras proseguíamos nuestra marcha a lo largo de las orillas del Oxus, cubiertas de sauces, nos salieron al encuentro cinco mercaderes de Jiva a caballo. Estos habían llegado desde Bujará hasta allí en cuatro días, y que, además, nos trajeron la alentadora noticia de que los caminos eran perfectamente seguros y que lo más probable era que al día siguiente nos encontrásemos con la caravana que habían dejado.

Fue al amanecer del 4 de julio cuando tropezamos de repente con dos hombres, completamente desnudos, que con voz lastimera sólo podían repetir: «¡Un trozo de pan! ¡Un trozo de pan!», y luego se desmayaron. Enseguida se les dio un poco de pan, agua y grasa de carnero, y recobrándose nos contaron que eran marineros de Hevaves, que habían sido atacados por una banda de ladrones teke (turcomanos), los cuales sumaban unos ciento cincuenta, y que éstos les habían robado la barca, la ropa, el pan y todo lo que tenían. «Por el amor de Dios», nos dijeron, «corred o escondeos, porque seguro que os los encontraréis en un par de horas, y aunque seáis peregrinos piadosos, os despojarán de todo y os dejarán desnudos en el desierto, pues el *kafir* (infiel) teke es capaz de todo».

Tan pronto como el *kervanbashi* oyó mencionar el nombre de teke, dio órdenes inmediatas de que volviéramos sobre nuestros pasos. Debíamos retroceder tan rápido como fuera compatible con el paso de los pobres y cargados camellos. Por supuesto, era casi imposible escapar con camellos de los rápidos caballos turcomanos, pero contábamos con que ciento cincuenta jinetes tardarían hasta la mañana en cruzar el río, y mientras realizaban un cauteloso reconocimiento podríamos llegar sin peligro a Tunuklu. Allí nos proponíamos llenar nuestras cantimploras de agua y luego desviarnos hacia el desierto de Khalata, donde esperábamos escapar de la persecución de los tekes. Después de tremendos esfuerzos llegamos con nuestros animales bastante exhaustos a Tunuklu. Aquí tuvimos que permanecer hasta que nuestros animales descansaran y se alimentaran, pues en su estado actual no habrían podido llegar a la primera parada en el desierto. Pasamos tres horas mortales con una ansiedad incuestionable, haciendo nuestros preparativos para el terrible viaje, y no se había puesto el sol cuando nuestra caravana se dirigía, desde las ruinas de Tunuklu, por el camino que llevaba a Khalata.

Conociendo como conocíamos los terrores del desierto, es fácil imaginar con qué sentimientos iniciamos, yo y mis compañeros de viaje, esta nueva travesía por el desierto. Habíamos viajado de Gomish Tepe a Jiva en el mes de mayo, y ahora estábamos en julio; entonces habíamos encontrado agua de lluvia, y ahora ni siquiera agua salada. Con qué anhelo mirábamos el Oxus, en cuyo seno el sol poniente proyectaba un halo de luz, mientras se alejaba, hacia la derecha, de nuestra vista. Los propios animales, mudos como eran, mantenían continuamente los ojos en aquella dirección. El cielo ya estaba cubierto de estrellas cuando llegamos al desierto arenoso. Avanzamos lo más silenciosamente posible por temor a llamar la atención de los turcomanos, que pensábamos no estaban lejos. Era imposible que nos vieran en la oscuridad de la noche, y la luna saldría tarde. El suelo blando impedía que se oyera el ruido del paso de los animales, y lo único que temíamos era que uno de nuestros animales se le ocurriera darnos una muestra de su encantadora voz. Afortunadamente el espíritu del canto no descendió sobre ninguno de ellos. Hacia medianoche llegamos a un lugar donde todos tuvimos que desmontar, ya que los animales vadeaban la arena fina hasta las rodillas.

Nuestra estación de la mañana del 5 de julio se llamaba Adamkirilgan, es decir, destructor de hombres, y bastaba echar un vistazo a los objetos circundantes para comprobar lo apropiado de este apelativo. Hasta donde alcanzaba la vista, nada más que arena, sólo arena; ora como el mar tempestuoso azotándose en tremendas olas, ora de nuevo presentando el espectáculo de la ondulación causada por suaves brisas en el seno de un lago tranquilo. No se ve ningún pájaro en el aire, ni insectos en la tierra; todo lo que el ojo puede descubrir aquí y allá son los tristes signos de la decadencia, los esqueletos de hombres y animales perdidos, que los viajeros colocan amontonados para que les sirvan de guía.

Aquí, por supuesto, estábamos a salvo de los turcomanos, pues no hay caballo en el mundo capaz de recorrer la distancia de una estación a través de esta arena. Según la declaración de nuestro *kervanbashi*, el viaje de Tunuklu a Bujará duraba generalmente seis días, tres a través de la arena y tres sobre tierra firme, cubierta aquí y allá de hierba. Teníamos que temer entonces, en total, un día o día y medio sin agua. Pero ya el primer día observé que el agua del Oxus que llevábamos con nosotros echaba por tierra todos nuestros cálculos, pues disminuía con espantosa rapidez a pesar de nuestra máxima economía, fenómeno que atribuí a la evaporación. Todo el mundo, por supuesto, guarda su cantimplora con sumo cuidado y la abraza celosamente contra su pecho cuando duerme. Marchábamos seis horas cada día a pesar del espantoso calor, deseando salir del desierto arenoso lo antes posible; porque si nos sorprendía dormitando en la arena durante sólo unos segundos el asesino viento *tebbad*, las vidas de toda la caravana estarían en peligro, mientras que en la tierra firme del desierto más allá, tal visita del *tebbad* sólo implicaba un ataque de fiebre alta. La marcha forzada había agotado a nuestros camellos hasta tal punto que dos de ellos murieron el 6 de julio.

Nuestra penosa marcha había durado ya tres días; el calor abrasador nos enervaba a todos y mermaba nuestras fuerzas. Dos de nuestros compañeros más pobres, que se habían visto obligados, debido a la inferioridad de sus animales, a caminar a su lado a pie, habían consumido toda el agua que tenían y, por falta de ella, se pusieron tan enfermos que tuvieron que ser atados a los lomos de los camellos, incapaces tanto de caminar como de sentarse erguidos. Además, los cubrieron. Mientras sus voces no les abandonaban, no cesaban de mendigar agua. La triste verdad es que sus mejores amigos les negaron la bendición de unas pocas gotas del elixir que da la vida, y estaba reservado para la muerte sombría ser más generoso y aliviar a uno de ellos de los dolores de la sed al llegar a Medemin Bulag, lugar en el que expiró. Yo estaba cerca del infeliz cuando falleció. Su lengua se había ennegrecido, su garganta era de un blanco grisáceo, pero sus facciones no estaban muy descompuestas, excepto su boca, que estaba abierta debido al estado encogido de sus labios. No estoy seguro de que el baño de agua le hubiera servido de algo al pobre hombre, pero la idea de que nadie intentara salvar al moribundo ofreciéndole un trago de agua no dejó de atormentarme durante muchos días.

El padre oculta su provisión de líquido a su hijo, el hermano a su hermano, porque cada gota no sólo representa la vida, sino también el alivio de la terrible tortura de la sed; el miedo a esta última destierra la abnegación y la generosidad que a menudo tenemos oportunidad de presenciar en otras ocasiones peligrosas.

Las montañas de Khalata, que señalan el comienzo del desierto de suelo duro, no estaban aún a la vista. Nuestros camellos eran incapaces de avanzar, y su debilidad y fatiga hicieron necesaria una nueva estancia de un día, el cuarto, en medio de la ardiente arena del desierto. Mi reserva de agua se reducía a unos seis vasos, que guardaba en mi cantimplora de cuero, de la que no me atrevía a beber más que una gota cada vez, por lo que sufría constantemente de sed. Para mi horror, descubrí una mancha negra en la parte central de mi lengua, y esto fue suficiente para hacerme tragar inmediatamente la mitad de mi provisión. Pensé que me había salvado, pero a la mañana siguiente una sensación de ardor, acompañada de un violento dolor de cabeza, se hizo sentir cada vez más, y para cuando las montañas de Khalata asomaban en el lejano horizonte como imponentes nubes azules, mis fuerzas me fueron abandonando poco a poco. Cuanto más nos acercábamos a las montañas, más escaseaba la arena, y todos los ojos buscaban ansiosamente algún rebaño o cabaña de pastores.

De repente, alguien llamó la atención del *kervanbashi* sobre una nube de polvo que se acercaba, quien al verla se puso mortalmente pálido de miedo y exclamó: «¡Este es el *tebbad*!». Todos desmontaron inmediatamente de los camellos. Los animales se apresuraron a sentir la proximidad del viento sofocante y se arrodillaron, rugiendo fuertemente, en el suelo, colocando sus largos cuellos planos ante ellos, y tratando de esconder sus cabezas en la arena. Usamos a los animales como baluarte contra la tormenta que se avecinaba, agazapándonos cerca de ellos, y apenas tuvimos tiempo de hacerlo cuando el viento barrió nuestras cabezas con un profundo rugido, cubriéndonos con una capa de arena del grosor de centímetro y medio, cuyos primeros granos ardían como gotas de lluvia ardiente. Si hubiéramos sido atacados por el *tebbad* ocho kilómetros más tierra adentro, todos habríamos sido aniquilados irremediablemente. No observé los síntomas de fiebre con vómitos que se dice que son los efectos de este viento, pero la atmósfera se hizo sensiblemente más pesada y opresiva.

Nos incorporamos cuando terminó y, para nuestra gran satisfacción, al cabo de poco tiempo la arena había desaparecido. De los tres caminos que conducían desde el borde del desierto arenoso a Bujará, elegimos el más corto, y reanudando la marcha nos encontramos, ha-

cia el atardecer, con varios pozos que no habían sido visitados, ni siquiera por los pastores, este año. El agua que encontramos en ellos
no era apta para el hombre, pero los animales bebieron de ella hasta
saciarse.

Estábamos todos en las últimas fases del agotamiento, y sólo la
esperanza mantenía la chispa de vida en nuestros debilitados cuerpos. Al llegar a la siguiente estación no pude bajar de mi animal sin
ayuda; me bajaron y me tumbaron en el suelo. Sentía un espantoso
fuego interno y la cabeza atontada por la violencia del dolor de cabeza. Mi pluma no tiene poder para describir las torturas de la sed no
aliviada que sufrí en ese momento, ni creo que haya modo más doloroso de morir, pues hasta entonces había afrontado valientemente
toda clase de peligros, manteniendo mi hombría; pero ahora estaba
completamente destrozado; sentía que mi poder de resistencia me
había abandonado y no tenía esperanzas de sobrevivir a la noche.

Hacia el mediodía reemprendimos la marcha; me quedé dormido, y al despertar, el 10 de julio, me encontré tendido en el suelo, en
una choza de barro, rodeado de hombres de largas barbas, a los que
reconocí enseguida como nativos de Irán. Primero me administraron
leche tibia, luego tuve que tomar un poco de leche agria mezclada
con sal y agua, llamada por ellos *ayran.* Muy pronto recobré las fuerzas por el efecto combinado de ambas bebidas. Entonces me enteré
de que, junto con mis compañeros, éramos los huéspedes de una pareja de esclavos persas que acampaban aquí, en el desierto, a una
distancia de sesenta y cinco kilómetros de Bujará, teniendo a su cargo
grandes rebaños de ovejas, pero muy escasamente provistos de pan y
agua, para evitar que intentaran escapar.

Sin embargo, estos persas, pobres esclavos como eran, tenían la
amplia caridad que da agua a sus antiguos e inveterados enemigos,
los mulás sunitas. Se volvieron especialmente amables conmigo
cuando me oyeron dirigirme a ellos en su lengua materna, el persa.
La visión de un niño de sólo cinco años, que también era esclavo, me
inspiró sentimientos de profunda compasión. Había sido hecho pri-

sionero hacía dos años, junto con su padre; y al preguntarle los detalles de su vida, respondió:

—Mi padre se ha comprado (rescatado) a sí mismo; tampoco voy a seguir siendo esclavo más de dos años, pues mi padre ganará para entonces el dinero necesario para liberarme.

El pobre niño apenas tenía un trapo para cubrir su desnudez, y su piel era tan oscura como el cuero curtido.

CAPÍTULO XXIII

En Bujará

ENTRAMOS en Bujará el 12 de julio y nos dirigimos directamente al espacioso *tekkie* (convento), sombreado por árboles, que, formando un cuadrado regular, está provisto de cuarenta y ocho celdas en la planta baja. El jefe de este edificio era descendiente de algún santo, sacerdote de la corte del emir y hombre que gozaba de respeto universal. Hadji Salih, mi íntimo amigo y compañero, había sido en un tiempo alumno de este santo hombre, nuestro actual anfitrión, y, en calidad de tal, se encargó inmediatamente de presentarme a mí y a los miembros más destacados de nuestro grupo. Como la recomendación y la presentación provenían de tal fuente, fuimos recibidos de la manera más amistosa por el jefe del *tekkie*; y después de haber conversado conmigo durante media hora, su satisfacción parecía no tener límites, y expresó en voz alta su pesar por la ausencia del *badevlet* (su majestad el emir) de Bujará, que le impedía llevarme inmediatamente ante el emir. Inmediatamente ordenó que se me asignara una celda separada, en el lugar más hospitalario cerca de la mezquita, siendo uno de mis vecinos un erudito mulá, y el otro, Hadji Salih. El *tekkie* estaba lleno de celebridades, y por casualidad vi el principal nido de fanatismo religioso de Bujará. El reportero oficial había informado de mi llegada como un acontecimiento de gran importancia, y Rahmet-Bi, el primer oficial del emir y comandante en jefe en Bujará durante la ausencia del éste en sus campañas en Kokand, estaba haciendo averiguaciones sobre mí y los *hadjis*, el primer día de mi estancia. Pero como el poder del emir no se extiende al *tekkie*, la inquisición de su primer oficial fue tan poco tenida en cuenta, que nadie había creído conveniente informarme de la misma. Al hablar de mí, mis amigos decían: «Hadji Reshid no sólo es un buen musulmán, sino además un mulá erudito; y quien albergue una sospecha contra él comete un pecado muy grave».

Al día siguiente salí con Hadji Salih y otros cuatro de nuestro grupo para echar un vistazo a la ciudad y su bazar. Aunque los escuálidos y desvencijados edificios y las calles cubiertas de arena, de un palmo de espesor, no tendían a situar a la «noble Bujará» bajo la luz más favorable e imponente, al entrar en el bazar y contemplar la multitud que lo animaba, no pude evitar sentirme intensamente interesado por la novedosa visión. La belleza y la riqueza del bazar no fueron las cosas que más me sorprendieron, sino la inmensa y múltiple variedad de razas, vestidos y modales que llamaban la atención por doquier. El tipo de Irán era visible en los rostros de una gran parte de la gente; pero los rasgos tártaros, que podían verse en todos sus matices, desde el uzbeko hasta el salvaje kirguís, reclamaron mi particular atención debido a su prominencia. Estos últimos, y en general la raza turania, se distinguen de los iraníes por su andar pesado y torpe. También se veían judíos e hindúes en gran número. De vez en cuando echaba una mirada furtiva al contenido de las tiendas, encontrando en ellas pocos artículos de fabricación de Europa occidental, pero las manufacturas rusas estaban ampliamente representadas en ellas. Los artículos de fabricación casera ocupan un lugar aparte en el bazar, y a él acuden los kirguises, los kiptchaks, los calmucos y los habitantes de la Tartaria china para hacer sus compras de ropa.

Después de vagabundear y observar durante casi tres horas, quedé tan agotado por el cansancio que tuve que pedir a mi guía, Hadji Salih, que me permitiera descansar un poco. Me condujo, a través del bazar del té, a un lugar llamado el Embalse de Divanbeg. Era una plaza bastante regular, en cuyo centro se veía un lago, flanqueado por piedras y sombreado por magníficos olmos. El lugar está rodeado de casas del té, en las que se alzan gigantescos samovares (teteras), fabricados en Rusia, especialmente para Bujará. En numerosas tiendas se venden caramelos, dulces, pan y fruta, alrededor de los cuales pululan miles de golosos y hambrientos. A un lado del palacio se alza una mezquita, delante de la cual derviches y *meddahs* (narradores de historias) relatan las hazañas de profetas y guerreros famosos, distorsionando sus rasgos de todas las formas posibles, ante un público numeroso y curioso. Al entrar en la plaza vimos pasar ante nuestros ojos una procesión de quince derviches del claustro de Nakishbend. Fue un espectáculo difícil de olvidar: los locos saltos de estos derviches, en su salvaje fanatismo, con sus altos gorros en la cabeza y sus largos cabellos, agitando sus bastones y gritando a coro un himno cuyas estrofas les había cantado primero su jefe de cabeza canosa.

Aunque me había puesto un traje como el que llevaban en Bujará, y el sol me había desfigurado la cara hasta tal punto que mi buena madre no me habría reconocido, fui seguido, sin embargo, por una multitud de curiosos, cuyos abrazos y apretones de manos me resultaron muy molestos. A juzgar por mi gigantesco turbante y el gran Corán que colgaba de mi cuello, evidentemente me tomaban por algún *ishan* o jeque, y no había manera de escapar a la desagradable situación. Durante mi estancia en Bujará, sus habitantes nunca sospecharon de mí, aunque son bastante astutos y desconfiados. Venían a pedirme bendiciones, escuchaban mis recitales en lugares públicos, pero nunca recibí de ellos ni un cuarto de penique.

Las autoridades no confiaban en mí tan abiertamente como el pueblo. Rahmet-Bi, el oficial en jefe del emir, a quien he mencionado antes, no podía atacarme públicamente, pero me acosaba con espías cuyo objetivo era entablar conversación conmigo, pronunciando en todo momento la palabra *Firagistán*, con la esperanza de que me traicionase ante ellos, a través de algún comentario inadvertido. Al no conseguirlo, pensaban asustarme con comentarios extraños, como que los *firangis* codiciaban la posesión de Bujará y que varios de sus espías y emisarios ya habían sido castigados. O hablaban de algunos *firangis* (desafortunados italianos) que habían llegado a Bujará hacía un par de días, y fueron arrestados debido a su supuesta importación de varias cajas de té, espolvoreadas con polvo de diamante, con el propósito de envenenar a toda la población de la ciudad sagrada. Estos espías eran en su mayoría *hadjis* que llevaban años viviendo en Constantinopla, y ahora trataban de poner a prueba mis conocimientos de la lengua y las circunstancias de aquel lugar. Para librarme de sus intromisiones fingí tener un sentimiento de indignación e impaciencia ante su eterna discusión sobre los *firangis*.

—Pues he dejado Constantinopla por esta misma razón —les dije—, para librarme de la vista de estos *firangis* que han robado la razón al diablo. Ahora estoy, gracias a Dios, en la noble Bujará, y no deseo perder aquí mi tiempo hablando de ellos.

En cierta ocasión, de nuevo uno de los criados de Rahmet-Bi me trajo, por orden de su amo, a un hombrecillo delgado, pidiéndome que examinara al individuo, y luego dijera si era un árabe de Damasco, como decía ser. Nada más entrar, me impresionaron sus rasgos, y lo tomé inmediatamente por un europeo. Después de conversar un rato con él, me convencí de que su pronunciación no era en absoluto la del verdadero árabe. Me dijo que iba a China a visitar la tumba de un santo. En el transcurso de nuestra conversación se sintió visiblemente avergonzado. Lamento no haberme reunido con él después, porque tengo la firme sospecha de que actuaba como yo.

El comandante en jefe, al ver frustrados sus intentos de sonsacarme por medio de espías, me invitó a un pilaf (plato de arroz y carne) en su casa, donde una brillante galaxia de representantes del mundo de los ulemas de Bujará esperaba mi aparición. En cuanto entré y miré a mi alrededor, vi enseguida que toda la compañía estaba reunida para juzgar mi caso; que me esperaba una dura tarea y que mis dotes de disimulo tendrían que pasar por una prueba de fuego. Pensé que lo mejor era anticiparme a su designio, y en lugar de darles tiempo para que me dirigieran preguntas, me sumergí audazmente en una discusión sobre algunos dogmas religiosos y solicité sus opiniones al respecto. Mi celo recibió el aplauso de la piadosa asamblea, y poco después se suscitó una acalorada disputa, en la que me cuidé de no tomar parte, sobre algunos puntos discutidos del libro sagrado, y aproveché la ocasión para declarar en voz alta la superioridad mental de los mulás de Bujará sobre los ulemas de Constantinopla. Por fin, mi juicio terminó con mi triunfo; los sabios mulás dieron a entender a Rahmet-Bi, mediante asentimientos, guiños y palabras, que su reportero oficial se había equivocado escandalosamente, y que no podía haber la menor duda sobre mi identidad.

Durante toda mi estancia en Bujará, el calor fue insoportable, y tuve que sufrir el castigo adicional de beber agua caliente como prevención contra el *rishte*, es decir, la *Filaria medinensis* (dracunculosis), que padece una de cada diez personas. Los habitantes de Bujará consideran tan poco una sensación de picor en los pies o en cualquier parte del cuerpo en verano como los europeos un resfriado. Al cabo de un rato, el picor va seguido de una mancha roja, de cuyo centro sale un gusano del grosor de un hilo, a veces de varios metros de largo, que debe desenrollarse cuidadosamente en el transcurso de un par de días. Este es el curso normal de la enfermedad, que por lo demás no va acompañada de ningún dolor. Pero si el gusano se rompe mientras se desenrolla, aparece la inflamación, así como de seis a diez gusanos donde antes había uno, obligando al paciente a guardar cama entre grandes sufrimientos durante una semana. Los más valientes consiguen que el *rishte* sea extirpado inmediatamente de su cuerpo, haciéndolo cortar. Los barberos de Bujará realizan la operación con gran habilidad; el lugar donde se siente el picor se abre en un instante, se extrae el gusano y la herida cicatriza en muy poco tiempo.

Bujará se abastece de agua del río Zarafshán (literalmente, salpicadura de oro) mediante acueductos abiertos. El canal está hundido a suficiente profundidad, pero no se mantiene limpio. Como a menudo se seca, el agua que vuelve a entrar es recibida por la población con gritos de alegría. En primer lugar, la gente, jóvenes y viejos, se sumergen en la cuenca y se bañan con regularidad; luego llega el turno de los caballos, las vacas y los asnos, seguidos de los perros. Una vez finalizado este baño general de hombres y animales, se prohíbe cualquier otra inmersión; el agua se asienta un poco y vuelve a ser clara, pero permanece contaminada con suciedad y desechos de todo tipo.

Bujará tiene algo de metropolitana, al menos para un hombre como yo, que llevaba mucho tiempo vagando por los desiertos de Asia central. Tenía buen pan caliente, podía conseguir té, fruta y alimentos cocinados; incluso me tomé la molestia de hacerme dos camisas y, de hecho, llegué a disfrutar de las comodidades de la vida civilizada hasta tal punto que, con una punzada de pesar, escuché a mis compañeros hablar de los preparativos que debía hacer para nuestra partida, ya que deseaban llegar a sus lejanos hogares orientales antes de la llegada del invierno. Mi intención era, en todo caso, acompañarles hasta Samarcanda, donde podría encontrarme fácilmente con el emir, en cuyo caso mis compañeros *hadjis* me serían de gran utilidad. Allí, en Samarcanda, tendría que elegir entre continuar el viaje hasta Kokand y Kashgar, en su compañía, o regresar yo solo a Teherán por Herat. Hadji Bilal y Hadji Salih me exhortaron encarecidamente a que me quedara con ellos. No obstante, para darme todas las facilidades posibles, en caso de que no me dejara convencer por ellos e insistiera en dejarlos en Samarcanda, me pusieron al corriente de un *kervanbashi* de Bujará con ciento cincuenta camellos, que iba a partir para su casa, Herat, dentro de tres semanas. Mulá Zeman era el nombre del *kervanbashi*; conocía a mis amigos desde hacía mucho tiempo, y ellos me recomendaron a él en términos tan cordiales como si yo hubiera sido su hermano. En consecuencia, Mulá Zeman y yo acordamos que, si decidía regresar de Samarcanda, me reuniría con él dentro de tres semanas en Kerki, al otro lado del Oxus.

Antes de despedirme de Bujará, mencionaré el lugar donde le conocí. Era uno de esos caravasares donde los desafortunados esclavos eran puestos a la venta. El *karaktchi* turcomano, que caza a los persas, no puede permitirse esperar mucho tiempo por su dinero, por lo que suele vender su botín humano a algún turcomano más rico, que hace negocio comprando un buen número de ellos, y luego lleva una gran tropa de esclavos a Bujará para venderlos allí. Vende entonces todos los que puede durante los primeros días después de su llegada, y el resto de los que no puede disponer se los entrega a un intermediario para que los venda por él; este último es la persona que hace el verdadero negocio al por mayor de esclavos. En los mercados de Bujará y Jiva se venden constantemente esclavos de tres a sesenta años de edad, a menos que por alguna causa hayan quedado lisiados. Los principios de su religión, es cierto, les prohíben vender como esclavos a personas que sean creyentes, pero la ciudadanía hipócrita de Bujará sabe cómo eludir la ley. Además de los persas chiitas, declarados infieles por la ley sunita, cualquier número de verdaderos creyentes sunitas son vendidos como esclavos, salvándose su conciencia por el simple proceso de obligarles antes de su venta y mediante las torturas más crueles a confesar que son chiitas.

El esclavo varón que se expone a la venta es examinado públicamente, y el vendedor está obligado a garantizar que el artículo vendido por él no tiene ningún defecto. La hora en que un esclavo sale de las garras del traficante es la más feliz, pues es imposible que le esperen, incluso de manos del peor de los amos, tantos malos tratos como los que soporta mientras está en los almacenes del traficante de carne humana. Los precios que se pagan por los esclavos varían según la situación política, siendo favorables o desfavorables, ya que los turcomanos envían a sus *alamanes* (bandas de ladrones) a los países vecinos. En el momento de mi visita, el precio pagado por un hombre fuerte y sano era de cuarenta a cincuenta *tillas* (de 2,10 a 3,10 £); pero en el momento en que los persas fueron derrotados cerca de Merv, y 10.000 prisioneros fueron tomados, un hombre podía ser comprado al bajo precio de tres a cuatro *tillas*. Me complace observar que desde mi estancia en Bujará, este abominable tráfico, si no ha cesado del todo, ciertamente ha disminuido en gran medida, y es muy probable que dentro de poco los esclavos no estén expuestos a la venta en Asia central. Por el cese de esta horrible práctica estamos en deuda con Rusia, que ha prohibido el comercio de esclavos en sus propias posesiones asiáticas, así como en los países bajo su protección. Tampoco los turcomanos, los principales ladrones de hombres, pueden continuar como antes sus incursiones en Persia para llevarse hombres y ganado.

Habíamos pasado ya dieciocho días en Bujará, y como mis amigos no querían quedarse más tiempo, tuvimos que proseguir nuestro viaje a Samarcanda. También nuestros bolsillos estaban bastante mal, pues en Bujará no conseguimos nada más que un apretón de manos. Todo lo que habíamos ahorrado en Jiva lo gastamos en Bujará. Tuve que vender hasta mi animal; y muchos de mis compañeros, compartiendo mi suerte, nos vimos obligados a alquilar una carreta para poder continuar nuestro viaje. Algunos de nuestros compañeros *hadjis* se despidieron de nosotros aquí, y muchos fueron afectuosos con las despedidas y los abrazos.

Antes de partir hice una visita de despedida a Rahmet-Bi, que tuvo la amabilidad de proporcionarme una carta de recomendación para Samarcanda, y me hizo prometer que me presentaría al emir.

El camino a Samarcanda atraviesa en su mayor parte campos bien cultivados y aldeas populosas y bien construidas. En este camino nos detuvimos en cinco estaciones. Ahora que me acercaba a Samarcanda, toda mi curiosidad e interés se reavivaban por ver esta Meca de mis anhelos de antaño. El monte Chobanata, al pie del cual se extiende la ciudad, era ya visible, y subiendo a un promontorio, vimos ante nosotros Samarcanda, la ciudad de Timur, en toda su pompa y esplendor, resplandeciendo, con el encanto de cuento de hadas, con sus cúpulas y torres de muchos colores, iluminadas por el tono rosado del sol naciente.

CAPÍTULO XXIV

En Samarcanda

Los tayikos siguen afirmando que Samarcanda, esta antigua ciudad de Asia central, es el centro del mundo. Y la verdad es que supera a todas las demás ciudades de Asia central, tanto en sus monumentos antiguos como en el esplendor de sus mezquitas, sus grandes tumbas y sus nuevas estructuras. Nos alojamos en un gran caravasar donde los *hadjis* tienen alojamiento gratuito, pero el día de nuestra llegada me invitaron a establecerme como huésped en una casa privada cerca de la tumba de Timur, así que acepté la invitación y abandoné el caravasar. Me sorprendió gratamente encontrar en mi anfitrión a un oficial del emir encargado de la superintendencia del palacio del emir en Samarcanda. Como se había anunciado que el regreso del emir, que estaba a punto de terminar una exitosa campaña en Kokand, tendría lugar dentro de pocos días, mis compañeros de viaje decidieron complacerme aplazando su partida de Samarcanda hasta que yo tuviera la oportunidad de conocer al emir y encontrar compañeros adecuados para mi viaje de regreso. Mientras tanto, dediqué mi tiempo a contemplar los notables monumentos de la ciudad, de los que aquí se ofrece una mayor variedad que en cualquier otra ciudad de Asia central. Como *hadji*, tenía que empezar por aquellos que fueran santos. Aquí hay un centenar de sitios sagrados que visitar, y los peregrinos lo hacen siguiendo una ruta establecida, según las pretensiones de santidad de las personas y los emplazamientos. No quise desviarme de la observancia de esta rutina, y miré cada cosa a su debido tiempo, hasta el objeto más pequeño, con el celo y la devoción propios del personaje que estaba representando. Entre los muchos que visité, mencionaré de pasada la mezquita de Timur; ese castillo en una de cuyas salas aún puede verse la célebre Kök Tash (es decir, la piedra verde). En aquella época, tres mensajeros a caballo estaban siempre listos en el recinto de la sala del anfiteatro para proclamar los edictos del conquistador del mundo hasta el último rincón. También merece la pena mencionar la tumba de Timur y sus numerosas y brillantes madrasas. Sólo una parte de estas últimas se utilizan como viviendas, y muchas de ellas están amenazadas por la decadencia. La madrasa de Bibi Janum, antaño tan grandiosa, está ahora en ruinas, y en vano busqué entre los muros enmohecidos el menor rastro de la renombrada biblioteca armenia y griega que, según se dice, Timur trajo a Samarcanda para convertirla en uno de los ornamentos de su capital.

Durante mi estancia en Samarcanda, las multitudes se agolpaban tanto en los bazares como en los lugares públicos y las calles, a lo que contribuyeron en gran medida los soldados que regresaban de la guerra. Su población regular apenas supera los quince o veinte mil habitantes, dos tercios de los cuales son uzbekos y un tercio tayikos. El emir, cuya sede de gobierno se encuentra propiamente en Bujará, solía pasar dos o tres meses durante el verano en Samarcanda, debido a su posición más elevada y a su clima más agradable.

Habiendo pasado ya ocho días en Samarcanda, llegué finalmente a la conclusión de regresar a Occidente por Herat, tomando la ruta que he mencionado antes. Hadji Bilal seguía insistiendo en llevarme con él a Aksu, prometiendo enviarme sano y salvo a La Meca, por Yarkanda, Tíbet y Cachemira, o, si la suerte le favorecía, a Pekín por la ruta de Komul. Pero Hadji Salih se opuso al plan, haciendo hincapié en la gran distancia y la escasez de mis medios.

—Hasta Aksu, e incluso hasta Komul no tendrías ninguna dificultad, pues a lo largo del camino viven musulmanes y hermanos, que te tendrían en cuenta como derviche de Roum; pero más allá sólo encontrarás infieles, que, es cierto, no te harán daño, pero tampoco te darán nada. Por tanto, sé prudente y regresa a Teherán por Herat, con los hombres que hemos elegido como compañeros de viaje —afirmó.

Me debatí durante un rato en mi interior. Haber viajado por tierra hasta Pekín, a través de los antiguos territorios de los tártaros, kirguises, mongoles y chinos, donde ni siquiera Marco Polo se hubiera atrevido a poner los pies, ¡habría sido una hazaña sin parangón! No obstante, prevaleció en mí la voz de la moderación. Reflexioné que sería una lástima arriesgarme a perder los frutos de las experiencias acumuladas hasta entonces, por insignificantes que fueran, embarcándome en una empresa de gran incertidumbre e indudable peligro. Y aplazar no era renunciar; sólo tenía treinta y un años, y lo que no podía hacer hoy, podría hacerlo en el futuro. Decidí regresar.

Mis preparativos para el viaje habían avanzado considerablemente cuando el emir hizo su entrada triunfal en Samarcanda. Su llegada había sido anunciada desde hacía algunos días, y una gran multitud se había reunido en el Registán (principal plaza pública) para presenciar el espectáculo, pero no puedo decir que se desplegara ninguna pompa especial en el desfile. La procesión iba encabezada por doscientos *sherbazes*, que llevaban sobre el tosco traje de Bujará una especie de bata de piel, a cuyo atuendo adicional debían el ser llamados tropas regulares. Les seguían jinetes con estandartes y timbales, y detrás de ellos, a cierta distancia, venía el emir Muzaffar ed-Din, rodeado de sus oficiales superiores y jefes. El emir tenía cuarenta y dos años, era de mediana estatura, más bien corpulento, pero de aspecto muy agradable, con finos ojos negros y barba rala. Tras el emir venían los rudos kiptchaks, guerreros marciales de rasgos casi mongoles, armados con arcos, flechas y escudos.

El día de su llegada, el emir organizó un festín para el pueblo y, en esa ocasión, se situaron varios calderos gigantescos en el Registán, en los que se cocinaba el pilaf principesco. En cada uno de estos calderos se echó un saco de arroz, tres ovejas troceadas, una gran cacerola de grasa de cordero, suficiente para hacer cinco libras de velas de sebo, y un pequeño saco de zanahorias. A continuación se produjo una escena inimaginable de comida y bebida.

Se proclamó un *arz*, es decir, un día de audiencias públicas, para el día siguiente. Aproveché la ocasión para presentarme en compañía de mis amigos al emir. Cuando entrábamos en el interior de la ciudad, nos sobresaltamos al encontrarnos detenidos por un *mehrem*, que nos dio a entender que su *badevlet* (majestad) deseaba verme a solas, sin mis acompañantes. Mis amigos opinaban que este mensaje era un mal presagio para mí. Pero lo que había que hacer era seguir al *mehrem* hasta el palacio. Después de una hora de espera, me condujeron a una habitación donde encontré al emir recostado en un colchón de tela roja, entre libros y papeles. Recité una breve azora, acompañada de la oración habitual por el bienestar del príncipe gobernante, y después de pronunciar «amén», a lo que el emir respondió, me senté cerca de él sin haber recibido antes su invitación. Al emir le llamó la atención mi atrevimiento, que en realidad correspondía perfectamente al carácter de un derviche. Fijó severamente sus ojos en los míos, como si quisiera avergonzarme, y exclamó:

—¡*Hadji*! He oído que has venido de Roum para visitar las tumbas de Baha ed-Din y de los demás santos del Turquestán.

—¡Sí, *tajsir* (señor)!, y además, para ser edificado por tu bendita belleza.

—Extraño; ¿y no tienes otro objeto al venir aquí desde tierras tan lejanas?

—¡No, *tajsir*! Siempre ha sido el más cálido deseo de mi corazón visitar la noble Bujará y la encantadora Samarcanda, sobre cuya tierra sagrada, como justamente observa el jeque Yelal, los hombres deben caminar con la cabeza antes que con los pies. Además, ésta es mi única vocación, y llevo muchos días vagando por la comarca como *yihangheste* (vagabundo por el mundo).

—¿Cómo es esto, un *yihangheste* cojo como tú? Esto es muy extraño.

—¡Déjame ser tu víctima, *tajsir*! —esta frase equivale a nuestro «le ruego me disculpe, señor»—. Tu glorioso antepasado Timur —que en

paz descanse— fue afligido de la misma manera, y, sin embargo, llegó a ser un *yihanghir* (un conquistador del mundo).

Después de esta conversación preliminar, el emir me preguntó
qué impresión me habían causado Bujará y Samarcanda. Mis res-
puestas, que intercalaba con abundantes citas de poesía persa,
parecieron causar una impresión favorable en el emir, que era mulá y
hablaba árabe bastante bien; pero yo no estaba del todo seguro de mi
éxito con él. Después de un cuarto de hora de audiencia, llamó a un
criado y, diciéndole algo en voz baja y cautelosa, me hizo seguirle.

Rápidamente, me levanté de mi asiento y le seguí. El criado me
condujo a través de una serie de patios y pasillos, mientras mi mente
estaba en ese momento cruelmente agitada por temores y recelos en
cuanto a mi destino; mi imaginación perpleja conjuraba imágenes de
horror y me veía ya viajando por el camino hacia el potro y esa
muerte espantosa que estaba siempre presente en mi mente. Después
de dar muchas vueltas, mi guía me hizo entrar en una habitación oscura, diciéndome por señas que le esperase allí. Me quedé inmóvil,
en un estado de ánimo que cualquiera podría adivinar. Contaba los
instantes con febril excitación, hasta que la puerta volvió a abrirse.
Unos segundos de suspense y el criado se acercó por fin, y a la luz de
la puerta que se abría le vi sosteniendo en su mano, en lugar de los
espantosos instrumentos del verdugo, un paquete cuidadosamente
doblado. En él encontré un traje muy ornamental y una cantidad de
dinero destinada a mi viaje, que me había enviado el emir como
regalo.

En cuanto tuve el paquete en mi poder, me apresuré a reunirme
con mis compañeros, enloquecido de alegría por mi fuga. Estaban
tan contentos de mi éxito como yo mismo. Después supe que Rahmet-Bi había enviado al emir un informe equívoco sobre mí, por lo
que al principio fui recibido con desconfianza por el emir, pero logré
disipar su desconfianza gracias a la labia de mi lengua.

Mis compañeros *hadjis* me aconsejaron que abandonara Samarcanda de inmediato y que ni siquiera me quedara en Karshi, sino que
cruzara lo antes posible al otro lado del Oxus y esperara allí, en me-

dio de los hospitalarios turcomanos de la tribu ersari, la llegada de la caravana con destino a Herat. Seguí su consejo. Se acercaba la hora de la despedida. Siento que mi pluma es demasiado débil para dar una imagen adecuada de la escena de la despedida. Durante seis meses habíamos compartido todos los peligros del viaje por el desierto; habíamos desafiado a los ladrones, soportado la furia de los elementos y desafiado el hambre y la sed. No es de extrañar, pues, que se hubieran roto las barreras de posición, edad y nacionalidad, y que hubiéramos llegado a considerarnos como una sola familia. Es fácil imaginar con qué tristeza esperábamos el momento de separarnos. No hay nada más doloroso para el corazón de un hombre de verdad que ver cómo se rompen los lazos que las dificultades comunes y el intercambio de actos mutuos de amistad y devoción han unido firmemente. Y el mío, especialmente, lo confieso, casi se rompió al pensar en el doble juego que tenía que practicar con estos amigos míos, los mejores que tenía en el mundo, que habían preservado mi vida, incluso en estos últimos momentos, dejándoles a oscuras en cuanto a mi verdadera identidad. Pero aquellos que conocen el fanatismo de los musulmanes y el peligro al que me habría expuesto divulgando la verdad incluso en el momento de la despedida, seguramente no encontrarán ningún defecto en mi reserva.

CAPÍTULO XXV

De Samarcanda a Herat

No permanecí mucho tiempo con mis nuevos compañeros de viaje del kanato de Kokand. Pero me uní aún más a un joven mulá de Kungrat llamado Ishak, que deseaba ir conmigo a La Meca. Era un joven de buen corazón, tan pobre como yo, y considerándome como su amo, estaba siempre dispuesto a servirme y a complacerme.

El camino desde Samarcanda sigue la dirección del camino a Bujará hasta la colina desde donde vimos la ciudad por primera vez. Al día siguiente ya estábamos en el desierto. A decir verdad, comparado con otros desiertos por los que había pasado, podría haberse denominado más bien una extensa llanura cubierta de hierba o una pradera. En todas partes se encuentran pastores, debido a los numerosos pozos alrededor de los cuales los nómadas uzbekos levantan sus tiendas. Los pozos son en su mayoría muy profundos, y cerca de ellos hay depósitos de agua, de piedra o madera, donde abreva el ganado. Para evitar el fatigoso trabajo de sacar agua de los pozos con cubos excesivamente pequeños, los pastores atan la cuerda del cubo a la silla de una mula, pasándola sobre una polea, haciendo así que la mula haga el trabajo de sacar agua. Los rebaños de ovejas que deambulan o descansan cerca del pozo con sus serios pastores constituyen una escena muy pintoresca, que me hizo recordar imágenes similares de las tierras bajas de Hungría. El segundo día después de nuestra partida nos encontramos con una caravana que venía de Karshi, cerca de uno de los pozos. Una de las integrantes de esta caravana, una joven que había sido vendida por su marido a un viejo tayiko, y que había descubierto la infame transacción después de llegar al desierto, se mesaba los cabellos, lloraba amargamente y se lamentaba, y al verme se precipitó frenéticamente hacia donde yo estaba y exclamó:

—Mi *hadji*, tú has leído libros: ¿dónde está escrito que un musulmán pueda vender a su esposa, la madre de sus hijos?

En vano le dije al tayiko que hacerlo era cometer un grave pecado, y él se limitó a sonreír serenamente; al parecer, el juez de Karshi no compartía mi opinión, por lo que el comprador se sintió bastante seguro de la validez del trato.

Avanzamos lentamente debido al excesivo calor, y tardamos dos días y tres noches en llegar a Karshi. Nakhsheb era el antiguo nombre de Karshi, y como ciudad ocupa el segundo lugar en el kanato de Bujará en extensión e importancia comercial. Fui en busca de un uzbeko llamado Ishan Hasán, a quien mis amigos me habían entregado una carta de presentación. Lo encontré y me recibió muy cordialmente. Me aconsejó que comprara un asno, ya que el ganado es muy barato en Karshi, y que comprara con el dinero que me quedaba cuchillos, agujas, hilo, cuentas de vidrio, pañuelos de bolsillo hechos en Bujará y, sobre todo, cornalinas traídas de la India, y que comerciara con estos artículos entre los pueblos nómadas que encontráramos en nuestro camino. Todos los *hadjis* hacen lo mismo. A cambio de una aguja, o un par de cuentas de vidrio, obtienen pan y melones suficientes para todo un día. Vi que el buen hombre tenía razón, y fui el mismo día con el mulá Kungrat a hacer las compras previstas. Una mitad de mi *khurdjin* estaba llena de mis manuscritos, en su mayoría de contenido literario e histórico, que había comprado en el bazar de Bujará; la otra mitad la utilizaba como almacén de mis mercancías, y así me convertí a la vez en anticuario, comerciante de artículos de moda, *hadji* y mulá, obteniendo una fuente adicional de ingresos de la venta de bendiciones, *nefesses*, amuletos y artículos maravillosos similares.

Después de una estancia de tres días partí, en compañía del mulá Ishak y otros dos *hadjis*, hacia Kerki, a unos noventa kilómetros de Karshi.

Al cabo de tres días de viaje llegamos al Oxus por la mañana, en un lugar donde había un pequeño fuerte en nuestro lado de la orilla, y en el lado opuesto, en una escarpada altura, el fuerte fronterizo rodeado por la pequeña ciudad de Kerki. El Oxus que fluye entre los dos fuertes tiene casi el doble de anchura que el Danubio cerca de Budapest, pero debido a su rápida corriente, que nos desvió considerablemente de nuestro curso, tardamos tres horas en cruzarlo. Los barqueros eran muy astutos y no quisieron aceptar nada de nosotros a cambio. Pero apenas habíamos puesto los pies en la orilla cuando el *deryabeghi* (el oficial del transbordador) del gobernador de Kerki nos detuvo, acusándonos de ser esclavos fugitivos que pretendían regresar a Persia, y obligándonos a seguirle inmediatamente con todo nuestro equipaje y enseres hasta el castillo del gobernador. Es fácil imaginar mi sorpresa y mi terror. Tres de mis compañeros, cuyas palabras y rasgos delataban su origen, fueron liberados al poco tiempo. A mí no me fue tan bien; las cosas no pasaban tan fácilmente conmigo, ya que me ponían toda clase de objeciones; pero finalmente monté en cólera, y cambiando el dialecto turco-tártaro que había estado usando por el de Constantinopla, insistí enfáticamente en que se mostrara mi pasaporte al *bi* (gobernador) de inmediato, o que se me llevara a su presencia.

Al oírme, el *topchubashi* (oficial de artillería), de origen persa, dijo algo en voz baja al *deryabeghi*. Luego me llevó aparte y me dijo que había ido varias veces a Estambul, desde Tabriz, su ciudad natal, que conocía muy bien a personas pertenecientes a Roum, y que podía estar perfectamente tranquilo, pues no me ocurriría ningún daño.

Todos los forasteros debían someterse a esta investigación, pues como los esclavos que se habían liberado y regresaban a su país debían pagar un impuesto de dos piezas de oro en la frontera, eran muchos los que recurrían a toda clase de subterfugios y disfraces para pasar desapercibidos a través de las fronteras. El criado que había llevado mi pasaporte al gobernador no tardó en regresar, trayendo consigo no sólo mis papeles, sino un regalo de cinco *tenges* que el gobernador me había enviado.

Lamenté mucho enterarme de que Mulá Zeman, el jefe de la caravana que iba de Bujará a Herat, no aparecería antes de ocho o diez días. En consecuencia, partí en compañía de Mulá Ishak para ir entre los turcomanos ersari que vivían en los alrededores. Allí entré en la casa de Khalfa Niyaz, un *ishan* que había heredado la santidad, la ciencia y la autoridad de su padre. Tenía un claustro propio y había obtenido una licencia especial de La Meca para recitar poemas sagrados. Cuando leía, siempre tenía a su lado una taza llena de agua, en la que escupía cada vez que terminaba de leer un poema. La saliva, así impregnada por la santidad de las palabras, la vendía luego como panacea milagrosa al mejor postor.

Como teníamos mucho tiempo libre, mi fiel mulá y yo visitamos a los turcomanos *lebab* (turcomanos de la ribera). Nos dieron alojamiento en el patio de una mezquita abandonada. Por la noche, los turcomanos traían uno de sus cuentos poéticos o un poema de sus colecciones de canciones, y yo tenía la costumbre de leérselo en voz alta. Era delicioso tenerlos sentados a mi alrededor en la noche tranquila, a la vista del Oxus que avanzaba, escuchándome, absortos mientras les leía las valientes hazañas de uno de sus héroes.

Una noche, la lectura duró hasta medianoche. Yo estaba agotado y, olvidando el consejo que me habían dado con frecuencia de no acostarme cerca de un edificio en ruinas, estiré mis cansados miembros cerca de una pared y muy pronto me quedé dormido. Llevaba una hora durmiendo cuando de repente me despertó una sensación dolorosa. Me levanté de un salto gritando; creía que me habían clavado cien agujas envenenadas en la pierna. La zona de donde procedía el dolor era un pequeño punto cerca del dedo gordo de mi pie derecho. Mis gritos despertaron a un viejo turcomano, que yacía cerca de mí, quien, sin hacer preguntas, prorrumpió inmediatamente en el siguiente apóstrofe reconfortante:

—Desdichado *hadji*, te ha picado un escorpión, y eso en la desafortunada estación de los *saratán* (días caniculares o de perros). Que Dios se apiade de ti.

Diciendo estas palabras, me agarró el pie y me lo golpeó con fuerza hasta casi separarlo del talón; inmediatamente acercó su boca al lugar herido y empezó a chuparlo con tal violencia que sentí que me atravesaba todo el cuerpo. Otro ocupó pronto su lugar, y envolviéndome dos veces el pie, me abandonaron a mi suerte, con el triste consuelo de que antes de las oraciones de la mañana siguiente se decidiría si Alá quería librarme de mi dolor o de las vanidades de este mundo.

Aunque estaba bastante estupefacto por haber sido arrojado de un lado a otro, y por el dolor ardiente y punzante que seguía aumentando en intensidad, mi memoria todavía volvía de una manera sorda y mecánica al recuerdo del hecho de que los escorpiones de Balj eran conocidos en la antigüedad por su naturaleza venenosa.

Mi angustia se hizo más intolerable por mis temores, y que había perdido toda esperanza durante las muchas horas de sufrimiento quedó demostrado por la circunstancia de que, totalmente inconsciente de mi incógnito, había prorrumpido en tales gemidos y exclamaciones lastimeras que parecían bastante extravagantes para los tártaros, quienes, como supe posteriormente, tenían la costumbre de prorrumpir en gritos de júbilo en una ocasión de esta clase. En pocos segundos, el dolor se había extendido desde la punta de los dedos de mis pies hasta la parte superior de mi cabeza, subiendo y bajando como un torrente de fuego, pero confinado, sin embargo, sólo a mi lado derecho. Las torturas que sufría eran indescriptibles y, perdiendo todo interés por la vida, me golpeé la cabeza contra el suelo sin pensar en las consecuencias, buscando alivio en la muerte. Esta acción de violencia suicida fue rápidamente observada por los otros, y ellos, sin hacer caso de mi protesta, me ataron firmemente a un árbol. Así continué postrado y medio desmayado durante varias horas, mirando fijamente la bóveda estrellada que había sobre mí, mientras el sudor frío de la agonía se acumulaba en gruesas gotas sobre mi frente. Las Pléyades se movían lentamente hacia el oeste, el amado oeste, que yo desesperaba de volver a ver. Perfectamente consciente, esperaba la hora de la oración con sus sonidos de devoción, o más bien el amanecer del día. Mientras tanto, un suave sueño se apoderó de mí, sellando mis ardientes párpados, pero pronto fui despertado de mi benéfico letargo por el monótono: *¡La Illah, il Allah!*

Cuando desperté y empecé a ordenar mis ideas me pareció sentir un ligero cese del dolor. La sensación de quemazón y escozor se hizo cada vez menos violenta, y más o menos cuando el sol había salido a la altura de una lanza, pude intentar ponerme de pie, aunque muy débil y torpemente todavía. Mis compañeros me aseguraron que la oración de la mañana había tenido el efecto de exorcizar al demonio que se había introducido en mi cuerpo por medio de la picadura del escorpión. Por supuesto que no me atreví a sugerir ninguna duda en cuanto a esta piadosa versión de mi curación, pues estaba demasiado contento de haber superado esta espantosa noche, cuyos horrores estarán siempre presentes en mi memoria.

Después de haber esperado fatigosamente durante muchos días la llegada de la caravana procedente de Herat, por fin fuimos informados de que el esperado acontecimiento estaba próximo. Inmediatamente me apresuré a ir a Kerki, con la esperanza de partir de inmediato. Pero mis esperanzas en este sentido estaban condenadas a la decepción. En la caravana de Mulá Zeman había unos cuarenta esclavos libertos de Persia y Herat, que se dirigían a casa bajo su protección, muy bien pagada. Al viajar solos, estos pobres libertos corren el riesgo de que se abalancen sobre ellos y los vendan de nuevo como esclavos. Estos antiguos esclavos que regresan a casa deben pagar peaje aquí, y esto dio ocasión a una gran cantidad de ruidosas manifestaciones, ya que el *kervanbashi* había declarado el número de esclavos en una cifra inferior a las reales, mientras que el oficial de aduanas reclamaba peaje por otros que no eran esclavos, anotando a cada persona que no le constaba que era libre como esclavo, y exigiendo peaje por él. Y como ninguno de los dos cedía, sino que se levantaban en defensa de sus respectivas alegaciones, el albo-

roto y la cólera parecían estar a punto de no amainar nunca. Nos llevó todo el día examinar las mercancías, los hombres, los camellos y
los asnos. Al fin partimos, pero no sin la escolta del oficial de aduanas, que no perdía de vista la caravana por si algún viajero rezagado
se le unía en algún desvío. No nos dejó hasta que hubimos cruzado
las fronteras de Bujará y proseguimos nuestro viaje por el desierto.

En la primera estación me di cuenta de que, además de mí, había
en la caravana un gran número de personas que ansiaban poner sus
ojos en la frontera más meridional de Asia central. Los libertos parecían buscar nuestra compañía por preferencia, es decir, la compañía
de los *hadjis*, y al unirse a nosotros tuve ocasión de oír ejemplos verdaderamente conmovedores de la miseria de algunos. Cerca de mí
estaba sentado un anciano canoso que acababa de rescatar a su hijo,
de treinta años, en Bujará, y lo llevaba de vuelta a los brazos de una
joven esposa y sus hijos. Tuvo que comprar la libertad de su hijo sa-
crificando todo lo que tenía, pues el rescate ascendía a cincuenta
piezas de oro. «Prefiero soportar la pobreza», dijo, «a ver a mi hijo
encadenado». Su casa estaba en Khaf, en Persia oriental. No lejos de
mí había un hombre musculoso tendido en el suelo, cuyo cabello se
había vuelto gris por la agonía mental. Hacía unos años, los turcomanos se habían llevado como esclavos a su mujer, a su hermana y a sus
seis hijos. Durante todo un año tuvo que arrastrar sus pasos por Jiva
y Bujará antes de poder encontrar algún rastro de ellos. Cuando lo-
gró seguirles la pista, le esperaba un duro golpe. Su esposa y los dos
hijos más pequeños, así como su hermana, habían perecido a causa
de las penurias de la esclavitud, y de los cuatro hijos restantes sólo
pudo comprar la libertad de los dos más pequeños; las dos mayores,
niñas, que se habían convertido en hermosas muchachas, estaban demasiado cotizadas y por encima de la cantidad de rescate que podía
permitirse pagar.

Un grupo formado por una anciana y un joven atrajo nuestra
atención. Eran madre e hijo, él era un joven de Herat y ella tenía cincuenta años. Él había comprado la libertad de su madre. Dos años
antes, mientras viajaba en compañía de su marido y su hijo mayor,

fueron atacados y hechos prisioneros. Su marido y su hijo fueron masacrados ante sus ojos, y ella fue vendida como esclava en Bujará por
veinte piezas de oro. Cuando su hijo menor la encontró y se ofreció a
rescatarla, doblaron la cantidad en cuanto lo reconocieron como hijo,
especulando rapazmente con su afecto filial.

Permítanme mencionar el caso de otro desgraciado que había sido vendido como esclavo unos ocho años antes, y fue rescatado
después de unos seis años de esclavitud por su padre. Cuando regresaban a casa después de algunas horas de marcha desde su ciudad
natal, padre e hijo fueron sorprendidos por turcomanos que los llevaron inmediatamente a Bujará para venderlos. Ahora ambos habían
recuperado la libertad y regresaban a casa.

Seguíamos un curso meridional, a través de una interminable llanura desprovista de vegetación, con excepción de una especie de
cardo, que crece escasamente y proporciona un dulce bocado al camello. Resulta sorprendente que estos animales arranquen con la
lengua y se traguen una planta cuyo mero contacto puede herir la
mano más insensible.

En Maimana, un campamento de caravanas a las afueras de la
ciudad, me alojé en el *tekkie* (convento) de un tal Ishan Eyub, a quien
Hadji Salih me había entregado una carta de presentación. Al día siguiente armé mi tienda en la esquina de una calle. Mis existencias,
sin embargo, eran bastante reducidas porque no las había repuesto
desde las primeras compras. Uno de mis compañeros se me acercó y
me dijo en tono de advertencia y compasión: «Hadji Reshid, ya te has
deshecho de la mitad de tus cuchillos, agujas y cuentas de cristal, la
otra mitad, junto con tu oreja, te seguirán en poco tiempo; ¿qué será
entonces de ti?». El hombre tenía toda la razón, pero ¿qué iba a hacer
yo? Mi futuro me causaba muchos pensamientos angustiosos, pues
la frontera persa estaba lejos y se acercaba el invierno. Sin embargo,
muy pronto me consolé recordando mis experiencias anteriores entre
los uzbekos, que nunca permitían que un *hadji* o un mendigo saliera
de su casa con las manos vacías. Me aseguraba pan y fruta y, de vez

en cuando, incluso alguna prenda de vestir; y con esto esperaba poder continuar mi viaje.

Ningún problema de peaje nos retuvo en Maimana, pero los *kervanbashis* y los mercaderes más destacados de nuestra caravana aplazaron su partida debido a sus propios asuntos privados. Deseaban asistir al menos a dos o tres ferias de caballos, ya que aquí los precios de estos animales son muy bajos. Los caballos son llevados a la feria por los uzbekos y los turcomanos de los alrededores, y desde aquí son transportados a Herat, Kandahar, Kabul, y a menudo a la India. Los caballos que vi vendidos en Persia por treinta o cuarenta piezas de oro cada uno, podían comprarse aquí por cien o ciento sesenta *tenges* (un *tenge* equivale a unos nueve peniques).

Nuestro camino atravesaba ahora regiones montañosas continuamente. Al llegar a la frontera de Maimana, nos encontramos de nuevo con un *yuzbashi*, que desempeñaba el cargo de guardia fronterizo, y que nos cobró un peaje adicional bajo el título de dinero de látigo, siendo éste el tercer peaje que teníamos que pagar dentro del kanato de Maimana. Un comerciante de Herat, a quien me quejé de esta extorsión, hizo la siguiente observación: «Gracias a Dios sólo tenemos que pagar peaje. Antiguamente, viajar por estos lares era muy peligroso, pues el propio kan saqueaba las caravanas».

Una tropa de *yemshidis* enviada por el kan desde Bala Murgab para protegernos de las tribus depredadoras por cuyos territorios debíamos pasar, se unió a nosotros en la frontera, formando nuestra escolta. Me informaron de que nuestra caravana no había estado expuesta a un peligro tan inminente como el que les esperaba aquí durante todo el viaje desde Bujará. Manteníamos los ojos bien abiertos, mirando cuidadosamente a derecha e izquierda, y vigilando con cautela cada pequeña colina por la que pasábamos. De este modo, continuamos el viaje con gran suspense, pero, con toda probabilidad, nos libramos de ser atacados gracias al tamaño de la caravana y a su vigilancia.

Cuando la caravana partió de Herat en dirección a Bujará, era primavera y Herat estaba sitiada por los afganos al mando de Dost

Mohamed. Habían pasado seis meses desde la noticia de la toma de la ciudad; su saqueo y destrucción nos habían llegado hacía mucho tiempo, por lo que es fácil imaginar el intenso anhelo de los miembros de nuestra caravana que venían de Herat por volver a ver a sus familias, amigos y casas. Sin embargo, nos hicieron esperar un día entero en Karukh, una de las aldeas fronterizas de Herat, hasta que el oficial de la aduana, que ya había llegado a nosotros por la mañana, hubo terminado, de la manera prepotente y arrogante peculiar de los afganos; es decir, hacer, con mucho ruido, una extensa lista de cada viajero, animal y cada pieza de mercancía que llevábamos con nosotros.

Había imaginado que Afganistán era un país con una administración un tanto regular; es más, tenía la esperanza de que mis sufrimientos terminarían aquí, y que podría prescindir en adelante de asumir el carácter de un derviche. Pero, desafortunadamente estaba muy equivocado. En ninguna parte habíamos sido tratados de un modo tan brutal como aquí por los aduaneros afganos. Tuvimos que pagar impuestos por la propia ropa que llevábamos, a excepción de la camisa. Por mi trasero tuve que pagar una tasa de seis *krans*, y al que no podía pagar simplemente le confiscaban todas sus cosas.

Al anochecer, cuando terminó el saqueo, el gobernador de Karukh, que tiene rango de comandante, hizo acto de presencia para examinarnos. Me miró detenidamente, evidentemente impresionado por mis rasgos extranjeros, e inmediatamente llamó al *kervanbashi* para susurrarle algunas preguntas sobre mí. Luego me llamó para que me acercara, me hizo sentar y me trató con gran cortesía. Mientras hablaba conmigo, desviaba la conversación hacia Bujará, sonriendo siempre de forma misteriosa. Pero yo me mantuve fiel al papel que había asumido. Al despedirse quiso estrecharme la mano a la manera inglesa, pero yo me anticipé a su gesto levantando la mía como si fuera a concederle una fátiha, por lo que me dejó riendo. Por fin nos permitieron salir de Karukh y entramos en Herat a la mañana siguiente, después de un penoso viaje de seis semanas.

CAPÍTULO XXVI

Herat y más allá

E L amplio y floreciente valle, surcado por canales, en cuyo centro está situada la ciudad de Herat, se llama Yolghei-Herat (la llanura de Herat). Vi con sorpresa lo rápido que habían cicatrizado las heridas infligidas por la guerra. Hacía dos meses, salvajes hordas afganas acampaban en los alrededores, pisoteándolo y arrasándolo todo, y ahora los campos y los viñedos lucían su más intenso verdor, y las praderas estaban cubiertas de un exuberante césped salpicado de flores de campo, que las hacían parecer bordadas.

Entramos por la puerta de Dervaze Irak (es decir, la puerta de Irak). La puerta en sí y las casas que la rodeaban eran una masa de ruinas. No lejos de la puerta, en el interior de la ciudad, había una elevada fortificación que, debido a sus características, estaba más expuesta a los proyectiles hostiles, y ahora no quedaba de ella más que un montón de piedras. El armazón de madera de la puerta y la ventana había desaparecido, pues se había utilizado como combustible, del que hubo gran escasez en la ciudad durante el asedio. En las aberturas desiertas de las casas se veían afganos e hindúes desnudos en cuclillas, dignos guardianes de una ciudad en ruinas. A cada paso que daba, la desolación se hacía más espantosa; barrios enteros de la ciudad estaban vacíos y desiertos. Sólo el bazar, o más bien la parte cubierta por la cúpula, que ha resistido muchos asedios, presentaba un interesante cuadro de la vida característica de la confluencia de Persia, India y Asia central en este lugar. Era un espectáculo maravilloso ver la asombrosa variedad de tipos, complexiones y trajes entre afganos, hindúes, turcomanos, persas y judíos. El afgano, cuyo traje nacional consiste en una camisa, calzoncillos y una manta sucia, a veces adopta el abrigo rojo inglés, pero en la cabeza lleva el siempre pintoresco turbante hindú-afgano. La prenda más civilizada es en parte el vestido persa. Las armas son la moda universal; tanto los ciudadanos particulares como los soldados rara vez acuden al bazar sin espada y escudo, y las personas que desean parecer distinguidas llevan consigo todo un arsenal. El afgano es, tanto por su aspecto como por su comportamiento, el más rudo y salvaje; todo el mundo se cruza con él con una gran muestra de humildad, pero nunca la gente ha odiado más intensamente a un conquistador que a los afganos de Herat. Era agradable contemplar la multitud abigarrada que se agolpaba ante mí. Hubo momentos en que, al ver a los soldados afganos con uniformes ingleses y *shakos*[10] en la cabeza, pensé que, después de todo, ahora estaba en un país donde no tenía nada que temer del fanatismo islámico, y que podría dejar caer la máscara que se me había hecho intolerable. Pero sólo por un momento, al reflexionar, no pude evitar recordar que estaba en Oriente, donde las apariencias engañan más todavía.

Como ya he dicho, mi monedero estaba bastante vacío. Intenté por todos los medios procurarme los gastos de viaje necesarios. Esperé al príncipe reinante, Serdar Mohamed Yakub Kan, un joven de dieciséis años, hijo del entonces rey de Afganistán. El rey había confiado a este joven el gobierno de la provincia conquistada, tenía que apresurarse a Kabul, donde sus propios hermanos conspiraban para privarle de su trono. El joven príncipe residía en un palacio muy maltrecho por el asedio. Iba vestido con un uniforme de cuello alto, y la mayor parte del tiempo se sentaba en un sillón junto a la ventana; y cuando se cansaba del gran número de peticionarios que tenía el deber oficial de recibir, ordenaba que se ejecutaran ejercicios y maniobras militares en el lugar situado bajo su ventana y los inspeccionaba desde allí.

Cuando entré en el patio del palacio en compañía de Mulá Ishak, el ejercicio militar estaba en su apogeo. Cerca de la puerta del salón de recepciones se agolpaba una multitud de sirvientes, militares y peticionarios. Gracias a mi enorme turbante y a mi aspecto de peregrino, todos me abrieron paso y pude llegar a la sala sin que nadie se interpusiera. Cuando entré en la sala, encontré al príncipe sentado como de costumbre en su sillón, con el visir a su derecha, mientras que a lo largo de la pared había otros oficiales, mulás y gente de Herat. Delante del príncipe estaban el guardián del sello y cuatro o cinco sirvientes. Como correspondía a mi condición de derviche, entré con el saludo acostumbrado y, sin suscitar comentario alguno, me dirigí directamente al príncipe, sentándome entre él y el visir, después de haber apartado a este último, un robusto afgano, para hacerme sitio. Hubo una carcajada general ante este *intermezzo*, pero yo mantuve mi semblante e inmediatamente levanté la mano para recitar mi oración acostumbrada. El príncipe me miró fijamente durante la oración. Observé que una expresión de sorpresa y vacilación se dibujaba en su rostro, y después que hube dicho «amén», y toda la compañía, acariciándose las barbas, respondió a ello, se levantó de un salto de su silla, y señalándome con el dedo, exclamó, riendo y, sin embargo, medio asombrado:

—¡Juro por Dios que eres un inglés! —una sonora carcajada siguió a la original observación del joven príncipe, pero éste, en modo alguno desconcertado, se acercó, se puso de pie frente a mí y, dando palmadas como un niño que ha acertado en algo, añadió:

—¡Déjame ser tu víctima! Confiesa que eres un *ingiliz* disfrazado.

Pero ahora fingí actuar como si la broma hubiera sido llevada demasiado lejos para mi paciencia, y dije:

—*Sahib mekum* (detente); ¿conoces el proverbio que dice: «aquel que incluso en broma toma a un verdadero creyente por un incrédulo, se convierte él mismo en uno»? Dame algo para mi fátiha y para que pueda continuar mi viaje.

Mis miradas serias y la cita hecha por mí dejaron algo perplejo al joven príncipe, y sentándose de nuevo, medio avergonzado de sí mismo, se excusó diciendo que nunca había visto un derviche de Bujará con tales rasgos. Yo le respondí que no era de Bujará, sino de Constantinopla, y después de mostrarle como prueba mi pasaporte y hablarle de su primo Yelaleddin Kan, que había visitado La Meca y Constantinopla en 1860 y había tenido una acogida muy distinguida por parte del sultán, pareció quedar perfectamente satisfecho. Mi pasaporte pasó de mano en mano, todo el mundo aprobó su contenido, y el príncipe, que me dio un par de *krans*, me invitó a visitarle de nuevo mientras permaneciera en Herat, invitación que no dejé de aprovechar*.

El tiempo se me hizo muy largo mientras esperaba una caravana en Herat, y me impacienté mucho por el retraso. En la ciudad se respiraba un aire triste y deprimente, en todos los rostros podía leerse el terror al salvaje conquistador, y el reciente asedio y la devastación seguían siendo temas recurrentes de conversación. Por fin, el 10 de noviembre de 1863, abandoné esta puerta de entrada al Asia central, uniéndome a una caravana más numerosa que se dirigía a Mashhad, con la que debía realizar el resto de mi viaje. La caravana constaba de dos mil personas, la mitad de las cuales eran hazaras de Kabul que, en su mayoría pobres y miserables, peregrinaban con sus parientes a los santuarios de los santos chiitas. La caravana formaba así un gran grupo de hombres, cuyos miembros se subdividían a su vez en bandas más pequeñas. Me asignaron a una tropa de afganos de Kandahar, que comerciaban con pieles y añil, y transportaban estas mercancías a Persia.

Yo creía haber dejado atrás lo peor de mis amargos sufrimientos durante mi periplo por Asia central, pero apenas bastó el viaje de Herat a Mashhad para convencerme de que podía haber miserias aún mayores que las que ya había padecido. Estaba completamente desprovisto de dinero, de todo, y para satisfacer mis necesidades dia-

---

* Fue el mismo príncipe que más tarde sucedió a su padre Shir Ali Kan en el trono de Kabul. A pesar de haber demostrado al principio de su carrera ser un valiente soldado, se convirtió después en un cobarde al participar en el asesinato de sir Louis Cavagnari y del resto de los oficiales ingleses que tomaron parte en la Misión Británica a Kabul.

rias me vi obligado a recurrir a la caridad de los afganos y los tayikos. Los tayikos eran pobres peregrinos, ellos mismos escasamente provistos de lo estrictamente necesario para vivir. Y en cuanto a los afganos, su conocida avaricia y mezquindad de carácter podrían dispensarme de contar lo difícil que era despertar su compasión. Me iba mejor cuando acampábamos cerca de alguna aldea habitada. En tal caso, mi socio tártaro y yo nos dividíamos la aldea; yo iba en una dirección y pedía leña y combustible, mientras que él iba en otra mendigando pan y harina, y al volver a encontrarnos intercambiábamos las partes.

Los habitantes de esta región, aunque muy pobres, no hicieron oídos sordos a nuestras peticiones de caridad. Nos abastecían bastante de alimentos, por pobres y de mala calidad que fueran; pero lo que nos causaba los sufrimientos más terribles era el frío intenso que reinaba hacia el otoño en esta parte del mundo. Tal era el efecto de las ráfagas de frío cortante que llegaban de las llanuras del nordeste, que el intenso frío traspasaba el manto más grueso que pudiera envolver a una persona; y los propios animales estuvieron muy cerca de quedar entumecidos por él. Desde Shebesh, hasta dos paradas antes de llegar a Mashhad, tuve que pasar la noche al aire libre, tendido sobre el duro suelo helado, con el harapiento vestido de derviche que llevaba y que me servía de almohada y cobertor. Muchas veces no me atrevía a cerrar los ojos por miedo a morir congelado. Supliqué a los afganos de frío corazón que me dieran una de sus mantas de repuesto para caballos; con dientes castañeteantes y con la voz más lastimera, apelé en vano durante horas a los crueles bárbaros envueltos en sus cálidos mantos de piel. Sólo se burlaban de mí, diciendo: «Baila, *hadji*, y te calentarás». Las altas mesetas del este de Persia quedarán para siempre en mi memoria junto a la arena de los desiertos de Asia central.

Cerca de Kafir Kale nos encontramos con una caravana que venía de Mashhad. Por un miembro de esta caravana supe que el coronel Dolmage, oficial inglés al servicio de Persia, viejo conocido mío, residía aún en Mashhad, noticia que me fue muy grata. Ferimón fue la primera aldea habitada por persas, y un cálido establo me hizo olvidar los sufrimientos de muchos días pasados. Por fin, el duodécimo día después de nuestra partida de Herat, las cúpulas doradas de la mezquita del imán Reza se alzaron ante nuestros ojos. Habíamos llegado a la ciudad de Mashhad, cuya vista tanto había deseado.

Además, al acercarnos a Mashhad, había otros motivos —motivos de humanidad— en juego, que aceleraron mi pulso e hicieron latir mi corazón con algo de la dignidad recobrada de un hombre que escapa de la esclavitud moral. En Mashhad, por fin, iba a volver a ser yo mismo; iba a despojarme, hasta cierto punto, de los artificiosos disfraces con que, por miedo a perder la vida, o la integridad física y la libertad, había tenido que rodearme; a desechar los vergonzosos harapos que me rebajaban en mi propia estimación; a poner fin a las lamentables angustias a que había estado expuesto continuamente, y, por último, a cambiar una vida de penurias, incomodidades y privaciones, por otra de relativa facilidad y comodidad.

El gobernador de la provincia era un príncipe ilustrado, tío del rey de Persia, y bajo sus auspicios el gobierno se conducía, al menos en apariencia, más de acuerdo con las ideas europeas. A todas estas alentadoras reflexiones se añadía la esperanza de volver a encontrar y abrazar, después de tan fatigosas andanzas, a un viejo amigo mío, tal vez el solitario europeo que había levantado su tienda tan al este y que ahora vivía en Mashhad. Bajo todas estas impresiones combinadas, la misma cúpula, bajo la cual descansan los restos mortales del imán Reza, resplandeciendo con su resplandeciente luz hasta el lejano país, me parecía un faro que debía guiarme a un puerto seguro. Incluso me contagié del entusiasmo de los miles de personas que acudían en masa a la tumba del santo, y casi pude imaginarme como uno de los peregrinos que saludan con emociones de indecible agradecimiento y piadosa alegría la aparición del lugar sagrado, después de haber recorrido penosamente las inmensas distancias que los separan de sus diversos hogares.

Tal vez sea interesante saber quién es este imán Reza, cuyo renombre y santidad han causado una impresión tan duradera y profunda en las mentes de una gran parte del mundo oriental. Es el octavo de los doce imanes. Fue contemporáneo del califa Al-Mamún, hijo del famoso Harún al-Rashid. La envidia y los celos de este califa hacia el imán Reza se despertaron por la estima general que se le tenía y la devoción sin límites que le profesaba la secta de los chiitas, entonces ya muy numerosa, pero que aún no se atrevía a entrar públicamente en el terreno del sectarismo religioso. Fue desterrado por el califa a Tus, una ciudad cercana a la actual Mashhad. El destierro no tuvo el efecto deseado; en su morada de humillación volvió a ser objeto de la veneración general, por lo que el califa hizo que le administraran veneno en una copa de vino, librándose así de un rival peligroso y odiado. El recuerdo de su nombre no murió con él; de amado líder de una secta pasó a ser un santo mártir. Su muerte en el exilio parece haberle encomendado especialmente a la imaginación del público viajero como su santo patrón; y fue honrado, en esta, su cualidad, con el título de Sultán al-Gureba (Príncipe de los Extraños).

CAPÍTULO XXVII

En Mashhad

LA naturaleza parecía haberse vestido de fiesta cuando nos acercábamos a la ciudad. El tiempo era espléndido; era una de esas bellas mañanas otoñales tan comunes en la parte oriental de Persia. La carretera que conduce a la ciudad atraviesa una zona casi llana, sin vegetación, cuya monotonía sólo se ve aliviada aquí y allá por algunas colinas. El contraste que la ciudad presentaba con el aspecto poco romántico de los alrededores era aún más sorprendente. Con sus brillantes y relucientes cúpulas, y rodeada de jardines, yacía allí como una rica y reluciente gema incrustada en un raro marco de frondosa vegetación. Mi mirada estaba fija en los edificios que parecían separarse a medida que nos acercábamos de la confusa masa que se presentaba a lo lejos. Por el momento, estaba completamente perdido en mis pensamientos, despreocupado de los movimientos de la caravana, e incluso mi mirada a la ciudad era más de una manera soñadora y vacía que con el propósito de gratificar mi curiosidad. El viajero se había fundido por una vez en el ser humano; dejando a un lado todo interés por las reminiscencias históricas, sin preocuparme siquiera de recordar los nombres de los grandes santos, cuyas espléndidas tumbas constituían la atracción del lugar, me regocijaba en la conciencia de poder dar ahora la espalda a las negras y feas experiencias del pasado, y miraba hacia el atractivo panorama de un brillante futuro.

Me despertó de estos agradables ensueños nuestra entrada por la *Dervaze Herat* (puerta de Herat). Pasamos por la ancha y larga calle de *Pajin Khiaban* (callejón inferior) y nos dirigimos hacia el *Sahni Sherif* (vestíbulo sagrado). El amplio canal que serpentea por la ciudad, con sus orillas repletas de árboles que dan una agradable sombra, ofrece un espectáculo muy agradable; de hecho, esta es una de las características que hacen de Mashhad una de las ciudades más atractivas de Irán. La aglomeración de gente, que representa a todas las naciones de Asia que profesan la fe chiita, confiere un carácter muy llamativo a las calles, que bullen de vida. Todas las variedades de atuendos que prevalecen en Persia y en toda Asia oriental saltan a la vista allá donde se mire.

Uno no tarda mucho en darse cuenta de que Mashhad es uno de los bastiones del chiismo. Los orgullosos sunitas, el turcomano y el uzbeko, se pasean con aire humilde y comprensivo, como si pidieran perdón a aquellos a quienes oprimieron en su propia tierra; mientras que los hombres de Bujará, Hazara, India y Herat pisan con orgullo y ligereza un terreno que parece inspirarles la conciencia de su superioridad: sus formas erguidas, su porte altivo e independiente y sus miradas desdeñosas y desafiantes. Sin embargo, el sunita no está expuesto a ningún peligro de represalias por parte de aquellos cuyos compatriotas han sido a menudo víctimas de su ferocidad. En Irán está a salvo, pero no puede librarse de un sentimiento de culpa por la merecida retribución que su crueldad merece con creces, y la huella de esta desagradable conciencia se trasluce en sus movimientos y en su comportamiento.

Durante los luminosos días de otoño, las calles están abarrotadas de una densa masa humana que se desplaza en una corriente interminable a lo largo de las vías públicas, y en vano puede un ojo encontrar un lugar de descanso en medio de la variada confusión del espectáculo, ni es posible atesorar en la multitud de imágenes contradictorias algún recuerdo distinto que pueda convertirse en una reminiscencia en algún día futuro. Los alrededores del magnífico edificio del imán Reza, a lo largo de varios cientos de pasos, forman el centro de las vistas y sonidos más desconcertantes. A ambos lados de la calle, en las orillas del canal, y moviéndose por éstas, se ve y se oye a una multitud de hombres, activos, revoltosos, enérgicos, que llevan sus mercancías sobre la cabeza, los hombros o en las manos, empujando a través de la multitud, ofreciéndolas a voz en grito a la venta, y produciendo un extraño estruendo y ruido mientras las recomiendan a los compradores con sus chillidos cantarines.

Parece totalmente imposible abrirse paso a codazos a través de esta masa compacta de humanidad, y, sin embargo, hay una especie de orden en esta salvaje confusión, ya que rara vez se produce un bloqueo total. Esta escena de confusión es sólo aparente, especialmente para el ojo poco familiarizado del europeo, que no puede separar el orden de la tranquilidad, pues un intento de abrirse paso a través de la multitud no conlleva consecuencias negativas ni daños; todo el mundo está seguro de llegar a salvo al lugar al que se dirige. Esta vida bulliciosa, sin embargo, me resultaba bastante agradable después de la experiencia de la aburrida y rígida restricción tan característica de las ciudades del Turquestán que había visto hasta entonces.

Ahora deseaba encontrarme cuanto antes con mi amigo inglés, el coronel Dolmage, de quien ya he hablado antes. Lo primero que hice fue entrar en un caravasar para lavarme y poner un poco de orden en mi andrajoso aseo. Hecho esto, lo siguiente fue encontrar la casa donde vivía mi amigo. Siempre es delicado andar por Mashhad preguntando por el paradero de un *firangi*, pero lo es mucho más en el caso de una persona como yo, que llevaba el atuendo, los andares y el aspecto inconfundibles de un *hadji*. A fuerza de perseverancia y de ingeniosas repreguntas, llegué por fin frente a su casa. Casi abrumado por la emoción, llamé a la puerta. Oí pasos que se acercaban, y un momento después un criado abrió la puerta. El portal se me cerró de nuevo en las narices, pues el criado, apenas se dignó mirarme, me abrumó con una andanada de juramentos y cerró la puerta de golpe. Mi emoción desapareció en un abrir y cerrar de ojos, y enfadado e impaciente por este inesperado desaire, volví a golpear vigorosamente la puerta. El criado reapareció, y esta vez no le di ninguna oportunidad de dialogar ni de hacer comentarios, sino que pasé por delante de él y entré en el patio sin concederle ni una sola palabra de explicación. El hombre se quedó estupefacto ante lo que le pareció una impertinencia por mi parte, pero enseguida se recuperó y me preguntó bruscamente qué quería yo, un *hadji*, de su amo, que, como yo sabía, era un incrédulo. Le dije muy enfáticamente que eso no le concernía, pero que avisara sin demora a su amo de que un forastero de Bujará deseaba verle.

Mientras el criado se marchaba, me dirigí tranquilamente a una habitación, y al entrar quedé impresionado por el mobiliario, que recordaba vivamente el confort y la civilización europeos. Los muebles eran bastante sencillos, sólo una mesa y unas sillas, pero a mis ojos poco acostumbrados parecían un epítome de todas las cosas que reconfortaban mi corazón. Sí, estos objetos sin vida, caseros, de uso cotidiano, me parecían santificados, y me quedé mirándolos como si fueran milagros de la vida. Un periódico que había sobre la mesa, el *Levant Herald*, llamó luego mi atención, y cogerlo y devorar su contenido fue cosa de un momento. ¡Cuántas cosas habían sucedido desde que tuve un periódico en mis manos! Todas las noticias, las más humildes y las de mayor importancia política, poseían para mí un interés igualmente intenso, e inmerso en la lectura de sus columnas olvidé incluso al coronel Dolmage, que había entrado suavemente y se hallaba ahora ante mí.

Vestido con uniforme europeo, este bello ejemplo de la caballerosidad británica, me miraba en silencio, escrutador, pero yo buscaba en vano una mirada de reconocimiento. Así, cara a cara durante unos instantes, la situación se hizo casi dolorosa. Sin duda, los estragos que el hambre, la sed, el frío, la ansiedad y las mil pruebas del viaje habían hecho en mi aspecto, alteraban tristemente mi apariencia, y no fue de extrañar que el joven coronel no reconociera en el andrajoso *hadji* que tenía ante sí a su antiguo amigo. Rompí el silencio exclamando en inglés:

—¿Qué, coronel, no me reconoce?

La voz familiar disipó como un hechizo su incertidumbre sobre quién era yo, y en un instante nos unimos en un estrecho abrazo. Ahora se acordaba de todo, sabía incluso algo de oídas sobre el peligroso viaje que yo había emprendido y, al ver el lamentable estado en que me encontraba, lágrimas de compasión varonil brotaron de los ojos del joven oficial.

Las distinciones de clase, profesión o nacionalidad, que entran tan ampliamente en la vida europea y separan a los hombres, pierden su influencia sobre los europeos que se encuentran en el lejano Oriente. El gran Occidente, visto a esa distancia, se convierte en su país común; se sienten atraídos por el vínculo de puntos de vista, sentimientos y modos de pensar comunes que borran las líneas artificiales de la nacionalidad; es más, se sienten y se tratan unos a otros como sólo lo harían en Europa los parientes consanguíneos y los hermanos. La conducta del coronel Dolmage hacia mí ilustró esto de una manera nítida. Su primera pregunta, acompañada de una mirada de simpatía casi tierna:

—Por el amor de Dios, ¿qué has estado haciendo?, ¿qué te ha pasado?

Me hizo sentir como un hermano perdido que había encontrado de nuevo el camino de vuelta a casa. Vi reflejadas en sus preguntas, y en las miradas que las acompañaban, las terribles alteraciones y los tristes estragos que las penurias habían causado en mi aspecto. Escuchó con gran simpatía el relato de mis últimas experiencias, y ya era bastante tarde cuando me levanté para dejarle.

El coronel Dolmage demostró ser mi amigo incondicional durante las cuatro semanas que permanecí en Mashhad, y aunque me atrevo a decir que le causé no pocos problemas, lo encontré incansable en su celo por mi bienestar. Sus amables oficios no sólo contribuyeron en gran medida a que mi estancia en Mashhad fuera sumamente agradable, sino que su generosidad y su activa amistad me proporcionaron los medios que me permitieron proseguir mi viaje con renovado vigor y una mente alegre. Y no importaban los disgustos que le fueran causados por su interés por mí, su invariable buen humor y conducta amistosa hacia mí permanecieron inalterados.

A mi llegada a Mashhad, después de haber visitado al coronel Dolmage, sentí sobre todo la necesidad de recuperarme un poco antes de dedicar mi atención a las notables vistas de la ciudad. Los primeros días, por lo tanto, me dediqué enteramente al descanso, una especie de *dolce far niente* que hizo un bien infinito tanto al cuerpo como a la mente, vigorizando el uno e iluminando la otra. Tras mis pocos días de descanso, volví con redoblado interés al principal deber de un viajero: ver, observar, preguntar y recordar. No hay ninguna otra ciudad en Persia oriental en la que abunden tantas curiosidades como en ésta. No sabía muy bien hacia dónde dirigir mi atención. Rica en monumentos que atraen por igual al estudiante de historia, al interesado en las cosas sagradas y al literato, es difícil saber por dónde empezar.

Probablemente guiado por el instinto derviche, desarrollado en mí por meses de devoto peregrinaje, me encontré entrando en el Sahni Sherif, que me miraba con admiración no fingida. Los rápidos ojos de varios sayyids que merodeaban no dejaron de descubrir en mí al forastero y al peregrino sunita, y pronto me vi rodeado de ellos, cada uno ansioso por familiarizarme con las notables características y maravillas de la santa tumba. El hecho de que el santuario al que Conolly, Fraser, Burnes, Chanikov, e incluso el propio oficial Eastwick, se esforzaron en contemplar apresuradamente desde una distancia segura, estuviera abierto para mí, y que casi me viera obligado a entrar en él por los hambrientos descendientes del Profeta, me vino involuntariamente a la mente mientras declinaba los servicios que me ofrecían. A decir verdad, los meses de peregrinación obligatoria por los que había pasado habían calmado extrañamente mi apetito por los lugares sagrados relacionados con el islamismo, y me sentí aliviado cuando me dejaron continuar con mis observaciones. Mi atención se centró en el monumento situado a la izquierda de la mezquita de Shah y en el espléndido templo de Goharshad. El primero de estos dos edificios supera en magnificencia y riqueza a las tumbas más renombradas a las que el mundo mahometano realiza sus devotas peregrinaciones, sin exceptuar siquiera las de Medina, Náyaf, Kerbala y Kum. Tiene incrustaciones de oro por dentro y por fuera. Gran parte de su antigua gloria ha desaparecido, y muchos de sus más ricos ornamentos han sido llevados en diferentes épocas por uzbekos, afganos y otros. Desde que se levantó el monumento, ha sido saqueado varias veces. Mashhad fue la ciudad que más sufrió a manos de Abdul Mumín, kan de Bujará, en 1587, cuando entró en ella a la cabeza de los uzbekos, saqueó la ciudad y esclavizó a sus habitantes. Los afganos volvieron a arrasarla y, en diferentes épocas, las guerras civiles sembraron la desolación entre sus muros. Se dice que la bola de oro de la cúpula de la tumba, que pesaba cuatrocientas libras, fue arrancada por las impías manos de los hijos de Nader Shah, y varias joyas de gran valor pasaron, en épocas posteriores, a la posesión profana del líder rebelde Salar. Pero a pesar de la conducta despiadada de los enemigos extranjeros y de la violencia de la guerra intestina, la tumba sigue albergando una inmensa cantidad de tesoros. Las paredes del monumento están repletas de las más excepcionales joyas que los devotos chiitas ofrecen a su santo favorito. La vista queda deslumbrada por el esplendor de los piadosos regalos, que consisten en ornamentos preciosos de todas las formas imaginables, un tocado en forma de cresta emplumada (*yikka*) de diamantes, un escudo y un sable tachonados de rubíes y esmeraldas, candelabros macizos de gran peso, brazaletes costosos y collares de valor incalculable.

El espectáculo exterior y el interior despiertan la misma admiración, y la balanza se inclina constantemente entre uno u otro lado. Fuera, la cúpula y las torres con sus ricas incrustaciones de oro; dentro, el enorme trabajo de calado y el enrejado de plata, las vidrieras artísticamente pintadas, la construcción de la cúpula que denota una fina percepción del refinamiento y la elegancia en la forma, y las ricas alfombras orientales con diamantes y piedras preciosas entretejidas en ellas, desafiaban y dividían continuamente mi maravillado interés. A esta fría y reluciente acumulación de riqueza no le

faltaba el toque de humanidad que la convertía en una escena de vida y bullicio. Los grupos que la visitaban no eran simples curiosos
que venían a satisfacer su curiosidad. Eran piadosos visitantes de un
santuario sagrado, con una devoción silenciosa, estampada en sus
rasgos, que denotaba éxtasis, entusiasmo, profundo arrepentimiento,
humilde autohumillación y todos los matices de alegría y tristeza religiosa, que nadie como los rostros de los devotos mahometanos sabe
expresar o simular tan bien; mientras en sus labios se elevaban oraciones murmuradas, interrumpidas por gritos guturales, sus pechos
se agitaban con sollozos salvajes. Los que no sabían sus oraciones de
memoria, o no podían leerlas en las tablillas con ellas inscritas, que
estaban suspendidas de la reja, hacían que se las repitiera el líder del
grupo al que pertenecían.

Todos parecían ansiosos por propiciar a la divinidad con actos y
oraciones de alabanza o humillación para asegurarse un lugar en las
moradas de los bienaventurados y felices. Un sentimiento que todo
lo absorbe parece inspirar en ese momento a hombres de todas las razas y clases por igual, ya sean señores, mercaderes o sirvientes: los
cautelosos habitantes de Asia central, los astutos hombres de Isfahán
y Shiraz, los cándidos turcos o los feroces bajtiarís y kurdos. Ninguno es demasiado alto ni demasiado bajo para la realización de
actos de piadosa ternura; los hijos de los kanes, los mirzas y los pobres campesinos se mezclan libremente, y es un espectáculo
conmovedor y sublime, en verdad, ver a estos hijos de Asia, tanto rudos como refinados, adelantarse para besar, con humildad no
fingida, el enrejado de plata, el candado que cuelga de la puerta del
enrejado y el propio suelo sagrado.

De la mezquita de Goharshad, que visité a continuación, los persas dicen con gran justicia que, aunque el monumento del imán Reza
es más hermoso, la mezquita lo supera con creces arquitectónicamen-
te. La mezquita está situada en el mismo patio, frente al monumento.
El trabajo en *kashi* (azulejos vidriados) se integra en gran medida en
la estructura interior y exterior, y posee una belleza artística que
compensa con creces la ausencia comparativa de materiales más ri-

cos, como el oro y la plata. El elevado pórtico es admirable, tanto por la elegancia de su diseño como por el rico colorido que le confiere el brillante trabajo del *kashi*, especialmente cuando lo iluminan los rayos del sol. La puerta es del mismo estilo que las que vi en Herat y Samarcanda.

Siguiendo el curso de los numerosos peregrinos y mendigos, que se dirigían todos en la misma dirección al salir de este espléndido edificio, me dirigí al refectorio del imán Reza, o como lo llaman los nativos, *Ashbaz Khanei Hazret* (la cocina de su alteza). El *hazret*, así se titula su santidad, por excelencia, goza de la reputación de ser inmensamente rico. Es muy hospitalario, y todo recién llegado tiene la opción de convertirse en su huésped; pero esta hospitalidad está limitada en el tiempo a siete días solamente. Los peregrinos más ricos rara vez se aprovechan de esta liberalidad, pero las clases más pobres aprovechan con entusiasmo el privilegio de alojarse a expensas de su alteza. La comodidad del huésped se cuida a gran escala, y la vasta maquinaria de baños y caravasares, casas de huéspedes y jabonerías, de la que su alteza es propietario, se pone en marcha para satisfacer las diversas necesidades de los forasteros que acuden al *hazret*. No pude resistir la tentación de añadir una experiencia más a aquellas por las que estaba en deuda con mi disfraz oriental. Me puse en cuclillas, sin que nadie me hiciera caso, en medio de la multitud de hambrientos peregrinos chiitas y sunitas. Muy pronto, una tropa de sirvientes trajo grandes platos de arroz humeante. Grasa rancia y arroz estropeado, del que ya había recogido reminiscencias suficientes para que me durasen toda la vida, componían el delicioso plato, que no me dio más que una mezquina opinión de las presumidas riquezas de su alteza. Fingí estar tan ansioso por pescar mi parte como cualquier otro, chapoteando con el puño en el plato, pero pensé que era mejor guardar mi apetito para una ocasión más favorable.

La avaricia y la codicia, tan características de los persas, me inducen a creer que su admiración por el imán Reza se debe, no tanto al renombre de su santidad y al inviolable derecho de asilo que le pertenece, como a la vasta y fabulosa riqueza de la que se le supone propietario.

Un accidente me llevó a descubrir la precaria condición en que vivían los judíos en Mashhad. Encontré un día en las calles de Mashhad a un antiguo compañero mío de viaje desde Bujará. Cuando estaba a punto de pasar sin prestarme atención, grité tras él, sabiendo que era judío: «*Yehudi, Yehudi*». Se apresuró a acercarse a mí y me dijo confidencialmente en voz baja: «Por el amor de Dios, Hadji, no me llames judío aquí. Más allá de estos muros pertenezco a mi nación, pero aquí debo hacer de musulmán». Era otra vez la vieja historia de la persecución avivada por la intolerancia y el fanatismo, y aprovechada por asesinos y ladrones.

La causa de su angustia actual y de su temor a ser reconocidos como judíos se remontaba a un suceso ocurrido hacía varios años en Mashhad. Un médico persa, consultado por una judía a causa de una erupción en la mano, le aconsejó que metiera las manos en las entrañas de un perro recién sacrificado. Ella siguió su consejo e hizo matar a uno de esos infelices carroñeros callejeros de Oriente para probar la cura que le habían prescrito. Desgraciadamente, lo hizo el mismo día en que los mahometanos celebraban el *Eidi Kurban* (fiesta del sacrificio). Pronto corrió el rumor entre la gente y el sacrificio del perro se interpretó como una impía burla de los ritos religiosos de los verdaderos creyentes. La rapacidad y los instintos asesinos de la muchedumbre aprovecharon gustosos este frívolo pretexto para encubrir su sed de sangre por el odiado judío y su amor por el pillaje. En un instante, el barrio judío de la ciudad se vio invadido por una chusma salvaje que alborotaba, robaba y asesinaba. A los que sobrevivieron al día fatal se les perdonó la vida a condición de que abjuraran de la fe de sus padres y abrazaran la de sus opresores y perseguidores. Cedieron a la necesidad, pero en el fondo seguían siendo judíos, conformándose sólo en apariencia, mientras tuvieron que permanecer en Mashhad. Habían pasado años desde entonces y, aunque el espíritu tolerante que empezó a prevalecer bajo la benigna influencia de la injerencia europea hizo que los mahometanos relaja-

EN MASHHAD | 265

ran un poco su antiguo rigor, los judíos seguían considerando más prudente hacerse pasar en Mashhad por mahometanos.

Entre las ruinas de Tus, al norte de Mashhad, se encuentra, según la creencia de los persas modernos, la tumba de uno de los más grandes bardos de Irán, el poeta Ferdousí. Antes de abandonar la ciudad hice una excursión hasta ella. Me acerqué con sentimientos de sincera piedad y admiración al modesto monumento que conmemora el lugar de descanso de uno de los más grandes juglares de la historia de la humanidad. En sesenta mil versos cantó la historia de su pueblo, sin admitir más que unas pocas palabras extranjeras, es decir, árabes, en su narración. Esta maravillosa hazaña se apreciará especialmente si se tiene en cuenta el hecho de que el persa —que él escribió tan bien como el persa moderno— contiene cuatro palabras de origen árabe por cada seis palabras puramente iraníes. Su generoso patriotismo se rebeló contra la idea de emplear la lengua de los opresores de su país. No sólo como poeta, ni como apasionado amante de su país; la memoria de Ferdousí vivirá para siempre, y su exaltado carácter privado evocará siempre la admiración de la humanidad. Era intrépido e independiente. Como ejemplo de su altura de miras, se cuenta que el sultán Mahmud, del Imperio gaznávida, le envió en una ocasión la remuneración de treinta mil dracmas. Esta suma era muy inferior a la que el sultán le había prometido. El sultán, que se encontraba en el baño cuando le trajeron el regalo, ordenó desdeñosamente que se repartiera toda la suma entre los sirvientes del establecimiento. El sultán, probablemente arrepentido de su parsimonia, envió al poeta camellos cargados de tesoros, pero sólo llegaron a tiempo para encontrarse con su cortejo fúnebre. El regalo fue devuelto al ingrato monarca, ya que la orgullosa hija del poeta se negó a aceptarlo. El poeta había dejado un aguijón en la memoria del sultán, en una sátira que el pueblo recuerda hasta hoy, que comienza con el verso siguiente:

¡Oh, sultán Mahmud, si no temes a nadie, teme a Dios!

¡Qué abismo existe entre los persas modernos y su gran poeta!*

Mientras tanto, yo me había estado preparando para el viaje de invierno a Teherán. El gobernador del lugar me había proporcionado los medios para hacerlo, recibiéndome muy afablemente, colmándome de regalos y abrumándome con signos de distinción. Teherán estaba aún a treinta días de viaje de Mashhad, y un viaje tan largo en invierno no era en modo alguno una perspectiva agradable; sin embargo, mi corazón ardió de alegría cuando finalmente salí por las puertas de la ciudad.

---

* Entre las grandes composiciones poéticas del Asia mahometana, los poemas de Hafez, Saadi y Ferdousí son las obras de cabecera de todo mahometano ilustrado. En cuanto a este último, apenas he conocido a ningún persa que no conociera a los héroes de la gran epopeya llamada *Shahnama*, y rara vez hay un baño, un caravasar o cualquier otro edificio público, exceptuando mezquitas y colegios, que no esté adornado con cuadros primitivos que representan las hazañas heroicas de Rostam, Zal y Kay Khosrow. El *Shahnama* es la única historia popular del mundo iraní, es el espejo en cuyo resplandeciente brillo el persa y el centroasiático se deleitan al encontrar la gloria de épocas pasadas; y realmente, sin haber leído el *Shahnama*, nunca podremos darnos cuenta del maravilloso espíritu de ese mundo asiático que fue suplantado por el islam. La popularización de esta epopeya magistral es, por tanto, un gran servicio prestado al conocimiento de Oriente. En Alemania, Rückert y Schack han intentado esta tarea; pero debido a la forma que eligieron, su éxito fue sólo parcial, y el gran público de dicho país sólo posee una noción fragmentaria del *Libro de los Reyes*.

Muy recientemente se ha publicado en Inglaterra *El Libro de los Reyes* (reeditado desde entonces con el título de *Cuentos Heroicos*), relatos retomados de Ferdousí, por Helen Zimmern (Londres: T. Fisher Unwin), que relata en una prosa deliciosamente escrita los principales y más conmovedores relatos referidos a los grandes héroes de la antigüedad iraní, desde los shas de antaño hasta la muerte de Rostam. Aunque ha escrito una paráfrasis y no una traducción, la autora, al unir un raro don poético con una verdadera comprensión de Oriente, ha logrado hacer accesible la gran epopeya al gran público, que ahora puede saborear justamente esta famosa producción poética de Oriente, y que sin duda estará agradecido a la señorita Zimmern por este inusitado disfrute.

CAPÍTULO XXVIII

De Mashhad a Teherán

L A impresión del carácter del soberano reinante deja su marca en todo en el reino de Persia; y de un modo semejante, pero de una cierta manera limitada, el carácter de los gobernadores de las varias provincias de ese reino determina la seguridad y la comodidad comparativas de las carreteras. Viajar de Mashhad a Teherán se considera como una empresa que exige un espíritu firme, y el hombre más valiente podría retroceder ante los peligros que le amenazan en esa primera parte del camino a través de Jorasán, donde turcomanos, baluchis y kurdos son la causa del terror para todos los hombres, pero más particularmente para el cobarde nativo de Persia. El sultán Murad Mirza, apodado la «Espada del Imperio», era gobernador de la provincia en la época en que yo partí hacia Teherán. En el florido lenguaje del país se elogiaba de él que un niño podría llevar con perfecta seguridad un plato lleno de ducados por las carreteras, sin ser molestado. Y, en efecto, era plenamente merecedor del cumplido que implicaba esta altisonante frase, pues no había en todo el reino un gobernador que dedicara mayor cantidad de energía y talento que él para asegurar las vías públicas y fomentar el comercio y los viajes seguros.

Mi ánimo se elevó al emprender el viaje en compañía de mi socio tártaro. Había dos rutas de Mashhad a Nishapur, una que atravesaba una zona montañosa y otra que pasaba por una zona montañosa más baja. Elegí esta última. Al salir de la ciudad, montado en un activo jamelgo y con el caballo de mi compañero tártaro cargado con todo lo necesario para el viaje, sentí un humor excepcionalmente alegre. No era sólo la agradable sensación de volver a casa lo que producía este efecto.

El contraste entre el viaje que ahora tenía ante mí, provisto de todo el equipo adecuado, y el que había hecho hasta ahora, sufriendo toda clase de privaciones en medio de los desiertos del Turquestán, sin duda contribuía en gran medida a este sentimiento.

Nos encontrábamos continuamente con caravanas de peregrinos o de mercancías que se dirigían a la ciudad santa o regresaban de ella. En tales ocasiones siempre se intercambiaban palabras de saludo. Es fácil imaginar mi sorpresa al reconocer en el jefe de una de estas caravanas a un viejo conocido. Era un individuo originario de Shiraz, en cuya compañía había visitado dos años antes las ruinas de Persépolis, Nakshi Rustam y la bella ciudad natal del poeta Hafez. Haber viajado mucho tiempo con un hombre en Asia se considera una especie de relación. El chismoso caravanero estaba encantado de verme. La caravana se vio obligada, sí o sí, a someterse a un alto de un cuarto de hora, mientras nos sentábamos en la arena para disfrutar juntos del amistoso *kalián* (pipa persa). A medida que su fragante humo se elevaba ante mis ojos, vívidas imágenes del pasado, de los majestuosos monumentos de civilizaciones pasadas, surgían en mi memoria. ¡Cómo me animaban aquellos recuerdos! Valerio en sus cadenas, la majestuosa figura del orgulloso rey Sapor, sobre él flotando la forma del benéfico Ormuzd[11], todos aquellos magníficos bajorrelieves giraban como un caleidoscopio ante los ojos de mi mente; pero sus encantos se multiplicaban cuando reflexionaba que desde que los había visto, había dejado atrás los reinos clásicos de Bactriana y Sogdiana, que habían inspirado terror a los valientes corazones de los macedonios de Alejandro Magno.

Me vi obligado a asegurar a mi amigo de Shiraz que no tardaría en volver a su tierra natal, pues sólo después de haberle tranquilizado con este tipo de promesas me permitió separarme de él. Tan alegremente seguí mi camino que el primer día de viaje no me fatigó lo más mínimo, y por la noche llegamos a la estación de Sherif Abad. Esta fue la primera noche que pasé como un viajero bien equipado.

En mis anteriores viajes por el Turquestán, primero tenía que recoger leña y harina; luego pronunciar oraciones y bendiciones como pago por mi alojamiento nocturno, y siempre corría el riesgo de que me echaran, cansado y hambriento. Ahora, por el contrario, era un gran hombre.

Cabalgué con orgullo hasta la *chapar-khana* (casa de correos) y pedí alojamiento a voz en grito, pues aunque yo seguía siendo completamente oriental en lo que a las apariencias externas se refería, el jefe de correos podía darse cuenta fácilmente de que tenía que tratar con alguien que disponía de suficientes agallas. ¿Y qué no hará un persa por dinero? Mi socio tártaro me preparó una cena excelente: arroz, azúcar, grasa, carne, en una palabra, todo en abundancia. Los ojos de mi sencillo ayudante uzbeko brillaron de alegría al pensar en su anterior pobreza y contemplar la abundancia que le rodeaba. Si la cena que podía preparar no era exactamente digna de figurar en la mesa de un personaje como Lúculo[12], era, en cambio, muy buena para un puesto persa al borde del camino.

Teníamos por delante, para nuestro camino del día siguiente, una distancia de unos sesenta kilómetros hasta la siguiente parada, Kademgiah.

Nueve *farsajs* en Jorasán es mucho, pues existe el dicho de que en esa provincia las distancias son tan interminables como el parloteo de las mujeres, y que quien las midió debió de hacerlo con una cadena rota. Los viajeros europeos, sin excepción, se quejan de la monotonía y el carácter fatigoso del camino. Pero, ¿qué era eso para mí, que había escapado de los tormentos del Turquestán? Totalmente solo con mi ayudante tártaro, y bien armado y montado, sentí por primera vez los encantos del verdadero viaje. Poco saben los que se encierran en medio del calor de julio en cerrados vagones de ferrocarril, y encuentran, forzosamente, deleite en el polvoriento y mugriento semblante del guardia de un tren, lo que realmente significa viajar. Una buena silla de montar es mejor que todos los cojines rellenos. Sobre ella un hombre se siente libre y sin ataduras. Su brida es su guía, su espada es su ley, su pistola es el policía que le protege, y aunque es un forajido y un sujeto que puede ser asaltado por cualquiera que se encuentre con él, del mismo modo, todos son presa fácil para él. Si además conoce las lenguas, las leyes y las costumbres del país por el que transita, y es independiente de dragomanes, firmanes y guardias, entonces su viaje será realmente delicioso. Viajando todo el día al aire libre, encuentra la hora del descanso del mediodía tanto un placer como una necesidad. Y los placeres de la tarde, cuando llega al lugar donde va a pasar la noche, su corcel pastando cerca de él, y él mismo rodeado de las monturas y el equipaje, mirando el fuego crepitante que va a cocinar su sabrosa cena. Los rayos del sol poniente no son entonces tan brillantes y alegres como las miradas de los ojos del viajero. Ninguna comida es tan sabrosa como su cena, y su sueño bajo el dosel estrellado del cielo es cien veces más reparador que el de aquellos que duermen en lujosos aposentos principescos.

Kademgiah, el nombre de mi segunda estación, significa «huella», y es un lugar de peregrinación religiosa, donde la fe piadosa descubre en una piedra de mármol la huella del pie de Alí. Estas huellas milagrosas no son raras en Oriente. Cristianos, mahometanos y brahmanes las veneran por igual. Lo que más me asombró fue el gran tamaño de la mayoría de ellas, que sugerían más la idea del pie de un elefante que el de un hombre. Pero la credulidad religiosa no se preocupa por nimiedades como la lógica o la adecuación de las cosas. En las montañas cercanas a Shiraz, por ejemplo, hay una huella de un metro de largo; la de Herat es del mismo tamaño, como también lo es la del monte Sinaí; e incluso en la lejana Jotán, en la Tartaria china, se halla una gran huella, donde, según cuenta la historia, el santo Yafar paseó una vez cerca de Sadik. Como he observado, su monstruoso tamaño no crea sorpresa ni duda en las mentes de los piadosos. Bajo los auspicios del lugar santo se levantan numerosas posadas para el alojamiento de los peregrinos. En una de ellas me había instalado cómodamente, y estaba tomando el té a la sombra de los hermosos álamos, cuando uno de los sacerdotes del lugar hizo su aparición, y con mirada devota me invitó a visitar el lugar santo. Como lo único que el sacerdote parecía desear en aquel momento era una taza de té, le invité a una. Como la fría piedra de mármol que contiene la huella sagrada no me interesaba mucho, pues ya había visto muchas de su clase, me las ingenié para, a costa de unos pocos *krans* (moneda persa), prescindir de la compañía de mi huésped y del cumplimiento de un deber religioso.

Mi tercer día de marcha me llevó por una región de colinas bajas hasta la llanura de Nishapur, tan célebre en Persia, y puedo añadir que en toda Asia. *Yolghe-i Nishabur* (llanura de Nishapur) es a los ojos de los persas el *ne plus ultra*[13] de la belleza y la riqueza. Para él, el aire allí es más puro y fragante que en cualquier otro lugar; su agua, la más dulce del mundo, y sus productos, sin rivales en la creación. Es difícil describir adecuadamente la orgullosa alegría que se refleja en su semblante cuando señala las colinas que se extienden hacia el noreste, repletas de minas de turquesa y metales preciosos. En cuanto a mí, debo admitir que la llanura, al igual que la ciudad situada en medio de ella, me produjo un efecto agradable, pero en modo alguno fascinante, como estaba justificado anticipar. Su importancia histórica apenas se me habría ocurrido si no hubiera sido porque un persa, que descubrió que yo era extranjero, entabló conversación conmigo por el camino y, sin preguntarle, empezó a alabar con no poca exageración su ciudad natal.

No menos despreciable me pareció la propia ciudad de Nishapur. El bazar está bastante bien surtido de mercancías europeas y persas, pero el viajero explora en vano la ciudad en busca de vestigios de esa riqueza y belleza arquitectónica tan alabadas por los historiadores orientales. Lo único digno de mención en la ciudad son los talleres donde se muelen y pulen las turquesas que se encuentran en los alrededores. Las piedras en bruto son de color gris, y sólo adquieren su conocido tono azul celeste después de pulirlas repetidamente. Cuanto más profundo es su color, más prominente su forma y más lisa su superficie, tanto más costosa es la piedra: los surcos se consideran defectos. Un curioso fenómeno observable en estas turquesas es que en muchos ejemplares el color se desvanece pocos días después de ser pulidas. El comprador inexperto, que no es consciente de esta circunstancia, no pocas veces es víctima del fraude persa; y a muchos peregrinos que han comprado en Nishapur piedras de un azul brillante, no les queda más remedio al volver a casa que tirarlas por descoloridas e incoloras. En la actualidad, estas minas no son en absoluto tan rentables como en tiempos pasados, cuando se alquilaban por la módica suma de dos mil ducados anuales. El comercio de piedras, que antaño era muy activo entre Persia y Europa, especialmente con Rusia, también ha decaído mucho en los últimos años.

Desde Nishapur el camino conduce a Sabzevar, a tres días de marcha. Las estaciones intermedias han sido descritas por otros viajeros. Nadie que haya viajado por Persia puede dejar de haber oído los nombres de las cuatro «estaciones del terror», tan ricas en peligros y en extrañas historias de aventuras. Quienquiera que entre la gente tenga la ambición de reivindicar un carácter de valentía, nunca se olvida de mencionar estas estaciones en el relato de sus aventuras. El lector se preguntará por qué: la respuesta es muy sencilla. Las cuatro estaciones están situadas al borde de la gran llanura que se extiende hasta las estepas de los turcomanos. Ningún río, ninguna montaña, rompe su uniformidad, y como esos rapaces hijos del desierto respetan muy poco las fronteras políticas, sus incursiones depredadoras son frecuentes, y estos cuatro lugares son precisamente los más expuestos a sus estragos. Rara vez dejan de sacar gran provecho de tales incursiones, ya que por aquí discurre el camino principal hacia Jorasán, siempre repleto de caravanas muy cargadas y peregrinos bien equipados. Los persas no se cansan de contar aventuras con los turcomanos. En una de las estaciones, entre otras muchas cosas curiosas, oí la siguiente historia.

Un general persa había enviado a sus tropas de seis mil hombres al frente, y sólo se quedaba unos minutos para disfrutar cómodamente de las últimas bocanadas de su *kalián*. Acababa de terminar su pipa y se disponía a reunirse con sus soldados, seguido de algunos sirvientes, cuando un grupo de turcomanos se abalanzó sobre él y se lo llevó en sus veloces caballos. En pocos minutos fue robado y hecho cautivo, y unas semanas más tarde fue vendido como esclavo en el mercado de Jiva por la suma de veinticinco ducados.

En otra ocasión, un peregrino fue capturado cuando se dirigía al santuario del imán Reza. Por suerte, vio acercarse al enemigo y tuvo tiempo de esconder su pequeña provisión detrás de una piedra, cuando los saqueadores se le echaron encima. Después de haber sido vendido como esclavo y llevado a Jiva, escribió desde allí a su tierna esposa lo siguiente: «Mi querida hija, en tal y tal lugar, bajo tal y tal piedra, he escondido cuarenta ducados. Envía treinta de ellos a este lugar para rescatar a tu amado esposo, y cuida del resto hasta que yo regrese de la tierra de los turcomanos, esta casa de servidumbre, en la que ahora debo, forzosamente, desempeñarme como siervo».

Es cierto que aquí hay buenas razones para el temor y la cautela, pero la absurda pusilanimidad de los iraníes es la principal fuente de sus desgracias. Sus caravanas suelen reunirse aquí en grandes masas. Las protegen soldados con espadas desenvainadas y cañones con las cerillas encendidas. A menudo son muy numerosos. Sin embargo, tan pronto como unos pocos ladrones desesperados del desierto hacen su aparición, tanto la caravana como la escolta pierden su valor y presencia de ánimo, arrojan sus armas, ofrecen todas sus propiedades al enemigo y, extendiendo las manos para que se las aten, se dejan llevar a un doloroso cautiverio y esclavitud, a menudo de por vida.

Cabalgué de estación en estación con mi socio tártaro como única escolta, un viaje que ningún europeo había hecho antes que yo. Por supuesto, se me advirtió que no lo hiciera. Pero con mi atuendo turcomano, ¿qué me importaban los ladrones turcomanos? En cuanto a mi compañero, miraba con nostalgia a su alrededor con la esperanza de ver a un compatriota suyo. Si nos hubiéramos encontrado con algunos de esos hijos sunitas del desierto, viajando como viajábamos por una tierra chiita, creo que lejos de herir a un mulá de su propia fe, nos habrían recompensado ricamente por la fátiha que les habríamos otorgado. Durante cuatro días deambulé por la estepa; una vez al anochecer me perdí, pero ni un solo turcomano se cruzó en mi camino. No encontré a nadie, salvo a unos pocos viajeros persas asustados.

El lector imaginará fácilmente el afán con que los ojos del viajero buscan los jardines que rodean Shahrud. Como esta ciudad está situada al pie de una montaña, es visible a kilómetros de distancia en la llanura. El cansado jinete cree haber llegado ya al final de su jornada, cuando en realidad dista unos ocho kilómetros. El camino es tan monótono como pueda imaginarse. No ofrece nada que atraiga la mirada. En verano, debido a la falta total de agua, debe ser muy desagradable viajar por ella. Desgraciadamente, había confundido una aldea cercana a Shahrud con la propia ciudad, que en la punta de la carretera estaba oculta en una hondonada. Es fácil suponer la rabia que sentí al descubrir mi error. La verdad es que no era ninguna broma haber añadido al largo día de viaje media hora más de camino. Había montado en mi caballo antes de las doce de la noche anterior, y ya eran más de las seis de la tarde, cuando por fin llegué a las mal pavimentadas calles de Shahrud, y desmonté en uno de sus principales caravasares.

Mi pobre bestia estaba completamente agotada, y yo casi igual. Pero al mirar alrededor de la plaza del caravasar, cuál grande fue mi asombro al contemplar a un hijo de Gran Bretaña, un inglés inconfundible ahí mismo, con una genuina fisonomía a lo John Bull, sentado a la puerta de una de las celdas. Un inglés, solo, aquí en Shahrud; eso era ciertamente una rareza, casi un milagro. Me precipité hacia él. Él también, aunque aparentemente absorto en profundos pensamientos, me miró con ojos extraviados. Mi vestimenta típica de Bujará y mi evidente fatiga habían atraído su atención. ¿Quién sabe lo que pensó entonces de mí? Por mi parte, a pesar de mi extremo agotamiento, me apresuré lo mejor que pude a este extraordinario encuentro. Me arrastré hacia él, y mirándole fijamente, con ojos cansados, me dirigí a él con un «¿cómo está usted, señor?». Parecía no haberme entendido, así que repetí mi pregunta. Al oír esto, saltó de su asiento sorprendido, con el mayor asombro reflejado en su semblante, mientras daba rienda suelta a sus sentimientos con un «bueno, yo…». «¿Dónde has aprendido inglés?», preguntó tartamudeando de emoción; «tal vez en la India».

Me hubiera gustado burlarme de su ingenuidad un poco más, y darme aires de místico. Pero mi largo viaje me había cansado tanto que no tenía el ánimo necesario para continuar la broma. Confesé sin rodeos quién era. Su alegría fue indescriptible. Con gran asombro de mi socio tártaro, que hasta entonces siempre me había considerado como un verdadero creyente, me abrazó y me llevó a sus aposentos. Pasamos juntos una inolvidable velada, y me dejé convencer a descansar allí todo el día siguiente; pues al pobre hombre no le hacía ningún bien poder hablar del Oeste después de seis meses de separación de la sociedad europea. Pocos meses después de nuestro extraño encuentro sería robado y asesinado en la carretera. Se llamaba Longfield y era agente de una gran casa de Lancashire, para la que debía comprar algodón. Tenía que llevar mucho dinero encima, y desgraciadamente olvidó, como hacen demasiados, que Persia no es la tierra civilizada que las brillantes representaciones de sus mentirosos agentes en Europa nos harían suponer, y que no se puede confiar mucho en pasaportes y firmanes reales.

Antes de llegar a Teherán aún me quedaban once días de viaje. La carretera era segura. El único punto de interés que ofrecía a lo largo de las estaciones era la observación del contraste entre los modales de los habitantes de Jorasán y los de Irak. La proximidad de Asia central ha dejado su impronta de muchos hábitos rudos en la gente de Jorasán, mientras que el refinamiento de la civilización iraní era inconfundible en los habitantes de Irak. El viajero que se supone que posee medios mundanos siempre está seguro de recibir el trato más cortés. No en vano, en su apariencia exterior, fingen una gran candidez sin un ápice de avaricia. El huésped es tratado como un personaje muy bienvenido. Se le abruma con la quintaesencia de las frases cortesanas que acompañan a los regalos que se le ofrecen. Pero

más vale que tenga cuidado con su monedero si no conoce los entre-
sijos de la cortesía persa. Yo me había familiarizado bien con la
etiqueta iraní durante mis viajes por el sur de Persia, y en tales ocasiones siempre me hacía el iraní, respondiendo a los cumplidos con
frases aún más elogiosas. Aceptaba, por supuesto, los regalos que me
ofrecían, pero nunca dejaba de invitar al obsequiado a participar en
ellos con sus más floridos discursos. Rara vez se resistía a mi grandi-
locuencia y a mis citas de Saadi y otros poetas favoritos. Olvidando
los cumplidos y la cortesía, arremetía entonces con furia contra la comida y las frutas que él mismo había amontonado sobre la *jonya*
(mesa de madera), y me decía con repetidos y significativos movimientos de cabeza:

—Efendi, tú eres más iraní que los iraníes; eres demasiado pulcro
para ser sincero.

Cuanto más nos acercábamos a Teherán, peor era el tiempo. Estábamos a finales de diciembre. Yo había sentido el frío del inminente
invierno cuando aún estaba en las llanuras; pero aquí, en regiones
más elevadas, era doblemente severo. La temperatura en Persia puede sufrir cambios bruscos, y un viaje de unas pocas horas suele
suponer una gran diferencia. Pero el tiempo en las dos estaciones de
Goshe y Ahuan era tan riguroso que me causó ansiedad. Estos dos
lugares están situados en una montaña y sólo pueden alojar a un pequeño número de personas. Me fue bastante bien en Goshe, donde
tenía el caravasar para mí solo y podía arreglarme cómoda y confor-
tablemente, mientras que fuera reinaba un frío cruel y penetrante. Al
día siguiente, de camino a Ahuan, encontré nieve en muchas partes
de los caminos. El cortante viento del norte me obligaba a desmontar
a menudo para mantener los pies calientes mientras caminaba. Cuando llegué a Ahuan, la nieve tenía ya varios metros de profundidad y
estaba tan helada que en algunos tramos de la carretera formaba dos
sólidos muros. Al divisar la solitaria casa de postas, no tuve más que
un intenso anhelo: ponerme bajo un techo y encontrar un buen fuego
donde calentarme. El ojo que recorría las colinas, blancas de nieve,
no podía descubrir en su radio de acción ninguna morada humana,

ni siquiera los restos de una. Entramos en el patio de la *chapar-khana* con nuestra habitual actitud demostrativa para llamar la atención. El jefe de correos se mostró muy cortés, lo que ya de por sí era un buen presagio, y yo me quedé encantado cuando me condujo a una habitación llena de humo, pero bien resguardada. No presté mucha atención a lo que me decía, mientras se explayaba largamente, con aires de gran importancia, sobre la esperada llegada de la señora del *sipahsalar*, el generalísimo persa y ministro de la guerra, que regresaba de una peregrinación a Mashhad, y llegaría aquella noche o al día siguiente con un séquito de cuarenta a sesenta criados. Ser visitado por ellos en un lugar que ofrecía tan escaso alojamiento como esta casa de postas, no sería, por supuesto, nada agradable.

Sea como fuere, la probabilidad de tal suceso poco perturbó mi ecuanimidad; por el contrario, me acomodé a mí mismo y a mi cansada bestia tan cómodamente como pude. Cuando el fuego comenzó a arder alegremente en la chimenea y el té a enviar su vaporoso sabor por toda la habitación, perdí por completo la noción del frío y la incomodidad que había soportado tan recientemente, y escuchando los estridentes silbidos del rudo Boreas[14], que parecía querer robarme el sueño por despecho de haber escapado a su furia, no pensé en la probabilidad de ser expulsado de mis confortables aposentos.

Después de tomar el té y sentir un agradable calor que me recorría todo el cuerpo, empecé a desvestirme. Me había tumbado en mi sofá, mi pilaf y mi ave asada estaban casi listos, cuando, cerca de medianoche, a través del aullido del viento, oí el paso de una tropa de jinetes. Apenas tuve tiempo de levantarme de la cama, cuando toda la cabalgata se precipitó en el patio, entre choques de armas, juramentos y gritos. En un instante estaban en mi puerta, que por supuesto estaba cerrada con llave.

—¡Hola! ¿Quién está ahí? ¡Fuera de aquí! La señora del *sipahsalar*, una princesa de sangre real, ha llegado; todo el mundo debe salir y hacerle sitio.

No hace falta decir que había razones de peso para no abrir inmediatamente la puerta. Los hombres preguntaron al jefe de correos

quién era el ocupante de la habitación, y al enterarse de que se trata‐
ba de un *hadji*, y de que él también era un hereje, un sunita,
empezaron a apuntar con sus espadas y las culatas de sus pistolas a
la puerta, gritando:

—¡Oye, *hadji*!, sal de ahí, ¡o nos obligarás a romperte tus huesos!

El momento era tan emocionante como crítico. No es más que
una triste broma ser expulsado de un cálido refugio, donde uno se
encuentra perfectamente cómodo, y tener que pasar una fría noche
de invierno al aire libre. Tal vez no fue tanto el miedo a sufrir daños
por la exposición al frío como lo repentino de la sorpresa y la conmo‐
ción de la inoportuna perturbación, lo que me sugirió la audaz idea
de no ceder, sino de aceptar sin miedo el desafío.

Mi compañero tártaro, que estaba en la habitación conmigo, se
puso pálido. Salté de mi asiento, cogí una pistola y una espada,
mientras le entregaba mis pistolas, con la orden de que las usara en
cuanto le hiciera una señal para ello. Luego tomé posición cerca de la
puerta, firmemente resuelto a disparar contra el primero que se en‐
trometiera. Mis marciales preparativos parecieron haber sido
observados por los que estaban fuera, pues empezaron a debatir. De
hecho, observé que la elegancia del persa que empleé para hablar con
ellos les hizo sospechar que, después de todo, podían estar equivoca‐
dos al creer que yo era un ciudadano de Bujará.

—¿Quién eres, entonces? Habla, hombre, parece que no eres *hadji*
—se oyó ahora desde fuera.

—¿Quién habla de *hadjis*? —grité—, ¡basta de esa palabra abusiva!
No soy ni de Bujará ni persa. Tengo el honor de ser europeo y me lla‐
mo señor Vambéry.

El silencio siguió a mis palabras. Mis agresores parecían comple‐
tamente estupefactos. Su efecto, sin embargo, fue aún más
asombroso en mi socio tártaro, que ahora, por primera vez, oía de los
propios labios de su compañero de viaje *hadji* que aquel a quien ha‐
bía considerado como un verdadero creyente era un europeo y que
su verdadero nombre era Vambéry. Pálido como la muerte y con los
ojos desorbitados, me miró fijamente. Ahora me encontraba entre la

espada y la pared. Una aguda mirada mía le devolvió la serenidad. También los persas cambiaron de táctica. El nombre de europeo, esa palabra de terror para los orientales, produjo un efecto mágico. A los insultos siguieron expresiones de cortesía; a las amenazas, súplicas; y como me rogaron encarecidamente que permitiera a dos de los principales miembros de la escolta compartir mi habitación, mientras los demás se resignaban a ocupar el granero y el establo, abrí la puerta a los temblorosos persas.

Mis facciones les convencieron enseguida de la veracidad de mis afirmaciones. Nuestra conversación pronto se hizo muy animada y amistosa, y en el transcurso de media hora mis invitados descansaban en un rincón de la habitación, completamente estupefactos por la excesiva ingesta de aguardiente. Allí yacían roncando como benditos.

Me dediqué entonces a la tarea de dar explicaciones a mi socio tártaro y, para mi agradable sorpresa, lo encontré bastante dispuesto a apreciar mis aclaraciones.

A la mañana siguiente, cuando abandoné las colinas cubiertas de nieve y cabalgué por la alegre llanura de Damgan, el recuerdo de la aventura me volvió con toda su vivacidad, y confieso que, pensándolo mejor, me estremecí un poco al contemplar el peligro innecesario al que mi imprudencia me había expuesto la noche anterior.

Se supone que Damgan se ubica sobre la antigua ciudad de Hecatómpylos (ciudad de las cien puertas), una suposición que nuestros arqueólogos aún mantienen, aunque la vecindad no ofrece rastro alguno de una ciudad a la que pudieran haber pertenecido las cien puertas. Por supuesto, hay que hacer grandes deducciones de todas las afirmaciones hechas por griegos o persas, que rivalizan entre sí en el noble arte de alardear y exagerar. Si reducimos las cien puertas a veinte, seguirá siendo una cuestión de considerable dificultad descubrir una ciudad de más de veinte puertas en el oscuro lugar ahora llamado Damgan. El lugar se jacta de tener apenas más de cien casas, y dos miserables caravasares en medio de su bazar vacío son indicios suficientes de que la reputación de importancia de Damgan en aspectos comerciales es igualmente infundada.

Desde Damgan viajé por dos paradas hasta Semnán, célebre por su algodón, y más aún por sus pasteles de té. Casi todas las ciudades de Persia destacan por alguna especialidad, en cuya producción pretenden ser no sólo las principales de Persia, sino las únicas en el mundo entero. Shiraz, por ejemplo, es famosa por el cordero, Isfahán por los melocotones, Nathenz por las peras, etcétera. Lo curioso del caso es que, al llegar a cualquiera de estas ciudades y buscar el artículo del que tanto se alardea, el viajero se lleva una gran decepción en cuanto a su calidad o, lo que es aún más divertido, no lo encuentra en absoluto. En Mashhad oí hablar de los pasteles de té de Semnán, e incluso en Herat; pero como a menudo había tenido ocasión de valorar estas exageraciones en su justo valor, no esperaba demasiado. Sin embargo, fui al bazar a preguntar por las pastas de té. Mi búsqueda, larga y penosa, se vio recompensada por unos cuantos ejemplares mohosos.

—Semnán es justamente célebre por la excelencia de este producto, pero la exportación es tan tremenda que nos hemos quedado sin ninguno —dijo uno.

—Es cierto que Semnán fue famosa en otro tiempo por la producción de este artículo, pero los tiempos difíciles han hecho que incluso la calidad de los pasteles de té se deteriore —añadió otro.

En cualquier caso, aquí la gente tuvo la delicadeza de inventar algunas excusas, pero en la mayoría de los lugares ni siquiera se intenta una disculpa; y el fraude sin rubor de la pretendida reivindicación de la producción de algún artículo excelente se muestra sin ningún disimulo.

Las mismas sensaciones que me invadieron cuando llegué a Mashhad, las sentía ahora con mayor intensidad al acercarme a Teherán, punto de partida de mi aventurado viaje, donde iba a encontrarme con tantos amables amigos que, con toda probabilidad, hacía tiempo que se habían resignado a la idea de que yo hubiera pagado con mi vida el castigo de mi temeraria empresa.

CAPÍTULO XXIX

De Teherán a Trebisonda

L A capital persa me pareció, cuando la volví a ver, la morada misma de la civilización y la cultura, con todos los placeres y refinamientos de la vida europea. Por supuesto, un viajero occidental, al llegar a la ciudad por primera vez, se siente amargamente decepcionado al ver las míseras casuchas de barro y las estrechas y torcidas calles por las que debe abrirse paso. Pero para el que viene de Bujará, el aspecto de la ciudad cambia por completo. Un viaje de sólo sesenta días separa una ciudad de la otra; pero, de hecho, hay tal diferencia en la condición social de Bujará y Teherán, que varios siglos podrían haberlas separado la una de la otra. Mi primer paseo por el bazar, después de mi llegada, me hizo sentir como un niño otra vez. Casi con el afán de mi acompañante tártaro, mis ojos encantados se paseaban por los artículos de lujo procedentes de Europa, juguetes, cosas y ropas que vi allí expuestos. Las muestras del gusto y el ingenio europeos me causaron entonces una especie de asombro que, recordado ahora, me parece muy cómico. Era una sensación, sin embargo, de la que era difícil desprenderse.

Cuando un hombre viaja como yo lo hice, y cuando se ha adaptado tan total y completamente al modo de vida tártaro, no es de extrañar que, al final, se convierta él mismo en medio tártaro. Esa hipocresía en la que vive un hombre, plenamente consciente de su verdadera naturaleza a pesar de su disfraz exterior, no puede mantenerse impunemente mucho tiempo. La ocultación constante de sus verdaderos sentimientos, el trabajo absorbente de su asimilación al máximo de elementos totalmente extraños, producen su efecto lento y silencioso, mas seguro, en la alteración del hombre mismo, con el paso del tiempo, lo desee o no. En vano, el viajero disfrazado se rebela interiormente contra las influencias e impresiones que van desgastando su verdadero yo. Las impresiones del pasado pierden cada vez más su influencia sobre él, hasta que se desvanecen, dejando al viajero luchando sin esperanza en las dificultades de su propia ficción, y el papel que había asumido, pronto se convierte en un hábito para él.

Yo no constituí una excepción a la regla en este particular; el cambio en mi comportamiento fue el tema de muchos comentarios jocosos por parte de mis amigos europeos, y atrajo sobre mí más de una vez sus salvas de buena voluntad. Hicieron de mis saludos, mis gesticulaciones, mis andares y, sobre todo, de mi modo de ver las cosas en general, objeto de sus burlas. Muchos llegaron a insistir en que me había transformado en tártaro, hasta en mis rasgos, afirmando que incluso mis ojos habían adoptado la forma oblicua peculiar de esa raza. Esta «cháchara» de buena fe me divertía mucho. No interfería en absoluto con el gran placer que sentía al volver a la sociedad europea. Sin embargo, además de la extraña sensación de disfrutar del raro lujo de reposar sin ser molestado durante varias semanas, había muchas cosas en las costumbres y hábitos de mis amigos europeos que me costaba reconciliar. El ceñido vestido europeo, especialmente, parecía acalambrarme y entorpecer mis movimientos. El cuero cabelludo afeitado se sentía incómodo bajo la carga del pelo que me dejaba crecer. Los gestos vivos y a veces violentos que acompañaban el amistoso intercambio de opiniones por parte de los europeos, me parecían arrebatos de pasión, y a menudo pensaba que serían seguidos por la discusión más grosera y enérgica. El porte y los andares rígidos y mesurados, propios de los militares, que observé en los oficiales franceses al servicio de Persia, me parecieron extraños, artificiales y rebuscados. Sin embargo, me producía un secreto placer tener ocasión de admirar el porte orgulloso y varonil de mis compatriotas europeos. Presentaba un contraste tan gratificante con el andar desaliñado y encorvado de los centroasiáticos, entre los cuales había estado viviendo últimamente. No serviría de nada señalar a mis lectores, y multiplicar, los numerosos ejemplos de la extraña perversión de opiniones y gustos a que habían dado lugar mis últimas experiencias entre extraños pueblos asiáticos. Quienes, por observaciones personales, sean capaces de establecer un paralelismo entre la vida en Oriente y Occidente, no exagerarán al decir que Teherán, comparada con Bujará, me pareció una especie de París.

La sorpresa y el asombro del público persa de la capital fueron generales cuando se conoció el éxito de mi peligrosa aventura. El *ketman* (el arte del disimulo permitido por el islam) es un don bien conocido y diligentemente cultivado por los orientales; pero que un europeo hubiera adquirido tal grado de excelencia en este arte peculiarmente oriental como para imponerse a los propios nativos les parecía incomprensible. Sin duda habrían lamentado el éxito de mi viaje, si no fuera porque la broma que les había gastado a expensas de sus archienemigos, los turcomanos sunitas, les había hecho mucha gracia.

Las estepas del Turquestán son en muchos sentidos una *terra incognita* para los habitantes de Teherán; y aunque están situadas cerca de los confines de Persia, las ideas más extrañas y fantasiosas prevalecen entre la gente con respecto a ellas. Recibí mil preguntas de todo el mundo sobre este tema. Varios ministros me invitaron a visitarlos, e incluso tuve la distinción de ser presentado a su majestad, el «Centro del Mundo» o «Altísimo Gobernante del Universo», como lo llaman los persas. Tuve que someterme al fastidioso ceremonial de la corte persa, antes de ser conducido a la augusta presencia del sha Naseredín, en el jardín del palacio, y una vez allí, recibí de él el cumplido de pedirme que contara la historia de mis aventuras.

En esto me desenvolví con no poca vivacidad. Los ministros que honraron la entrevista con su presencia quedaron estupefactos ante la serenidad que mostré en aquella ocasión y, según me contaron después, apenas pudieron recuperarse de su asombro al verme capaz

de soportar sin temblar las miradas de un soberano cuya menor mirada infunde terror en el corazón del más audaz de los mortales. El
propio rey pareció complacido con mi actuación, pues más tarde dio
testimonio de su satisfacción, condecorándome con la orden del León
y del Sol y, lo que era más oportuno, un valioso chal persa. Se me
permitió conservar la insignia de la orden, consistente en una simple
pieza de plata, pero la rapacidad del ministro, tan característica de la
corte de Teherán, confiscó el chal, valorado en al menos cincuenta
ducados, para su propio beneficio. Esta conducta no tiene nada de
sorprendente: su majestad el sha miente y engaña a sus ministros, y
éstos, a su vez, le devuelven su amabilidad con intereses usureros.
Los funcionarios inferiores engañan al pueblo, y éste, a su vez, apro-
vecha cualquier oportunidad para engañar a los funcionarios. En ese
país todo el mundo miente, engaña y estafa. Este comportamiento no
se considera inmoral o impropio; por el contrario, el hombre que es
directo y honesto en sus tratos es calificado despectivamente de tonto o loco.

Como ejemplo de esta oblicuidad moral general, relataré una
anécdota ocurrida durante mi estancia en Teherán.

El rey, como es bien sabido, es un cazador empedernido y un excelente tirador. Pasa alrededor de nueve meses al año en excursiones
de caza, para no poca molestia de los oficiales de la corte, que, en tales ocasiones, se ven obligados a abandonar las lujosas comodidades
del harén, con su delicada comida y mullidos sofás. Y cambian a una
ruda vida en una tienda, la sencilla comida de la gente del campo y
las largas y fatigosas cabalgadas de la caza. El rey, al regresar de la
cacería, suele enviar regalos a los embajadores europeos, como muestra especial de su favor. Esta generosidad, sin embargo, debe pagarse
en forma de un generoso *enaam*, o gratificación, al sirviente que ha
traído los corzos, perdices y otras piezas abatidas por la mano real.
Al principio, el cuerpo diplomático se sometió pacientemente a esta
exacción; sin embargo, a medida que estos regalos reales se hicieron
cada vez más frecuentes, los ministros empezaron a suponer que estos repetidos actos de distinción no emanaban de la casa real, sino

que eran una mera ficción inventada por los criados para asegurarse los cuantiosos honorarios esperados, y que la caza que les traían era comprada con este fin. Para evitar que se repitieran fraudes similares, el ministro de Asuntos Exteriores debía certificar, a petición de los embajadores, el carácter de buena fe de los regalos reales. Por un tiempo esto resultó ser una medida preventiva de la molestia, pero sólo por un corto tiempo, ya que muy pronto los regalos comenzaron a llegar de nuevo con una rapidez alarmante. Se iniciaron entonces estrictas investigaciones y se descubrió el asombroso hecho de que su excelencia, el ministro, había sido cómplice del fraude emitiendo certificados falsos y que había participado en los beneficios de la vergonzosa transacción. Todo el asunto, cuando se supo, fue tratado como una gran broma, y el propio rey se dignó mostrarse muy divertido al oír este singular método de acoger a los *firangis*.

Como no tenía intención de abandonar Teherán antes de la primavera, mi estancia allí se prolongó a dos meses. Pasé este tiempo muy agradablemente en compañía de la pequeña colonia europea. Su alegría por mi regreso era sincera, y lo demostraron no sólo con cordiales y calurosas felicitaciones, sino también con cientos de pequeños actos de cortesía y buena voluntad que hicieron mi estancia entre ellos sumamente agradable. Las embajadas no dejaron de informar a sus respectivos gobiernos de mis notables aventuras. En cuanto a mí, me asombró mucho el revuelo que se armó en torno a mis actuaciones; tampoco podía comprender muy bien la extraordinaria importancia que se concedía a mi truco del derviche, que se presentaba a mi imaginación, aparte de los peligros reales, más bien a la luz ridícula de una comedia llevada a un próspero fin.

Al abandonar la capital persa, me sentí no poco orgulloso de encontrarme provisto de cartas de recomendación dirigidas a los principales estadistas de Inglaterra y Francia. Me conmovió especialmente el interés que mostró por mí un compatriota húngaro, el señor Szantó, que ejercía el oficio de sastre en Teherán. Nacido a orillas del río Tisa, abandonó su país para escapar al reclutamiento, prefiriendo la vida de un honrado comerciante a la de un soldado. Sus andanzas le llevaron a Constantinopla, y al salir de esta ciudad atravesó Asia Menor hasta Arabia, y luego el sur de Persia hasta la India. Este hombre singular había hecho todos estos viajes en su mayor parte a pie. Estaba a punto de dirigirse a la capital de China cuando le llegó la noticia del levantamiento de su pueblo en 1848 para conseguir la independencia. Sin vacilar un instante, decidió regresar a toda prisa y alistarse en el ejército de los que estaban dispuestos a luchar y morir por su país. Pero había calculado sin tener en cuenta la inmensa distancia de Asia a Europa y sus escasos medios, que sólo le permitían la lenta locomoción de un peatón y el transporte en un velero. Así, al llegar a Estambul se enteró de la fatal jornada en Világos, acto final del glorioso drama revolucionario. En su decepción, volvió a tomar el bastón de trotamundos y, reanudando su antiguo oficio, llegó a Teherán, pasando por Tabriz.

El buen hombre hablaba una lengua extraordinaria, mezclando todos los dialectos que había aprendido en los países por los que había pasado. Se desenvolvía bastante bien al principio de una conversación, comenzando justamente por el húngaro; pero apenas se animaba con su tema, sobrevenía un perfecto fárrago, consistente en un conglomerado de palabras húngaras, alemanas, francesas, con una masa aún más confusa de palabras turcas, árabes, persas e indostanas, que ponía a dura prueba la comprensión de sus oyentes. Su generoso corazón se compadeció de mí, su compatriota, por haber escapado de tantos peligros; y para demostrarme su simpatía, insistió en que aceptara un par de pantalones hechos por él mismo, a pesar de que sus circunstancias eran bastante difíciles. Como yo no podía aceptar su regalo, persuadió a mi socio tártaro para que lo aceptara. El habitante de Asia central se rio de lo que le pareció una prenda ridícula; pero al fin la curiosidad prevaleció sobre él hasta el punto de inducirle a ponérsela, y Szantó, de buen corazón, estaba fuera de sí de alegría y orgullo por haber sido el primer sastre que había puesto a un tártaro un par de pantalones europeos.

No puedo dejar de mencionar a otro europeo que conocí aquí, un tal señor Blocqueville, a quien se puede llamar con justicia uno de los fotógrafos más caros, al menos para el sha de Persia. Al servicio de éste, había participado en una expedición contra los turcomanos, tuvo la desgracia de caer prisionero y fue liberado más tarde, previo pago del enorme rescate de diez mil ducados.

El señor Blocqueville, perfecto caballero francés, había llegado a la bella Persia en busca de aventuras. No deseaba ejercer como médico, la carrera ortodoxa de un europeo en Oriente, sino que prefería probar suerte con la fotografía, que, al ser menos conocida en Persia, prometía un mayor éxito. Este amable joven, como se demostró en lo sucesivo, acertó en sus cálculos, pues el rey lo contrató inmediatamente como fotógrafo de su corte, y fue destinado al ejército en calidad de pintor de obras de combate. El rey estaba encantado de haber conseguido un artista que inmortalizara en el lienzo las hazañas de su heroico ejército, y su viva imaginación conjuraba visiones de grandes cuadros en los que cada uno de ellos sería retratado como si fuera un Rostam.

Desgraciadamente, el destino quiso otra cosa; los veinticinco mil Rostams fueron atacados por cinco mil turcomanos y vergonzosamente derrotados. Gran parte del valeroso ejército persa fue hecho prisionero, y los esclavos se convirtieron en tal mercancía que podían ser recomprados al módico precio de cinco a seis ducados. El señor Blocqueville, sin embargo, a causa de su tez clara y su extraño corte de facciones, era sospechoso de valer más para sus amos y, por lo tanto, se pedía más por su liberación. Por supuesto, los persas se negaron a aceptar otras condiciones, pero cada nueva negativa provocaba un aumento del rescate, hasta que finalmente la exorbitante suma de diez mil ducados tuvo que ser pagada por la corte de Teherán por la libertad de un súbdito francés. Esto no habría sido posible de no ser por una enérgica insinuación transmitida por el Gobierno de Francia a través de su representante, Bellaunay, en el sentido de que si los persas no tenían ducados suficientes para rescatar a este súbdito francés, le prestarían bayonetas francesas.

La amable advertencia surtió efecto, se pagó el dinero y el joven fotógrafo recobró la libertad. El señor Blocqueville, antiguo oficial de un regimiento de la Guardia Imperial francesa, estuvo expuesto durante todo ese tiempo a las duras experiencias de la esclavitud entre los turcomanos. El amargo contraste entre la vida de un caballero en los Campos Elíseos y la de un cautivo cargado con grilletes en el cuello y en los pies debió de tormentarle a menudo mientras tiritaba en harapos bajo el insuficiente cobijo de una tienda turcomana, con chuletas de carne de caballo como el mayor manjar culinario a su alcance. Había sufrido mucho y casi lloró de alegría cuando regresó sano y salvo de aquel terrible país. Tuvo más tiempo que nadie para estudiar las terribles realidades de la vida en Asia central, y encontré en él a un simpatizante dispuesto a soportar las penurias por las que yo había pasado, pues era capaz de apreciar su magnitud.

Ya que hablamos de los turcomanos, no puedo dejar de mencionar que varios de ellos, que estaban en Asterabad por negocios, al enterarse de mi llegada a Teherán, me llamaron y me pidieron mi fátiha. Me aseguraron que mis fátihas habían obrado maravillas, y que la gente del Gomish Tepe deseaba a menudo tenerme allí de nuevo. Aunque vestían a la europea, estas gentes sencillas se inclinaron reverentemente ante mí mientras yo les daba a cada uno una bendición, citando al mismo tiempo algunos versículos del Corán. Se marcharon sintiéndose muy dichosos, y fueron las últimas personas a las que di una fátiha, y aquella fue la última ocasión en la que realicé funciones espirituales de este tipo.

Mi imaginación se disparó ante la idea de mi fama religiosa. Me imaginé las posibilidades que podría alcanzar entre estos ignorantes hijos del desierto, si tan sólo tuviera la voluntad y el valor de atreverme. Así es como suelen comenzar su carrera los héroes orientales. Se envuelven en una misteriosa oscuridad mágica, y las multitudes siguen ciegamente su ejemplo, y sólo se necesita determinación para hacer de un hombre un autócrata cuya más mínima orden es obedecida con sumisión servil e irracional.

Con el primer soplo de aire primaveral me despedí de la capital persa, sede de la civilización oriental, y tomé el camino regular a través de Tabriz, Erzurum y Trebisonda hacia el mar Negro. Así como en mi viaje de Mashhad a Teherán había estado bien provisto de todas las cosas necesarias para un viajero en Oriente, ahora de Teherán a Trebisonda no me faltaba nada para hacer el viaje confortable. Los caballos eran aún mejores, tenía más dinero y el trato que recibí a lo largo del camino correspondía a mi cambio de fortuna. Llegué a la frontera persa con el mejor ánimo, y me alegré durante todo el camino, animado por el mejor tiempo primaveral imaginable.

Al llegar a las cercanías de Trebisonda, contemplé desde la montaña póntica, desde cuya cima se divisa el mar Negro, la costa a la que había dado la espalda con tantos extraños recelos dos años atrás, ese mismo mes. El puerto, la bandera del *Lloyd* ondeando en la brisa, allí estaban de nuevo, como para saludarme a mi regreso. Aquellas vistas tan familiares, de las que tan amarga había sido mi despedida, suscitaron una oleada de pensamientos.

Llegar a un puerto, donde un barco estaba anclado listo para zarpar, era lo mismo que llegar a Europa. Las comodidades de un camarote espléndido y confortable a bordo del vapor *Lloyd*, los signos de la vida europea, multiplicándose a nuestro alrededor en todas las formas imaginables, pueden fomentar la ilusión de que estamos de nuevo en casa, a pesar de los varios días de viaje que nos separan de Europa. Pasé sólo dos días en Trebisonda, empleando mi tiempo principalmente en deshacerme de la mayor parte de mi equipo para viajes orientales, para el cual ya no tenía más uso, conservando sólo unos pocos artículos como reliquias y recuerdos de mis andanzas. A mediados de mayo embarqué en el vapor que me llevaba de regreso al escenario de mi futuro: Europa.

MEZQUITA EN RUINAS - TABRIZ

CAPÍTULO XXX

De camino a casa

SI mi camino de Tabriz a Trebisonda se asemejó a una entrada triunfal, mi viaje de regreso estuvo mucho más marcado por los signos de reconocimiento de todos los europeos que encontré en Turquía por las grandes fatigas que había sufrido durante mis viajes. A mi llegada a Constantinopla, encontré la capital turca no sólo mucho más encantadora que antes, sobre todo si comparaba el aullante desierto de Asia central con las bellezas naturales del Bósforo, sino que reconocí en los turcos una nación totalmente civilizada. Están más avanzados que sus hermanos de fe que habitan en el interior de Asia; más aún, son hombres cuyos rasgos físicos se asemejan mucho más al europeo genuino que a los representantes de la raza iraní y turania. Mi primera visita fue al embajador austriaco de entonces, al erudito diplomático, el difunto conde Prokesch-Osten, que siempre fue amable conmigo durante mi estancia en la metrópoli turca, y que me recibió ahora con verdadera cordialidad. Por un momento se quedó mirándome, sin poder reconocer a un antiguo conocido en su demacrado y gastado visitante; y sólo después de que me dirigiera a él en alemán, estuvo a punto de echarse a llorar, diciendo:

—Por el amor de Dios, Vambéry, ¿qué has hecho?

Le relaté brevemente mis viajes y aventuras, y el buen anciano, conmovido hasta lo más profundo de su noble corazón, trató de persuadirme para que me quedara unos días en su casa, a fin de recobrar fuerzas, y proseguir sólo después del descanso mi camino a

Budapest. Me negué cortésmente, y escuché con gran atención los consejos que me daba sobre los próximos pasos que debía dar en Europa.

—Hace usted muy bien en ir directamente a Londres —dijo el conde—, Inglaterra es el único país lleno de interés sobre la geografía y la etnografía del Asia interior. Tendréis una buena acogida; pero no debéis olvidar dar el estilo correspondiente al relato de vuestros viajes. Limítese estrictamente a la narración de sus aventuras; sea breve y conciso en la descripción; y sobre todo absténgase de escribir un libro mezclado con argumentaciones rebuscadas o con notas filológicas e históricas.

Mi siguiente visita en Constantinopla fue a Alí Pashá, el gran visir de aquellos tiempos, a quien tenía la intención de informar sobre la condición política de Persia y de Asia central. En mi camino de Pera a Constantinopla me encontré con muchos de mis conocidos anteriores sin que ninguno me reconociera. Lo mismo ocurrió a mi paso por el corredor de aquel gran edificio, la Sublime Puerta[15], y sólo como consecuencia de haber sido anunciado, Alí Pashá pudo reconocer en mí al antiguo Reshid Efendi —mi nombre oficial en Turquía—, el hombre a quien apoyaba en sus estudios lingüísticos prestándole manuscritos raros de su colección. Me recibió con gran cordialidad e insistió en que me quedara en Constantinopla, pero, declinándolo cortésmente, me apresuré a regresar al puerto para llegar a tiempo a la salida del buque de la compañía austriaca Lloyd, con destino a Constanza, en Rumanía.

Al llegar al puerto, cerca de Findikli, tuve que cumplir con un deber muy desagradable: despedir a mi fiel ayudante tártaro, que me había acompañado desde Jiva hasta las orillas del Bósforo; decir un último adiós a aquel joven sincero y honesto, que había compartido conmigo todas las fatigas y privaciones de mi peligroso viaje de regreso a casa desde las orillas del Oxus, que nunca había mostrado el menor signo de descontento y que realmente había llegado a ser como un hermano para mí. Fue un momento indeciblemente doloroso de mi vida. Le entregué casi todo el dinero que tenía preparado, quedándome sólo con lo necesario para pagar mi comida hasta llegar a Pest, pues el pasaje era gratuito. Le di todos mis vestidos, mi equipo, etcétera; le hice un largo discurso sobre su comportamiento durante el viaje a La Meca y sobre su regreso a Jiva, y apenas hube extendido mis brazos para abrazarle, cuando estalló en un torrente de lágrimas y dijo:

—¡Efendi!, perdóname, pero no puedo separarme de ti. La santidad de los lugares sagrados es ciertamente un objeto muy seductor; ver la tumba de nuestro Profeta vale toda una vida; pero no puedo dejarte, ¡no puedo ir solo! Estoy dispuesto a renunciar a todas las delicias de este mundo y del futuro; estoy dispuesto a separarme incluso de mi hogar, pero no puedo separarme de ti.

El lector puede imaginarse mi gran asombro cuando oí al joven de Asia central, estudiante de teología, pronunciar estas palabras. Así que le contesté:

—Mi querido amigo, ¿sabes que me voy al país de los infieles, a *Firangistán*, donde el clima, el agua, la lengua, los modales y costumbres de los diferentes pueblos te serán completamente extraños; donde te encontrarás rápidamente a una distancia extraordinaria de tu propio hogar, y tendrás que permanecer finalmente, sin esperanza alguna de volver a visitar en tu vida tu hogar en Jiva? Considera lo que haces, pues el arrepentimiento será entonces demasiado tardío, y no quisiera ser la causa de tu desengaño.

El pobre tártaro permaneció unos instantes pálido y abatido, sin que la gran lucha que se libraba en su alma se notara más que por el ardor de sus ojos; apretó espasmódicamente los labios, y luego estalló en las siguientes palabras:

—Creyente o incrédulo, no me importa cuál, dondequiera que vayas, yo iré contigo. Los hombres buenos no pueden ir a lugares malos. Tengo una fe implícita en tu amistad, y confío en Dios que nos cuidará a los dos.

Estando así, en medio de mi confusión, oí el tañido de la campana del buque. Ya no había tiempo para más consideraciones y discusiones. Llevé mi equipaje y al tártaro a bordo del vapor, y tan pronto como arribamos, se levaron las anclas y zarpamos a través del Bósforo por el mar Negro hacia Constanza.

Mi viaje por el Danubio hasta Pest, en el mes de mayo de 1864, fue placentero e interesante. A cada paso que me acercaba a la frontera húngara, encontraba nuevos amigos y admiradores, pues la noticia de mis exitosos viajes por Asia central se había extendido ya por toda Europa. En particular, se había despertado el interés mis compatriotas, a quienes no es del todo desconocida la tenue tradición de su ascendencia asiática, y que ahora estaban ansiosos por obtener nueva información del lugar de sus antepasados, la cuna de la raza magiar. A mi llegada a Pest, fui recibido en primer lugar por el barón Joseph Eötvös, vicepresidente de la Academia Húngara, mi noble mecenas de corazón, que me había ayudado en mis luchas juveniles, que me había alentado en mis viajes y que ahora estaba lleno de alegría al verme a salvo, aunque muy agotado por las fatigas en casa. El barón Eötvös, el mayor genio literario húngaro del presente siglo, autor de la brillante obra filosófica *Las ideas reinantes del siglo XIX*, no me ocultaba en absoluto las dificultades con que aún tendría que vérmelas.

—Vaya inmediatamente a Londres —me dijo—, y estando provisto, como está, de cartas de presentación de las principales personalidades, esté casi seguro de una calurosa acogida, y de un reconocimiento genuino de sus méritos.

Pues bien, este plan había madurado en mí desde mi salida de Teherán, donde el difunto sir Charles Alison, y particularmente el señor Thompson, actual ministro británico en la corte persa, me habían hecho igualmente sugerencias similares. Tomé, pues, la firme decisión de ir a Inglaterra lo antes posible, es decir, en cuanto dispusiera de los medios necesarios para el viaje. Este arreglo resultó, sin embargo, no ser una tarea fácil.

A mi llegada a Pest no me faltaron señales de reconocimiento en los periódicos, invitaciones a cenas, etcétera; pero los fondos para mi viaje a Londres no fueron tan fáciles de conseguir, y me vi obligado a dejar a mi fiel compañero tártaro al cuidado de un amigo y dirigirme solo a Inglaterra. Fue ciertamente una gran lástima no poder llevar a Mulá Ishak —así se llamaba el tártaro— a orillas del Támesis, pues habría constituido una figura capital en Burlington House, ante la Real Sociedad Geográfica; pero tuve que acomodarme a la imperiosa necesidad, y llevando conmigo sólo mis notas y algunos manuscritos orientales, salí de Hungría hacia finales de mayo, y me dirigí sin detenerme a Inglaterra.

CAPÍTULO XXXI

En Inglaterra

H ABÍAN transcurrido sólo un par de semanas desde que salí de las profundidades de Asia para dirigirme al centro mismo de Europa, y desde que cambié la vida de un derviche viajero por la de un hombre de letras estrictamente europeizado; es fácil concebir los extraordinarios efectos que esta súbita transformación produjo en mí. Intentaré describir algunos de los rasgos más destacados de este cambio, aunque no creo que mi débil pluma esté a la altura de la tarea.

Fue ante todo la idea de haber renunciado a la vida de vagabundo, y de no poder, en adelante, cambiar diariamente de morada, lo que me causó gran turbación. La casa firme y estable, con sus muebles, me parecían grilletes, y me llenaban de disgusto después de unos pocos días de estancia. Luego vino la aversión que sentí por la vestimenta europea, en particular por la corbata y la ropa de cama rígida, que fueron todo un calvario para mí, acostumbrado, como había estado durante años, a la amplia y cómoda vestimenta asiática, que no da la menor restricción mientras su portador está sentado o caminando. Ni siquiera la comida, y menos aún la manera de comer, tenían atractivo para mí, que durante varios años había usado los dedos como cuchillo y tenedor, y que ahora tenía que observar la etiqueta europea en la mesa con todo su rigor. ¿Y qué decir de las múltiples diferencias entre los modales y costumbres de Europa y Asia? Realmente me sentía como un niño, o como algún habitante semibárbaro de Asia o África en su primera introducción en la sociedad europea, y realmente no sé si reírme de mi torpeza en aquel momento, o admirar la indulgencia que me demostró la sociedad inglesa durante las primeras semanas de mi aparición en Londres.

Con estos, y parecidos sentimientos, pasé mis primeros días en la metrópoli inglesa. Mi primera preocupación fue entregar las cartas de presentación que obtuve en Teherán a aquellos distinguidos sabios y políticos que estaban relacionados con Asia central, y que tenían un interés preeminente en los resultados de mis viajes. Mi primera visita fue a sir Henry Rawlinson, que era entonces, y sigue siendo ahora, la mayor autoridad viva en todas las cuestiones científicas y políticas relacionadas con Asia central. Me recibió de la manera más afable en su casa de Berkeley Street, en Berkeley Square, donde vivía en aquella época; y aunque yo era capaz de mantener una conversación en inglés, sin embargo, en aras de una mayor fluidez, preferí el persa, del que sir Henry, último embajador de Gran Bretaña en Persia, era un perfecto maestro, y que realmente manejaba con exquisito refinamiento. El tema de nuestra conversación fue, por supuesto, Bujará, Jiva, Herat y Turquestán, lugares de los que el erudito descifrador de las inscripciones cuneiformes de Behistún poseía un asombroso caudal de información. Mis detalles sobre la toma de Herat por Dost Mohamed Khan, sobre la campaña del emir de Bujará contra Kokand en favor de Khudayar Khan, y particularmente los rumores que oí sobre la aproximación del destacamento ruso al mando de Chernayev, eran los temas en los que parecía estar más interesado. Fue una especie de interrogatorio al que tuve que someterme; y después de una conversación de casi una hora de duración, me despedí con la plena convicción de que mi primer debut no había sido infructuoso.

La siguiente visita que hice fue a sir Roderick Murchison, entonces presidente de la Real Sociedad Geográfica, cuya casa, en el número 16 de Belgrave Square, me dio por primera vez una idea de la comodidad y el lujo que rodeaban a un distinguido literato inglés. No hace falta decir que sir Roderick, cuya amabilidad es mundialmente conocida, me recibió, no como a un extranjero que le había presentado un amigo, sino como a un compañero de viaje, como se convertía en el mecenas de buen corazón de todos aquellos cuyos esfuerzos se dirigían a fomentar el conocimiento geográfico. No le importaban mucho las lenguas, las costumbres y los hábitos de los pueblos asiáticos, sino más bien los hechos orográficos e hidrográficos; y de hecho mostró cierta decepción al enterarse por mí de que no había traído ni esbozos cartográficos ni muestras de las formaciones geológicas. Habiéndome preguntado si había traído conmigo algunos dibujos, respondí que no, que sólo llevaba conmigo un pequeño lápiz no mayor que la mitad de mi pulgar, oculto bajo la guata de mi vestido de derviche, y que si la gente se hubiera dado cuenta de que hacía uso de este artificio, ciertamente no habría tenido el placer de mi presente entrevista con él. El buen anciano era incapaz de darse cuenta de los grandes peligros que corría con mi disfraz, pues siempre pensaba en su propio viaje a los Urales, ejecutado bajo la real protección del emperador de Rusia, provisto él de amplios medios desde casa. El tema que más decididamente rehuía era el de la política; pues cada vez que yo tocaba la cuestión de la aproximación rusa a las fronteras de la India, y de la muy próxima invasión rusa en Asia central, decía inmediatamente sonriendo:

—Oh, no debe usted creer eso; los rusos son buena gente; su emperador es un príncipe ilustrado y noble, y los planes rusos en Asia no pueden significar mal alguno contra los intereses de Gran Bretaña.

En cuanto al carácter ilustrado del difunto emperador ruso, nadie tenía ninguna duda. Su estima y consideración por la ciencia poseían un símbolo elocuente en el par de magníficos jarrones de malaquita que se encontraban en casa de sir Roderick Murchison, muy apreciado en la corte del Neva; pero, como los acontecimientos han demostrado desde entonces, se trataba sólo de testimonios de sentimientos personales, que no tenían influencia alguna en el curso de la política en Asia. Exceptuando esta única diferencia de opinión, mi primer encuentro con el presidente de la Real Sociedad Geográfica superó todas mis expectativas. Me invitó a dar una conferencia ante la Sociedad en su última reunión y a cenar a primera hora de la noche. Confieso que la amabilidad con la que este noble caballero me trató durante mi estancia en Londres y la hospitalidad de la que tan a menudo disfruté en su casa permanecerán siempre en mi memoria.

El tercer hombre al que recurrí fue el difunto vizconde Strangford, el maravilloso lingüista oriental y el brillante escritor. Digo a propósito maravilloso, porque pocas veces en mi vida conocí a un hombre cuya capacidad casi sobrenatural para hablar y escribir muchas lenguas europeas y asiáticas me causara tanto asombro. Nuestra conversación comenzó en el turco de Constantinopla, en ese refinado idioma, en el que seis u ocho de cada diez palabras son ciertamente árabes o persas, y sólo las demás pertenecen al genuino tronco turco. Para utilizar esta lengua con elegancia, es necesario adaptar por completo el modo de pensar al de los orientales de pura cepa, dominar las obras clásicas de la literatura mahometana y, sobre todo, haberse movido mucho en la llamada sociedad efendi. Ciertamente, no es exagerado decir que lord Strangford, plenamente adecuado a estas exigencias, habría sido tomado por todo el mundo por un auténtico efendi, de no haber sido por la peculiar forma celta de su cabeza y por la manera en que solía girarla a la derecha y a la izquierda de sus hombros. Al comprobar que yo venía recién llegado de Oriente, donde durante muchos años utilicé el turco como lengua coloquial y literaria, se mostró encantado de revivir conmigo todos sus recuerdos de una larga estancia en el Bósforo, y sobre todo de tener a alguien que pudiera darle información oral sobre la lengua y la literatura de Asia central, en las que estaba tan interesado.

Habiéndome ilusionado con la esperanza de convertirme en la única autoridad en Europa sobre el turco oriental, el lector puede imaginarse mi asombro cuando oí de boca de un noble inglés la recitación de poemas como los de Alisher Navoí[16], que hasta entonces habían escapado a mi atención, y cuando me dio la explicación de palabras que yo había buscado en vano en los diccionarios orientales. Lord Strangford era todo un enigma para mí, pues aparte de su conocimiento de las lenguas orientales, hablaba casi todas las lenguas europeas; era un erudito eslavo, conocía el húngaro, es más, incluso la lengua de los gitanos. Lo que más me sorprendió fue su vasta información acerca de las diversas literaturas e historias de estos pueblos. No es de extrañar, por lo tanto, que desde el principio sintiera una atracción especial por el erudito vizconde, y que él también, como tuve ocasión de comprobar más tarde, se encaprichara de mí y se convirtiera en mi más celoso y desinteresado partidario en Inglaterra. La envidia y los celos no tenían cabida en el noble corazón de lord Strangford; se esmeró en presentarme en todas partes y en allanarme el terreno, y el prestigio que adquirí en la sociedad londinense se debió enteramente a sus esfuerzos.

Entre las presentaciones que me había traído de Teherán figuraba una al señor Layard, ahora sir Henry, otra al difunto sir Justin Sheil, antiguo embajador en Teherán, y recomendaciones a varios hombres importantes relacionados de un modo u otro con el interior de Asia. Sir Henry Layard, que en aquel momento era subsecretario de Estado de Asuntos Exteriores, me recibió a su manera abierta, directa y británica. No habían transcurrido muchos años desde que el político de alto rango fuera él mismo un viajero por Asia, se comportó conmigo como un colega y como un antiguo hermano de armas. Lo mismo debo decir en referencia al difunto sir Justin Sheil y a lady Sheil; esta última tuvo la amabilidad de darme las indicaciones necesarias sobre las complicadas formalidades y el tono social del West End; en una palabra, todos mis amigos ayudaron juntos a dar forma, a partir del tosco material del otrora derviche, al león de la temporada de caza londinense. Tarea nada fácil, por supuesto, si se tiene en cuenta que dicho derviche, aunque europeo de nacimiento, nunca había estado al oeste de su propio país, y que su educación y sus continuos estudios no estaban hechos para facilitar semejante cambio en su vida. Pero, ¿qué es lo que no intenta el hombre en aras del éxito? La necesidad y la ayuda no tardaron en transformar al cojo mendigo mahometano en un admirado león de la metrópoli británica; y el hombre que pocos meses antes había tenido que vagar harapiento y

mendigar su pan diario entonando himnos y concediendo bendiciones a los verdaderos creyentes de Asia, se convirtió en la maravilla
de la sociedad más rica y civilizada del mundo occidental.

Son los detalles de este extraordinario cambio los que tengo que
relatar a mi amable lector.

Habiéndose dado a conocer el relato de mis aventuras en círculos
estrictamente científicos, mis amigos creyeron necesario presentarme
ante un público más amplio, y el primer foro en el que tuve que com-
parecer fue la Real Sociedad Geográfica. Hubo, sin embargo, un
obstáculo bastante curioso para el arreglo final, un incidente que no
puedo dejar de relatar. Pocos días después de mi llegada a Londres
noté que algunos de mis amigos empezaban a tener una mirada tími-
da, y que me trataban con bastante cautela, cuando no con recelo.
Acabando de terminar la carrera de un peligroso disfraz, y acostumbrado a las miradas desconfiadas de los hombres, no me sentí
desconcertado al principio; pero el hecho despertó, sin embargo, mi
curiosidad, y hablando precisamente entonces con el general Kmethy, mi compatriota de renombre en Kars y miembro popular de la
sociedad londinense en aquella época, acerca de la extraña actitud de
la gente, me dijo el buen hombre, en tono medio risueño y bromista,
que probablemente yo ignoraba el grave peligro en que me encontraba en Londres. Supe entonces que algunos, incluso los mejores de
mis amigos, al ver mi rostro moreno y quemado por el sol, y al oír mi
inconfundible y genuina conversación persa y turca, sospecharon
bastante de mí, y me tomaron por algún vagabundo persa que había
aprendido inglés en la India, y que, después de haber conseguido
cartas de presentación, representaba ahora una comedia para eruditos y diplomáticos ingleses. Sólo la garantía formal del general
Kmethy de que yo era compatriota suyo y miembro de la Academia
Húngara, disipó las dudas que habían surgido. «¿No es extraño?»,
me dije. «En Asia sospechaban que yo era europeo, y en Europa que
soy asiático; ¡las lenguas tienen realmente un inmenso poder de fas-
cinación!». Una vez superada esta dificultad y habiendo adquirido
una confianza inquebrantable, empecé a redactar un breve relato de

mis viajes en inglés, para ser leído ante la Real Sociedad Geográfica, un trabajo que el señor Laurence Oliphant, que en aquel momento actuaba como secretario de Asuntos Exteriores de la Sociedad, tuvo la amabilidad de revisar.

Debo decir que esperaba con impaciencia y ansiedad la noche de mi primer debut ante un selecto público inglés, como han sido siempre y son ahora los miembros de la Sociedad Geográfica de Londres. Mi ansiedad estaba tanto más justificada cuanto que esa misma noche se iba a discutir en la Cámara de Representantes una cuestión política de gran interés, a saber, si Inglaterra debía ponerse del lado de Dinamarca en su lucha contra Alemania, y tanto mis amigos como yo temíamos la presencia de un público muy reducido en nuestro acto. La habitual cena en Willis's Rooms, que precedió a nuestra reunión, transcurrió bastante bien. Sir Roderick Murchison me propuso salud en términos muy amables y bebió con gran alegría; y, cuando le di las gracias, concluí mi pequeño discurso impartiendo una bendición mahometana a los comensales, recitando la primera azora del Corán con toda la excentricidad del acento gutural árabe y con toda la rareza de la gesticulación genuinamente musulmana. No hace falta decir que mi forma de recitar suscitó una gran algarabía. Nos levantamos de la mesa y fuimos directamente a Burlington House.

Aquí me encontré con una reunión mucho más numerosa de lo que esperaba, asistencia que atribuyo a la novedad del caso. Ante todo, era la vista de un europeo que había vagado por el interior de Asia disfrazado de santo mendigo sin un penique en el bolsillo, y que había logrado penetrar en países hasta entonces poco o nada conocidos. En segundo lugar, la curiosidad de oír a un extranjero, que sólo llevaba unos días en Inglaterra, dirigirse a una reunión inglesa en el idioma del país; y por último, aunque no menos importante, el interés que el público británico sentía en aquel momento por Bujará, el lugar del martirio de dos heroicos hijos de Gran Bretaña —me refiero a Conolly y Stoddart— y la ciudad de la que el reverendo doctor Joseph Wolff había regresado hacía sólo unos años, después de sus más extraordinarias aventuras.

Baste decir que la reunión fue muy respetable desde el punto de vista cuantitativo. Sir Roderick la abrió con un buen humor muy acorde con su rostro jovial y radiante después de la cena; y mientras el señor Clements Markham leía mi ponencia con su magnífica voz estentórea, yo tuve mucho tiempo libre para observar a la asamblea y prepararme para el discurso que tenía que pronunciar a continuación. Al pedirme el presidente que me presentara ante el público y expusiera oralmente lo que acababa de leer, confieso que experimenté algo parecido a la posición en que me encontraba ante el emir de Bujará, con la diferencia esencial, por supuesto, de que en caso de fracaso el sangriento tirano asiático me habría entregado al verdugo, mientras que el indulgente público inglés habría expresado su desagrado con benévolas carcajadas. Hice acopio, pues, de todas mis facultades lingüísticas y, tras la pronunciación de las diez o quince primeras palabras, el torrente de la oratoria prosiguió ininterrumpidamente. Durante más de media hora hablé con animación de los incidentes más destacados de mi aventurado viaje a Samarcanda. ¡Oh, glorioso lenguaje de Shakespeare y Milton! Estoy seguro de que nadie te ha atormentado tanto como yo en esos treinta y cinco minutos; ¡nadie ha asesinado el inglés de la reina de un modo tan cruel como el antiguo derviche de Burlington House! Y, sin embargo, el público inglés se mostró sumamente amable con el imprudente extranjero. Fui muy aplaudido y vitoreado; y cuando, tras la llamada de sir Roderick, di a la reunión mi bendición con el texto árabe genuino, toda la sociedad estalló en una carcajada que casi hizo temblar las paredes. Luego siguió la larga ceremonia de apretones de manos y felicitaciones; y aunque todas las futilidades de este mundo desaparezcan de mí, la frase «¡bien hecho, derviche!», de lord Strangford nunca dejará de resonar en mi oído como la música más dulce que he escuchado en mi vida.

De este momento data el comienzo de mi carrera en Inglaterra. Lo que siguió fue sólo el efecto de este primer paso exitoso. En el informe de los periódicos de la mañana siguiente sólo advertí algunos reproches a mi acento extranjero; en cuanto al relato de mis viajes, hubo una aprobación y admiración unánimes. No es de extrañar, por lo tanto, que unas pocas semanas bastaran para que mi nombre se hiciera familiar en todo el Reino Unido. La sociedad londinense se deshizo en manifestaciones de todo tipo de reconocimiento. Me llovían literalmente las invitaciones a cenas y a visitas en el campo, incluso de personas a las que no había visto ni conocido en mi vida; y ocurría con frecuencia que tenía que escribir treinta cartas de rechazo y aceptación en un solo día. Recibía llamadas de toda clase de personas con nombres bien sonantes, que, provistas de una tarjeta de uno de mis amigos, acudían a mi humilde alojamiento en Great Portland Street o al Atheneum Club, donde disfrutaba de la hospitalidad de un invitado, para estrecharme la mano y mantener una conversación conmigo. Infinito fue el número de cartas en las que me pedían mi retrato o mi autógrafo.

Sorprendido por estos diversos tipos de distinción, al principio soporté las cargas de mi reputación con paciencia, más aún, con una buena dosis de satisfacción, pero al final empezaron a ser demasiado fatigosas, sobre todo cuando tuve que escribir el relato de mi viaje y elaborar las escasas notas escritas en pequeños trozos de papel con lápiz de plomo, cuyas hojas sueltas, por haber sido llevadas ocultas bajo la guata de mi vestido de mendigo, estaban algo borradas y se habían vuelto apenas legibles. Ayudado por un feliz don de memoria, logré, sin embargo, escribir mis aventuras; y en tres meses había revisado el borrador de mi primer libro, titulado *Viajes por Asia central*. La tarea, lo confieso francamente, me costó más trabajo y esfuerzo que muchas de las partes más penosas de mis viajes. Sólo aquellos que durante meses y años se han movido libremente al aire libre, y que han aprendido a apreciar los encantos de una vida continuamente errante con todas sus emocionantes aventuras, sólo ellos sabrán con qué indecibles dolores y sufrimientos puede un antiguo viajero encerrarse en una habitación, desde la que sólo ve un pequeño trozo de cielo, y sentarse a escribir consecutivamente varias horas cada día, durante semanas y meses. Apenas tengo que decir que respiré más libremente después de terminar mi libro y entregárselo al señor John Murray, que se convirtió en mi editor por recomendación de lord Strangford, y que se comportó conmigo de manera satisfactoria. Los honorarios de quinientas libras que obtuve, y de los que gasté casi la mitad en Londres, no me hicieron rico en absoluto. La verdad es que mi situación material no cambió mucho: derviche en Asia, seguí siendo faquir en Europa; pero gané con mi libro algo más valioso que el dinero, a saber, el reconocimiento del público inglés, y fama y reputación en los continentes europeo y americano.

Por invitación de los amigos que entretanto había hecho, fui también a satisfacer la curiosidad de los principales hombres políticos, que estaban ansiosos por conocer detalles acerca de la amenazadora colisión entre Inglaterra y Rusia en el lejano Oriente, de la que yo sólo había lanzado unas pocas insinuaciones en el capítulo final de mi libro, pero que, sin embargo, había despertado la mayor atención. Fue así como entré en contacto con la política y con los hombres políticos de la época, como diputados, escritores políticos, civiles retirados y oficiales militares de la India, y, en consecuencia, tuve la oportunidad de entrevistarme con lord Palmerston, a quien ya me habían presentado superficialmente en una cena en casa de sir Roderick Murchison. Su señoría me recibió en su casa de Piccadilly, por lo que mi visita tuvo un carácter estrictamente privado. No se dirigió a mí exactamente como lo hizo con el difunto doctor Livingstone, a quien le dijo: «¡Ha dado usted un bonito paseo por África!». Pero su primer comentario fue: «¡Debe usted haber vivido bonitas aventuras en su camino a Bujará y Samarcanda!». Y realmente escuchó con la mayor atención todo lo que dije sobre Dost Mohamed Khan, sobre la altanería del emir de Bujará y sobre los peligros que corrí en esta última. Al mencionar la cuestión del avance ruso hacia Tashkent, saqué el mapa de mi libro que estaba sobre la mesa, y señalé Chimkent como el lugar donde se encontraban los rusos en aquel momento; pero su señoría mostró, o al menos fingió, un gran desinterés, tratando siempre de desviar el hilo de la conversación hacia otros temas insignificantes. Cada vez que yo creía haber captado su atención, él salía inmediatamente con las preguntas: «¿Y no desvelaste tu identidad europea?», o «¿cómo pudiste soportar esa larga prueba y esas privaciones?», y comentarios similares. Sólo después de nuevos ataques a su taciturnidad, dejó caer, de manera descuidada, algunas alusiones al bárbaro estado de las cosas en Asia central o a mis opiniones demasiado optimistas sobre la fuerza rusa en esa parte del mundo. Consiguió mostrar una aparente indiferencia, pero estuvo lejos de convencerme de su existencia. En mi entrevista con lord Clarendon me fue mucho mejor. Tuvo lugar a finales del otoño de 1864, cuando se había dado a conocer la famosa nota del príncipe Gortschakov, tras la captura rusa de Tashkent, y cuando la opinión pública de Inglaterra parecía haber salido súbitamente de su estupor. Su señoría fue lo bastante franco para admitir la verdad de lo que dije en el último capítulo de mi libro; pero añadió al mismo tiempo lo que desde entonces se ha convertido en el principio permanente de los optimistas en Inglaterra:

—La política de Rusia en Asia central está formulada del mismo modo que la nuestra en la India; se ve obligada a avanzar gradualmente del norte al sur, del mismo modo que nosotros nos vimos obligados a hacerlo en nuestra marcha del sur al norte. Está prestando servicios a la civilización, y no nos importa mucho, incluso si tomase Bujará.

CAPÍTULO XXXII

En París

D ESPUÉS de haberme cansado de la interminable serie de cenas en Londres —o como bromeaba un amigo mío, después de haber sido debidamente cazado como el león de la temporada—, sentí la gran necesidad de librarme de la espléndida, pero para mí ya fastidiosa, hospitalidad inglesa, y me fui a París para echar un vistazo a la sociedad francesa. Esto me resultó mucho más fácil: el conde Rechberg, ministro austriaco de Asuntos Exteriores, me proporcionó una carta de presentación para el príncipe Metternich, acreditado entonces ante la corte del emperador Napoleón III, y el conde Rochechouart, enviado francés en Teherán, me entregó una carta similar para el conde Drouyn de L'huys, ministro francés de Asuntos Exteriores. Además, tuve la suerte de que mis amigos ingleses me presentaran a muchos otros literatos distinguidos, como los señores Guizot, de Thiers, Jules Mohl y otros; todos los cuales me recibieron muy cortésmente, aunque su primera recepción me impresionó con la sensación de que el terreno en el que me encontraba en París era muy diferente al de Londres.

Los franceses nunca han dado rienda suelta a una manía particular de expediciones geográficas; conocer a un viajero les supone una casualidad interesante, pero no se le trata como a un gran hombre, como hacen en Inglaterra, donde el explorador de éxito es algo parecido a lo que el alemán quiere decir cuando habla de *grosser gelehrte*[17], el equivalente a un *grand savant* francés. Mientras que los ingleses tie-

309

nen especial consideración por el hombre que se ha labrado su fama en el campo de las observaciones prácticas, o que ha enriquecido cualquier rama de la ciencia con nuevos datos recogidos sobre el terreno; los franceses, y más particularmente los alemanes, tienen siempre predilección por el investigador teórico, por el hombre que, absorto en su biblioteca, es capaz de escribir grandes libros con numerosas notas; en una palabra, en Inglaterra sigue vivo el espíritu de Raleigh, Drake y Cook, mientras que en Francia y Alemania los viajeros y exploradores apenas se han puesto de moda recientemente.

La sociedad parisiense estaba más impresionada por la novedad de mi manera de viajar, es decir, por haberme disfrazado de derviche, que por los viajes en sí; me consideraba como un aventurero bastante curioso. Se hablaba de mí como de un hombre de espíritu inquieto y de inclinaciones románticas, y se me miraba como a un Robinson Crusoe moderno. Lo que más realzaba mi reputación era mi feliz don de hablar muchas lenguas europeas y asiáticas. Al encontrarme una noche en el salón del señor Guizot con representantes de diez nacionalidades diferentes y conversar con ellos fluidamente en sus lenguas maternas, fui considerado por muchos como un verdadero milagro. En cuanto al valor intrínseco de mi acogida en Francia, me di cuenta desde el principio de que iba a seguir siendo un extraño allí, ya que Bujará y Samarcanda, los uzbekos y los turcomanos son totalmente desconocidos, excepto entre unos pocos hombres cultos, en la mejor sociedad francesa. Sin embargo, mi libro, que apareció traducido al francés con el título de *Voyage d'un Faux Derviche* (Viaje de un falso derviche), obtuvo buenas ventas.

Después de haber sido presentado en algunos de los mejores círculos, el príncipe Metternich me dijo que el emperador deseaba concederme una audiencia; habiendo leído la edición inglesa de mi libro, quería hacerme algunas preguntas. Una tarde, el príncipe me llevó al palacio de las Tullerías, y acabábamos de entrar por la puerta del Pabellón de Horloge, cuando vi a Napoleón III en la escalera, despidiéndose de la reina de España, que le había llamado. Al ver al príncipe Metternich, con quien la familia imperial mantenía muy buenas relaciones, el emperador le cogió del brazo y, haciéndome una seña amistosa, se dirigió a los apartamentos interiores. El príncipe se quedó atrás con la emperatriz, a quien encontré rodeada de un majestuoso grupo de damas de la corte, en medio de las cuales ella era decididamente la más alta y la más elegante.

El emperador me condujo a una habitación que parecía ser su estudio; se sentó en un sillón y me pidió que me sentara ante un escritorio lleno de una gran cantidad de libros, papeles, mapas, etcétera, sin ningún orden en particular. Después de haberme mirado fijamente durante un rato con sus ojos de color gris blanquecino, se dirigió a mí con voz muy pausada, diciéndome que me felicitaba por el valor que había demostrado en mi peligrosa empresa. Tras haber leído mi libro se había quedado aún más asombrado al comprobar que mi complexión delgada y aparentemente débil no guardaba proporción alguna con las grandes penalidades que había soportado. Le comenté que no había estado enfermo en mi vida y que en Asia central no caminaba sobre mis piernas, sino sobre mi lengua, pues sólo mis estudios lingüísticos me habían librado de las garras de los tiranos centroasiáticos.

—Suponía que debía de ser así —dijo el emperador—, pero creo que también hay en ti una buena dosis de habilidad dramática, pues de otro modo no habrías interpretado con éxito el papel de derviche mendicante.

La conversación giró en torno a las condiciones éticas de Asia central; y el emperador, que había terminado en aquel momento su libro *Vida de César*, dijo que estaba ansioso por saber si los partos eran realmente los antepasados de los actuales turcomanos; se inclinaba a juzgar que sí, pero hasta entonces había sido incapaz de establecer su identidad. De los turcomanos pasamos a las ruinas de Balj. Observé que el autor imperial estaba bastante versado en los escritos de Arriano, así como en las antigüedades romanas en general; pero su conocimiento de la geografía moderna de Asia era tristemente deficiente. Sólo tenía nociones muy vagas sobre los principales nombres de ciudades y ríos, y era evidente que yo tenía que poner especial cuidado en no revelar su ignorancia. Al hablar del río Jaxartes aludí a la grave complicación política que podría surgir en un futuro próximo el avance de Rusia hacia la India, y aunque al principio trató de ocultar su interés por aquella cuestión, escuchó, sin embargo, con gran atención. Entonces observó que difícilmente podía creer en una colisión entre Inglaterra y Rusia en aquella parte del mundo; al menos no muy pronto, pues mientras que los ingleses habían conseguido ya una posición firme en la India, como lo demostraba la revolución de los cipayos de 1857, Rusia estaba sólo en vísperas de sus conquistas. Desviando nuestra conversación de la rivalidad anglo-rusa, continuó haciéndome diversas preguntas sobre Persia y Herat. Pareció alegrarse mucho cuando le aseguré que el pueblo persa sabía mucho acerca de *Napliun*, como llamaban a Napoleón I, y que consideraban a su tío abuelo como un héroe nacional, descendiente de Rostam, y que se reían de los franceses, que lo reivindicaban como compatriota suyo. Permanecí casi media hora con el emperador. Lamento decir que no me causó en absoluto la impresión de un gran hombre como se le suponía entonces en todo el mundo.

Pocos días después, visité al señor Drouyn de L'huys, quien mostró un interés más vivo por la cuestión de Asia central que su jefe. Empezó por preguntarme si era cierto que yo había entregado un memorándum a lord Palmerston sobre la cuestión de Asia central, y si creía realmente en el peligro inminente de colisión entre las dos grandes potencias europeas en el lejano Oriente. Respondí que no había dado, ni se me había pedido que escribiera, comunicación alguna al Gobierno británico, y por lo que advertí en mi conversación con el primer ministro de la reina de Inglaterra, los del otro lado del canal de la Mancha mantenían opiniones muy diferentes de las que yo sostenía sobre la cuestión.

Además de estas dos recepciones oficiales, debo mencionar mi entrevista con el príncipe Napoleón, que me recibió en el *Palais-Royal*, y que, mientras estaba sentado bajo el retrato de tamaño natural de su tío abuelo, parecía estar observando para descubrir si yo notaba el parecido que se decía que existía entre él y su tío. Pues bien, realmente me impresionó la sorprendente similitud existente entre los rasgos prominentes de ambos. Las dos cabezas se parecían, aunque en una forma muy superficial; y había una diferencia en la que el primo del emperador nunca quiso creer, y de esta incredulidad derivaron tantas desagradables aventuras en su vida. No hace falta decir que estas visitas oficiales no eran de mi agrado. Pero menos aún me gustaba la intrusa llamada de los periodistas, que me entrevistaban y publicaban al día siguiente informes totalmente falsos de mi conversación con ellos, que yo tenía que desmentir después, sobre todo porque algunos de ellos anunciaban que lord Palmerston me había encomendado una misión secreta entre los tártaros, y otras tonterías similares.

Un escritor —si mal no recuerdo, un príncipe polaco— llegó incluso a escribir una novela sobre mis viajes. En ella se me representaba como un paladín de propensiones románticas, de quien se enamoró una princesa tártara, y que, habiendo obtenido de este modo algún trono en Asia, se hallaba ahora en una misión política en Europa para asegurarse la amistad de Inglaterra y Francia en la contienda contra Rusia. Yo me reía a carcajadas de estos exaltados informes; pero al final me cansé de una reputación de dudosa índole, y abandoné Francia para dirigirme a través de Alemania a mi país natal, donde tendría que decidir si me establecía tranquilamente o si me sumergía de nuevo en nuevas aventuras y volvía a visitar el interior de Asia.

CAPÍTULO XXXIII

En Hungría

A menudo me han preguntado cómo fue que, después de mi larga y variada carrera tanto en Asia como en Europa, decidí establecerme tranquilamente en Hungría y considerar la cátedra de Lenguas Orientales de la Universidad de Pest como una recompensa adecuada a mis extraordinarias luchas en la vida. Fue durante mi primera audiencia con el emperador-rey de Austria-Hungría cuando el bondadoso monarca me preguntó si tenía intención de quedarme en el país y qué podía hacer en mi favor. Aludiendo a mi deseo de obtener una cátedra en la universidad húngara, su majestad sugirió que esos estudios tan alejados no eran muy cultivados ni siquiera en Viena, ¿cómo podía entonces esperar encontrar audiencia en Budapest? Le comenté que, si nadie más quería aprender, debería aprender yo mismo. El emperador comprendió perfectamente, y amablemente comentó:

—Tus sufrimientos merecen una remuneración, y estudiaré tu caso.

Apenas habían transcurrido dos o tres meses cuando obtuve mi nombramiento con el modesto salario de cien libras al año, suma que el ministro húngaro de Instrucción Pública no tardó en duplicar; y esto, junto con los ingresos derivados de la pequeña suma que obtuve por las ediciones inglesa, francesa y alemana de mi libro, bastó plenamente para cubrir mis gastos, e incluso para permitirme fundar una familia. Cuando se hizo pública mi intención de casarme, la gente solía decir: «¡Qué idea tan desafortunada y qué lástima por esa pobre muchacha!». La gente daba por sentado que me cansaría del matrimonio en muy poco tiempo, y que dejaría casa, familia, esposa y todo, para correr de nuevo en pos de aventuras en el interior de Asia.

Pues bien, la gente estaba muy equivocada, ya que ni yo era un aventurero por impulso natural, ni todos los elogios que se me dedicaban eran lo bastante fuertes como para empujarme de nuevo al desierto o instigarme a renovar mis andanzas. Es cierto que sólo tenía treinta y dos años cuando regresé a Europa, y aunque temporalmente agotado por la fatiga, recuperé mi fuerza anterior en un año; pero ya había pasado veinte años en vagabundeos de todo tipo, y la idea de poseer mi propia habitación, mis propios muebles y mi propia biblioteca, me hizo muy feliz. Me regocijaba en la idea de poder escribir y publicar aquellas de mis exploraciones que sólo interesan a una pequeña comunidad, pero que tienen mucho más valor.

Puedo concluir con el dicho: *Dixi et salvavi animam* (he hablado y salvado mi alma). Espero no tener que arrepentirme nunca de las extraordinarias fatigas y sinsabores con que tuve que avanzar por el espinoso camino de la vida; y cuando se posen los últimos rayos del sol sobre mí, me despediré diciendo:

—¡Fue un día caluroso, pero hermoso, señor!

FIN

Notas del traductor

1   Actual Bratislava.

2   Título turco para designar a un líder o usado como tratamiento de respeto.

3   Actual Üsküdar, un distrito de Estambul.

4   Palacio de Besiktas.

5   Título de respeto o cortesía utilizado en el Imperio otomano que equivale a «señor» en español.

6   Los rumelianos son un grupo étnico de origen turco que se estableció en la península balcánica.

7   *Kaimakam* era un título usado por los gobernadores del Imperio otomano.

8   También llamadas Kashka Dagh.

9   Actual Qareh Tappeh.

10 Un *shako* es una gorra militar alta y cilíndrica, normalmente con visera. Suele estar adornada con una placa o insignia ornamental en la parte delantera, y a menudo lleva una pluma o penacho sujeto en la parte superior.

11 Nombre alternativo de la deidad zoroastrista Ahura Mazda.

12 En referencia al destacado político y militar romano del siglo I a. C. Lucio Licido Lúculo.

13 El mejor o más excelente ejemplo de algo.

14 Dios griego del viento, las tormentas y el invierno.

15 Término diplomático utilizado para referirse al Gobierno del Imperio otomano en el siglo XIX.

16 También transcrito como Ali-Shir Nava'i (1441-1501), polímata nacido en Herat (Afganistán), notable por el uso de la lengua túrquica chatagai en su poesía.

17 «Gran erudito» en alemán.

Milton Keynes UK
Ingram Content Group UK Ltd.
UKHW030129160224
437928UK00013B/94/J